首批黑龙江省高校辅导员名师工作室建设项目支持

网络思想政治教育前沿问题研究

寇玉达●主编

黑龍江大學出版社
HEILONGJIANG UNIVERSITY PRESS
哈尔滨

图书在版编目（CIP）数据

网络思想政治教育前沿问题研究 / 寇玉达主编. -- 哈尔滨 : 黑龙江大学出版社, 2022.8
ISBN 978-7-5686-0776-6

Ⅰ. ①网… Ⅱ. ①寇… Ⅲ. ①互联网络－应用－高等学校－思想政治教育－研究－中国 Ⅳ. ①G641-39

中国版本图书馆 CIP 数据核字 (2022) 第 037538 号

网络思想政治教育前沿问题研究
WANGLUO SIXIANG ZHENGZHI JIAOYU QIANYAN WENTI YANJIU
寇玉达　主编

责任编辑　李　卉　张琳琳
出版发行　黑龙江大学出版社
地　　址　哈尔滨市南岗区学府三道街 36 号
印　　刷　三河市佳星印装有限公司
开　　本　720 毫米×1000 毫米　1/16
印　　张　15.25
字　　数　234 千
版　　次　2022 年 8 月第 1 版
印　　次　2022 年 8 月第 1 次印刷
书　　号　ISBN 978-7-5686-0776-6
定　　价　59.00 元

本书如有印装错误请与本社联系更换。

序　言

互联网的兴起和普及，前所未有地改变了人们的生存方式、实践方式、交往方式和思维方式，过去二十年间，以互联网为代表的新技术革命推动人类社会进入了一个全新的信息时代。党的十八大以来，在“网络强国”战略的总体部署下，围绕“互联网阵地建设”“网络意识形态建设”“保障国家网络安全”“加强高校网络思想政治教育”等重大命题，网络思想政治教育理论和实践研究不断深入，一时间成了学术界在思想政治教育领域研究的热点问题，形成了一大批具有学理性、实用性、前瞻性的研究成果，有力地推进了我国网络思想政治教育的创新发展。

2016年12月，习近平总书记在全国高校思想政治工作会议上指出：“要运用新媒体新技术使工作活起来，推动思想政治工作传统优势同信息技术高度融合，增强时代感和吸引力。”①2017年2月，中共中央、国务院印发《关于加强和改进新形势下高校思想政治工作的意见》，文件强调：“要加强互联网思想政治工作载体建设，加强学生互动社区、主题教育网站、专业学术网站和‘两微一端’建设，运用大学生喜欢的表达方式开展思想政治教育。”近年来，全国高校围绕立德树人根本任务，主动进行思想政治教育内容和载体创新，不断加强和改进新形势下高校思想政治工作，思想政治工作效果进一步提升。

2017年7月，中共黑龙江省委宣传部、中共黑龙江省委教育工委组成高校网络思想政治工作对策课题组，面向81所高校83.9万师生发放调查问卷，深入部分高校实地走访，召开专题座谈会，对全省高校网络思想政治工作现状进行系统调查研究，启动全省首批易班共建高校试点建设工作，建设了省级网络思想政治工作中心，进一步推进全省高校网络思想政治工作。

近年来，黑龙江大学围绕立德树人根本任务，努力提高对构建网络思想

① 《习近平在全国高校思想政治工作会议上的讲话》，《人民日报》2016年12月9日。

政治工作重要性的认识，积极建立全员参与网络思想政治建设的工作机制，提升网络思想政治工作能力。2017 年，学校先后获批省级易班发展中心和省级高校网络思想政治工作中心建设单位，以此为契机，学校着力打造了“互联网 + 宣传”“互联网 + 教学”“互联网 + 学工”“易班 + 今日校园”四大载体，将信息化建设融入教育教学和人才培养的全方位和全过程，努力实现学校的各系统、各应用协调运转，建设符合信息时代特点和思想政治工作规律的智慧校园，打造了全员、全方位、全过程的网络育人新格局。

本书是黑龙江省首批辅导员名师工作室主持人、全国高校辅导员年度人物（提名）、黑龙江省高校辅导员年度人物寇玉达及其工作室团队近年来开展大学生网络思想政治教育工作的经验总结和心得体会，同时也是学校网络思想政治工作的一个缩影。本书作为省级辅导员名师工作室的建设成果，在撰写和出版的过程中得到了黑龙江省教育厅的资助，得到了黑龙江大学出版社的鼎力支持，得到了许多省内外领导和专家、学工同人的指导和帮助，在此谨代表学校一并表示诚挚的感谢！

本书从理论和实践角度，分析了网络思想政治教育的研究现状，探讨了未来发展趋势，在总结和梳理前人研究经验的基础上，从“方法”“队伍”“载体”“内容”等方面论述高校网络思想政治教育的前沿和热点问题，体现了作者们对大学生网络思想政治教育过去、现在和未来发展趋势的深入思考。书中参考了大量国内外专家学者的最新研究成果，是在前人研究基础上的创新发展，具有一定的理论价值和现实意义。

这部著作也带给我们一些工作反思和启示。高校思想政治工作还要进一步运用“互联网 +”思维，广大思想政治工作者还亟须进一步提升网络素养，高校要主动建设一支专业化的网络思想政治教育队伍，网络思想政治教育需要供给侧改革……我们急切地盼望能有更多像寇玉达及其工作室团队一样的高校思想政治教育工作者，积极思考，大胆实践，坚持不懈地在大学生网络思想政治教育领域钻研下去，总结提炼出更多优秀的理论和实践成果，为高校思想政治工作内涵式发展注入动力，多做贡献！

丁　宏

黑龙江大学党委副书记

2022 年 3 月

目 录

绪论 ………………………………………………………………………… 1

专题一 高校辅导员网络思想政治教育现状研究 ……………… 22

一、相关概念界定 …………………………………………………… 22
二、高校辅导员做好网络思想政治教育工作的重要意义 ………… 24
三、M 高校辅导员网络思想政治教育工作现状调查 ……………… 25
四、新时期高校辅导员开展网络思想政治教育面临的现实问题 … 32
五、增强高校辅导员网络思想政治教育工作有效性的思考 ……… 34

专题二 高校网络思想政治教育队伍建设研究 ………………… 42

一、高校网络思想政治教育队伍建设相关概念及内涵 …………… 42
二、高校网络思想政治教育的特性 ………………………………… 44
三、加强高校网络思想政治教育队伍建设的重要意义 …………… 47
四、高校网络思想政治教育队伍建设现状及问题 ………………… 50
五、高校网络思想政治教育队伍建设的路径与对策 ……………… 55

专题三 高校网络思想政治教育平台建设研究 ………………… 63

一、高校网络思想政治教育平台建设的现状 ……………………… 63
二、网络思想政治教育平台建设的问题 …………………………… 69
三、网络思想政治教育平台建设的对策 …………………………… 73

专题四　网络思想政治教育内化问题研究 …… 85

一、研究缘起与研究价值 …… 85
二、研究现状综述 …… 87
三、网络思想政治教育内化的主体内容探究 …… 91
四、网络思想政治教育内化的实现过程 …… 98
五、网络思想政治教育内化的现实困境 …… 101
六、网络思想政治教育内化发展的创新路径 …… 104

专题五　网络人际互动视域下网络思想政治教育路径优化研究 …… 111

一、网络人际互动基本理论建构 …… 111
二、基于网络人际互动的网络思想政治教育现实困境 …… 116
三、基于网络人际互动的网络思想政治教育路径优化 …… 120

专题六　高校辅导员网络思想政治教育工作室建设研究 …… 128

一、高校辅导员网络思想政治教育工作室的概述 …… 128
二、高校辅导员网络思想政治教育工作室建设现状及面临的挑战 …… 135
三、高校辅导员网络思想政治教育工作室建设中的理论应用 …… 141
四、高校辅导员网络思想政治教育工作室建设路径 …… 144

专题七　新媒体时代校园网络文化建设研究 …… 148

一、校园网络文化建设的必要与关键 …… 149
二、新时代校园网络文化的基本内容 …… 151
三、校园网络文化建设与思想政治教育工作的联系 …… 153
四、负面网络文化对学生的影响与冲击 …… 154
五、目前校园网络文化建设的实际困境 …… 157
六、校园网络文化建设的路径选择 …… 163

专题八　大学生网络行为及其心理机制研究 …… 170

一、大学生网络行为的相关概念界定 …… 170

二、大学生网络行为基本特征及基本类型 …………………………………… 175
三、新时代大学生网络行为的心理特点 …………………………………… 180
四、大学生网络行为现存问题及心理透视 …………………………………… 185
五、大学生网络行为引导与教育路径 …………………………………… 190

附录　新时期高校网络思想政治教育工作案例 …………………… 198

案例1:高校网络思想政治教育工作案例 …………………………………… 198
案例2:数字学工系统建设案例 …………………………………… 206
案例3:高校辅导员自媒体平台建设案例 …………………………………… 209
案例4:“互联网+”心理育人工作案例 …………………………………… 213
案例5:辅导员网络思政工作室建设案例 …………………………………… 216

参考文献 …………………………………… 221

后　记 …………………………………… 232

绪　论

习近平总书记指出:“随着世界多极化、经济全球化、文化多样化、社会信息化深入发展,互联网对人类文明进步将发挥更大促进作用。”[①]网络思想政治教育已经成为思想政治教育基础理论研究和实践创新研究的新场域、新面向,尤其是“网络强国”战略的推进、清朗网络空间的打造和网络意识形态工作的强化,为网络思想政治教育研究提出了新问题、新焦点。高校是思想政治工作的主阵地,大学生是网络的主力军,因此,高校网络思想政治教育的地位和作用日益突出。

近年来,高校网络思想政治教育理论和实践研究持续深化,学界围绕高校网络思想政治教育主题,提出了很多新的观点和理论,呈现出多元化的研究方向,进一步拓展了高校网络思想政治教育的理论研究视野和实践研究路径,推进了高校网络思想政治教育的创新发展。以 2017—2021 年为例,仅从学术论文来看,在中国知网上以篇名为“高校网络思想政治教育”进行精确化搜索,相关文章约 520 篇,其中,2017 年 80 篇、2018 年 119 篇、2019 年 126 篇、2020 年 112 篇、2021 年 85 篇,可以看出,总体上,学术研究论文数量呈逐年增加的趋势。同时,学界出版了一批以高校网络思想政治教育为主要内容的著作,具有代表性的有刘小春《高校网络思想政治教育引论》、韩冰等《高校网络思想政治教育研究》、朱琳《新时代高校思想政治教育网络平台建设的理论与实践》、王利平《网络环境下高校思想政治教育方法研究》、郑凯文《高校思想政治教育网络话语权建构研究》、左殿升等《大学生网络思想政治教育研究》、潘强等《高校网络思想政治教育生态系统构建研究》、洪涛

---

① 《在第二届世界互联网大会开幕式上的讲话》,见习近平:《论党的宣传思想工作》,中央文献出版社 2020 年版,第 171 页。

《高校网络思想政治教育议程设置实践与创新》和《新媒体时代议程设置嵌入高校网络思想政治教育研究》、陈少平《高校网络思想政治教育研究》、黄超《高校网络思想政治教育研究》等。不仅如此，各高校、科研院所出现了一批以高校网络思想政治教育为主要研究内容的博士学位论文，例如范丽君的《大学生网络思想政治教育创新研究——以接受理论为借鉴》、樊凯的《高校网络思想政治教育平台系统研究》、谢继华的《大数据视阈下高校网络思想政治教育创新研究》、翟中杰的《高校网络思想政治教育过程研究》、李淑娜的《大学生网络思想政治教育接受机制研究》等。这些代表性学术论文、著作和博士学位论文的出现展现了近年来高校网络思想政治教育研究的丰硕成果，也促使高校网络思想政治教育研究形成了一股新的热潮。可以说，高校网络思想政治教育研究已经进入了相对成熟的一个时期，并且已经成为高校思想政治教育研究的前沿阵地。

一、高校网络思想政治教育的内涵研究

"网络思想政治教育是思想政治教育的一个新的分支，源起于互联网社会发展所带来的高校思想政治教育育人环境、面向对象的深刻变化。"①有学者提出了"网络思想政治教育"概念，指出："网络思想政治教育是根据传播学原理和思想宣传的理论，利用计算机网络所进行的思想政治教育。"②这是国内学者对网络思想政治教育概念的最初概述，为之后的网络思想政治教育研究提供了概念上的可参考依据，也使得网络思想政治教育被纳入到思想政治教育理论研究和应用研究的视野。近年来，以网络思想政治教育、大学生网络思想政治教育、高校网络思想政治教育为主要研究内容的专著、教材和论文层出不穷，不同学者对高校网络思想政治教育的内涵提出了不同的观点和看法，至今并没有统一的定义和标准。根据近年来的研究成果看，对于高校网络思想政治教育内涵的研究主要有两个方面：一个方面是突出

---

① 冯刚、王树荫主编：《思想政治教育研究热点年度发布 2018》，团结出版社 2019 年版，第 163 页。

② 刘梅：《思想政治教育的现代方式——论网络思想政治教育建设》，《河南师范大学学报（哲学社会科学版）》2000 年第 2 期。

网络的属性,即认为高校网络思想政治教育就是以网络载体为中心开展的思想政治教育活动;另一方面是突出思想政治教育的属性,即认为高校网络思想政治教育就是以思想政治教育为中心内容,将网络作为传播思想政治教育理念载体的教育活动。

目前,“互联网+”概念已经深入人心,其本质就是赋予传统业态以互联网的属性。就网络思想政治教育而言,很多学者直接指出,网络思想政治教育就是“互联网+思想政治教育”。因而,高校网络思想政治教育也可以看作是“互联网+高校思想政治教育”。这就要求高校网络思想政治教育要深刻把握网络和思想政治教育发展的规律,在网络发展规律和思想政治教育规律的支配下对大学生实施教育活动。有学者认为,不能简单地对高校网络思想政治教育的内涵进行界定,在对高校网络思想政治教育的内涵进行真正的界定前,必须明晰两个基本问题:一是开展高校网络思想政治教育理论和实践研究的逻辑点是什么。“从网络迅速普及应用、广泛渗透的过程看,‘网络革命’实际上体现为作为媒介的技术与社会、文化相互作用的结果。因此,如何从整体结构来把握网络环境下思想政治教育现代化的问题,既涉及开展网络思想政治教育研究和实践的基点,又关乎其不同层次的研究方法和工作方法。开展网络思想政治教育实践和理论研究的基点就是从技术、文化、社会融合发展的综合因素来审视网络思想政治教育。”[①]二是高校网络思想政治教育是高校思想政治教育的新形态。“高校网络思想政治教育不是基于网络工具性的思想政治教育,而是网络环境下全新的思想政治教育新形态。”[②]如果上述两个问题没有被重视,人们就会简单地将高校网络思想政治教育定义为“互联网+高校思想政治教育”,也会简单地将高校网络思想政治教育看作是高校利用网络平台所开展的思想政治教育活动。为了突出对以上两个问题的重视和考量,朱耀华等提出了关于高校网络思想政治教育内涵的新表述。他们指出:“网络思想政治教育作为网络环境下思想政治教育的一种新形态,是一定社会或社会组织、群体用一定的思想观

---

① 朱耀华、郝小芳:《高校网络思想政治教育理论与实践》,湖北科学技术出版社2013年版,第23页。

② 同上书,第6页。

念、政治观点、道德规范和网络素养要求，以现代信息网络为中介，以互动引导、建设管理、制度规范等为基本方式，对社会成员进行有目的、有计划、有组织的教育和影响，促进社会成员在教育活动中自主性的发挥和思想政治品德的自主建构，从而使社会成员形成符合一定社会或一定阶级所需要的思想政治品德的社会实践活动。”[①]朱耀华等对于高校网络思想政治教育内涵的界定是全面的和系统的，是综合考量了思想政治教育学科特点和互联网时代外部环境的各项因素的。

高校大学生是思想政治教育的主要对象，因此，高校网络思想政治教育从某种程度上说就是大学生网络思想政治教育。左殿升等在《大学生网络思想政治教育研究》一书中提出，总体来说，学者们在网络思想政治教育观点上都体现出希望其改变思想价值观念的愿景，这些观点大致分为两大类：一类是狭义的理解，即网络思想政治教育仅指利用网络平台在虚拟空间里进行有目的、有计划、有组织的思想教育实践活动；另一类是广义的理解，即网络思想政治教育，一方面包括网上开展的思想政治教育实践活动，另一方面包括线下进行的思想政治网络化教育，要用互联网带来的一系列变化开展思想政治教育，内容更为丰富。从概念的不断拓展可以看出，网络思想政治教育的环境更为宽广，手段更为多样，内容更为全面，只有全面理解网络思想政治教育的内涵，才能推动网络思想政治教育工作的有效开展。[②] 所谓大学生网络思想政治教育，就是高等教育相关部门和高校教职员工运用互联网思维，在尊重网民主体意识的基础上，利用互联网平台和融媒体技术，有效引导青年学生进行网络学习、交往、娱乐、创造的实践活动。他们还强调大学生网络思想政治教育的内涵由互联网时代的发展趋势、高校思想政治工作总体要求以及大学生思想行为特点决定，涉及用什么样的理论、思想、模式和技术来培养教育学生的问题，不仅影响到思想政治教育的性质，还关系到培养什么样的“时代新人”的问题。[③] 在此基础上，左殿升等进一步指出，作为实践活动的大学生网络思想政治教育包括七个方面：网络思想教

① 朱耀华、郝小芳：《高校网络思想政治教育理论与实践》，湖北科学技术出版社 2013 年版，第 24 页。

② 参见左殿升等：《大学生网络思想政治教育研究》，人民出版社 2019 年版。

③ 同上书。

育、网络政治教育、网络道德教育、网络法制教育、网络心理教育、网络行为教育以及网络文化教育。

思想政治教育的实质是做人的思想教育,是一种育人实践活动。冯刚在其主编的《大学生思想政治教育工作概论》第六章“网络育人与校园网络建设”中,将高校网络思想政治教育等同于网络育人,并从网络育人的视角出发,强调高校网络育人的实质在于高校思想政治教育工作者以马克思主义为指导、以社会主义核心价值观为引导,运用网络载体,促进学生全面发展①,同时指出学界对网络育人的内涵界定并不统一,而是存在四种主要观点:第一种观点认为网络育人是运用网络信息技术对教育对象实施教育的一种活动,第二种观点认为网络育人所涉及的是教育内容倾向于讲授与网络相关的信息知识,第三种观点认为网络仅仅是育人的一种工具,网络育人就是教育者依托网络平台对教育对象实施教育的活动,第四种观点认为网络育人就是在网络虚拟空间背景下所开展的教育活动。但是,不能简单地把网络育人视作网络与教育的叠加,而应把网络育人看作是对传统线下教育方式选择性继承与创新性发展的突破成果。通过对网络育人内涵的分析,可以得出高校网络育人的含义,即指高校运用网络对大学生进行以思想引领为主的教育活动。这是从网络育人的视角对高校网络思想政治教育内涵的一种界定,并指出高校网络思想政治教育不能是思想政治教育与网络的简单叠加。可以看出,高校网络思想政治教育不等同于高校思想政治教育与网络单一结合的看法逐渐被学界所接受,这就对科学合理界定高校网络思想政治教育内涵提出了更高的要求。

二、高校网络思想政治教育的特点研究

高校网络思想政治教育是高校思想政治教育的重要表现方式,既与高校传统思想政治教育相联系,又呈现出鲜明的特点和独特的优势。“一方面,网络思想政治教育是思想政治教育体系的重要组成,要紧紧围绕实现思想政治教育目标任务展开;另一方面,网络思想政治教育是互联网社会系统

① 参见冯刚主编:《大学生思想政治教育工作概论》,北京师范大学出版社 2020 年版。

的构成要素，要自觉响应互联网社会的建设需求，主动融入互联网社会的发展进程。”[①]不同学者从高校网络思想政治教育的以上两个不同视角出发，全面系统地阐释了高校网络思想政治教育的多重特点。

从高校网络思想政治教育从属于思想政治教育学科出发，很多学者认为，高校网络思想政治教育的首要特点在于政治性。如今，网络已经成为意识形态斗争的重要场域，西方发达资本主义国家更是把网络作为一种政治工具，利用网络对我国进行意识形态渗透。要想在这场无硝烟的战场夺得青年的力量，教育者就必须在网络育人中更加突出政治性，引导大学生增强“四个意识”、坚定“四个自信”、做到“两个维护”。因此，高校网络思想政治教育与传统思想政治教育在政治性这一首要特点上具有高度的一致性。冯刚在其主编的《大学生思想政治教育工作概论》中指出，虽然高校网络思想政治教育与传统思想政治教育在政治性上具有高度的一致性，但与传统思想政治教育具有公开性不同，高校网络思想政治教育具有“潜隐性”。在传统育人中，教育者与受教育者通过面对面的讲授方式进行交流，教育方式的直接性决定教育目的的公开性。而在高校网络育人的过程中，教育者与受教育者突破时空界限，从“面对面”转换成“键对键”的隔空教育教学模式，教育者通过各种教育载体展示、表达教育内容，实现“润物细无声”的效果，整个教育过程具有隐蔽性。[②] 这就是说，高校利用网络平台开展思想政治教育的活动虽然是公开的，但是其对大学生的思想引领、教育引导是在无形中体现的，这种“潜隐性”并不是说形式和载体具隐蔽性，而是指思想政治教育效果的隐蔽性。正如有学者认为，“网络文化具有交互性、渗透性和隐蔽性，对大学生具有潜移默化的影响。大学生能在海量的网络环境中自主选择接收信息，可以增进道德的自我认知和情感的自我内化”[③]。此外，有学者认为，从思想政治教育的学科属性来看，网络思想政治教育与传统思想政治教育相比，更具有实践性。

从网络是高校网络思想政治教育的场域出发，一些学者指出，高校网络

① 冯刚、王树荫主编：《思想政治教育研究热点年度发布 2018》，团结出版社 2019 年版，第 163－164 页。

② 参见冯刚主编：《大学生思想政治教育工作概论》，北京师范大学出版社 2020 年版。

③ 张振军、高睿：《网络文化育人视角下高校思想政治教育研究》，《传媒》2021 年第 11 期。

思想政治教育鲜明地呈现了网络的虚拟性、开放性和交互性。所谓虚拟性是指高校网络思想政治教育利用网络平台开展的大学生思想政治教育的场域是虚拟的,网络社会的虚拟性赋予了网络思想政治教育虚拟性,这就使得高校网络思想政治教育在话语表述上是依托于文字、符号、数字等呈现的,"在互联网和移动技术时代,个人在现实生活中的身份被虚拟世界创造出来的数字身份所改变"①,教育者与受教育者的关系也并不是现实世界中的人与人直接面对面的关系,而是通过网络平台建立起的虚拟关系、云关系。这种网络所带来的虚拟性赋予高校网络思想政治教育以特殊的优势和劣势。从高校网络思想政治教育的虚拟性优势而言,有学者认为网络平台提升了教育者与教育者、教育者与受教育者的沟通频率,"尤其是以微博、微信、博客、论坛、播客等社交媒体为代表的新媒体,方便了信息的随时发布、互通及获取,提升了人际交往的效率。随着网络信息技术和新媒体的发展,人际互动既有实际接触形态,也通过线上互动联结形成的网络社群形态"②。从高校网络思想政治教育的虚拟性劣势而言,有学者指出,"网络思想政治教育在提高育人效率、扩大影响范围的同时,也因交互场景的虚化而不可避免地陷入情感教育的缺失。在互联网虚拟环境中,教师和学生的交流载体无法有效传递面对面沟通所具有的情感和温度。学生通过观看视频、浏览照片、阅读文字等方式去感受和理解高校网络思想政治教育的主题内容,这种教育方式虽然能够提高思想政治教育的效率,但难以有效兼顾并满足学生的情感需求,无法感受到课堂教育所具有的情感和温度,空洞的互动容易引起学生的情感疲劳,也容易使学生错误地认为网络思想政治教育目的就是接受视频、照片和文字冲击与影响的假象。长此以往,学生的网络认知易固化,行为也会僵化"③。所谓高校网络思想政治教育的开放性和交互性是指高校网络思想政治教育中的信息发布、信息传递都是开放的,无论是教育者还是受教育者都可以表达观点、发布看法,这种信息发布、传递的开放性也

① 胡逢源:《新媒体背景下的高校网络思想政治教育工作:价值、挑战与应对》,《国家教育行政学院学报》2020年第11期。

② 同上。

③ 蒋春燕、孙祺:《新时代高校网络思想政治教育的现实困境及发展路径》,《学校党建与思想教育》2021年第12期。

就为教育者与受教育者提供了点对点、面对面的交流机会。也有学者指出，高校网络思想政治教育依托网络，尤其是新媒体平台，改变了传统思想政治教育中教育者与受教育者之间的互动交流方式。“第一，依托新载体的开放性和灵活性，加速了思想政治教育相关知识与信息的传播方式，给教师和学生提供了更加便利的沟通条件。第二，通过人际网络和直觉式的信息传递，强化了超文本结构的认知，改变了不同主体之间的互动方式和条件，使得教师和学生能够凭借感知能力扩充信息交流介质，放大了教育内容传播、讨论和实际参与的联结能力。新媒体背景下的高校网络思想政治教育，其教育内容传递过程本身也是参与者的认知过程。”①

除此之外，高校网络思想政治教育还具有一个显著的特征，即表现出了鲜明的时代性。有学者对此总结道，“信息化时代特有的综合性、整体性社会变革的性质，在网络思想政治教育活动上有显著反映。时代性是网络思想政治教育的鲜明特征”②。高校网络思想政治教育必须紧跟时代潮流，既要掌握新兴网络技术的运用技能和把握网络媒介发展的规律，判断时代发展大势，又要传播党和国家的新思想、新理念，让学生学习新思想、认识新理念，让主流价值观念走进学生心中，激发学生积极进取的内在动力，使得高校网络思想政治教育在实践中有温度、有高度、有力度。因此，“全面认识网络社会文化发展的时代特性和时代要求，深入地把握网络社会文化影响人们思想政治品德形成和发展的规律性，是网络思想政治教育重要的认识任务，也是提高网络思想政治教育针对性和实效性的前提”③。

三、高校网络思想政治教育的功能研究

高校网络思想政治教育是高校教育工作者利用互联网平台对受教者实施教育的一种教育活动。“网络思想政治教育有着很强的时代性、实践性，其理论研究的出发点和落脚点在于指导和推动网络思想政治教育实践，增

① 胡逢源：《新媒体背景下的高校网络思想政治教育工作：价值、挑战与应对》，《国家教育行政学院学报》2020 年第 11 期。

② 李才俊、唐文武主编：《网络视角下的思想政治教育方法新探》，西南交通大学出版社 2014 年版，第 38 页。

③ 同上书，第 37 页。

强网络思想政治教育亲和力、吸引力和针对性、实效性。”[①]与传统思想政治教育相比,高校网络思想政治教育具有鲜明的教育导向、凝心聚力和互动交流功能。

(一)教育导向功能

教育导向功能是高校思想政治教育的基本职能,也是高校网络思想政治教育的题中应有之义。网络信息时代的到来,使大学生的思维方式、学习方式、工作方式、生活方式和心理特点都发生了深刻的改变。有学者认为,高校思想政治工作者必须占领网络阵地,充分发挥教育的导向功能,弘扬主旋律、传播正能量,教育引导大学生对网上多元化、开放化、碎片化的信息有所甄别和选择。高校必须利用网络平台坚持以马克思主义为指导,以社会主义核心价值观为核心内容,“用科学理论武装大学生头脑,增强他们的敏锐性和政治鉴别力,把正确的人生观、价值观、世界观渗透其中,帮助学生及时解开思想困惑、澄清模糊认识”[②]。然而,高校网络思想政治教育与传统思想政治教育相比具有差异性,这种差异性也表现在高校网络思想政治教育的教育导向功能上。教育者主要不是以“灌输”方式发挥教育功能,而是提供丰富的主流文化信息服务和对网民进行思想政治“引导”。这种引导,是将社会主义核心价值观渗透在信息服务之中,以呈现、交互、渗透、熏陶等方式引导网民正确选择、分析、评价网络信息,提倡道德自律,营造一种适应思想政治教育要求的网络文化环境。另一方面,同传统的受教育者相比,网络思想政治教育的对象不再被动接收信息,而是主动地在全球范围内寻找信息、选择信息、接收信息甚至发布信息,是积极的自我教育者。他们在网络活动中常常发挥出教育主体性作用,通过发表言论、传播和交流信息,自觉地或不自觉地影响其他网民。由此,他们也在较大程度上扮演着“教育者”的角色。“大学生是网络媒体的主要用户群体,同时,大学生在高校教育阶段中处于成长成才的特殊时期,其思想极易受到社会不良思潮的影响。因

---

① 冯刚、王树荫主编:《思想政治教育研究热点年度发布 2018》,团结出版社 2019 年版,第 162 页。

② 刘润:《“微时代”高校网络思想政治教育体系构建策略研究》,《中国高等教育》2017 年 13 期。

此,新时代下的高校思想政治工作与网络文化育人的关系不言而喻。一方面,网络媒体本身所具有的跨时空特性,使其在引导大学生政治思想方向和教育导向方面有着独特的优势;另一方面,大学生群体对网络的频繁使用,使得网络媒体可以成为高校政治教育的新突破口。”①

(二)凝心聚力功能

习近平总书记强调:“思想政治工作从根本上说是做人的工作,必须围绕学生、关照学生、服务学生,不断提高学生思想水平、政治觉悟、道德品质、文化素养,让学生成为德才兼备、全面发展的人才。”②高校网络思想政治教育的凝心聚力功能主要体现为运用网络平台,宣传主流价值观,凝聚广大学生共识,不断激发大学生为胜利实现第二个百年奋斗目标和中华民族伟大复兴的中国梦提供强大的精神动力和智力支持。冯刚在其主编的《大学生思想政治教育工作概论》中指出,高校要在校园网络平台上讲好“中国故事”“校园故事”,实施“网络文化精品工程”,打造“网络正能量精品内容”,使主流声音传得更开、更响、更远,凝聚广大师生的爱国情怀。③

(三)互动交流功能

高校利用网络平台开展思想政治教育使得教育者与受教育者同时在网络的场域中出场,同时都可以在网络场域中对话交流、互换观点,改变了传统思想政治教育中的单向传播方式。有学者对此做出了说明,互联网的开放性,使得各种信息瞬间完成跨界流动。多样化的信息本身构成网络社会生活丰富多彩的内容,而这些信息又主要是借助网络人际互动完成的流动。网络人际互动方式的多样性在很大程度上决定着信息交流方式的多样性,进而催生和决定着网络思想政治教育活动的多层次性,强化着网络思想政治教育的公共性。显然,有什么样的网络人际互动,也就存在着相应的信息流动形式与相应的信息内容。网络思想政治教育内容的确定与规范,离不

① 张振军、高睿:《网络文化育人视角下高校思想政治教育研究》,《传媒》2021 年第 11 期。

② 《习近平在全国高校思想政治工作会议上的讲话》,《人民日报》2016 年 12 月 9 日。

③ 参见冯刚主编:《大学生思想政治教育工作概论》,北京师范大学出版社 2020 年版。

开对网络人际互动内容的准确把握，否则难以做到有的放矢。因此，完善网络人际互动的方式，提升网络人际互动的质量，不仅有利于确保互动中的信息质量，更有助于推动网络思想政治教育朝向实效性和长效性目标迈进。①

四、高校网络思想政治教育的内容研究

近年来，高校网络思想政治教育研究已经超越了基础理论研究的时代，学界将更多的视角转移到高校网络思想政治教育在话语体系建构、网络舆情掌控、网络生态建构和重大疫情应对等现实问题上，形成了一些新的观点和看法，进一步丰富了高校网络思想政治教育的研究成果。

（一）高校网络思想政治教育的话语体系研究

“话语体系，是思想政治教育内容的载体，是思想政治教育意思表达和意义建构的基本工具和主要场域，是沟通教育者与受教育者的符合集合和意义系统。”②网络的虚拟性、开放性和交互性改变了高校传统思想政治教育的话语体系，也削弱了高校传统思想政治教育的话语权，思想政治教育的话语表述不仅要彰显主流价值理念，而且要契合时代主题和网络语言规律，原有的书斋式的、教科书式的话语体系逐渐被大众化、个性化、简洁化的话语体系所替代，这就要求教育者必须建构契合网络思想政治教育的话语体系，从而避免在实际工作中“曲高和寡”甚至“话不投机”，以此提高网络思想政治教育的话语权。有学者认为，高校网络思想政治教育在实践中必须做到创新话语体系、不断提升话语权，这就要“认真分析大学生网络话语表达方式，熟练掌握学生在网络空间中语言使用的规律，把控好语言演变的形势和走向，了解学生网络语言使用风格，不断整合对思想政治教育有利的网络话语内容……要围绕学生关心的热点难点问题和涉及学生切身利益的问题设置议题。适时转变和创新网络议题的表达方式，遵循传播规律，把政治话语

① 参见吴满意、景星维、唐登蕓：《网络思想政治教育理论前沿问题研究》，四川大学出版社2019年版。

② 冯刚、王树荫主编：《思想政治教育研究热点年度发布2018》，团结出版社2019年版，第157页。

转化为学生所喜闻乐见的生活话语，合理设置网络议题，加强与学生的互动交流，有效回应和解决学生关切事宜，进而实现网络虚拟空间与物理现实空间的精准对接"[①]。创新高校网络思想政治教育话语体系、提升高校网络思想政治教育话语权不但是思想政治教育本身的需要，而且对于维护国家意识形态安全具有极为重要的政治意义。习近平总书记强调："意识形态工作是党的一项极端重要的工作。"[②]网络已经成为意识形态斗争的主阵地，网络意识形态安全问题是意识形态建设极为重要的领域。所以，有学者指出，"高校网络思想政治教育应该用正确的政治方向引导学生的网络行为和价值判断，把学习和宣传习近平新时代中国特色社会主义思想、培育和践行社会主义核心价值观作为长期的重要政治任务，积极弘扬主旋律、正能量，牢牢掌握网络话语权。要遵循导向性原则，巩固马克思主义在高校网络意识形态领域的指导地位，强化政治意识、阵地意识"[③]。

（二）高校网络思想政治教育与网络舆情研究

网络舆情是指社会公众对网上某一时期某一焦点、热点问题而形成具有一定影响力、传播力及共同性看法和意见的情况。"'高校网络舆情'是指以高校师生为行为主体，对某一或某些'焦点''热点'事件，通过网络进行传播互动所产生的一致的、公开的、有影响的态度和观点的总和，即高校网络舆情内涵的六大要素分别为行为主体、核心事件、共同观点、网络载体、传播互动、产生影响。"[④]高校对网络舆情的研判直接影响校园安全稳定和意识形态领域安全，也决定了高校思想政治教育的走向。有学者指出，高校网络舆情与社会网络舆情存在差异性，表现为高校网络舆情主体和传播空间相对集中，高校网络舆情发展速度相对较快并且能够在社会传播，产生社会影响，因此，高校网络思想政治教育必须把握高校网络舆情的传播特点，掌控

---

① 仲昭慧：《高校思想政治教育网络空间话语权掌控研究》，《学校党建与思想教育》2021 年第 10 期。

② 习近平：《意识形态工作是党的一项极端重要的工作》，http://www.xinhuanet.com//politics/2013-08/20/c_117021464.htm.

③ 高歌：《加强新时代高校网络思想政治教育探究》，《学校党建与思想教育》2021 年第 12 期。

④ 孟莉：《网络舆情：高校思想政治教育工作的新视域》，合肥工业大学出版社 2016 年版，第 3 页。

高校网络舆情的发展走向，避免将网络舆情事件发展为危机事件。同时，对于高校网络舆情的正向引导和把握有利于充分发挥网络思想政治教育的潜隐性功能。基于此，有学者指出，“显性思想政治教育往往受客观条件的限制不能完全达到思想政治教育的效果，而网络论坛、微博、博客等是24小时都开放的，并且不用特定的地点场所，大学生运用电脑或者手机即可参与到焦点热点问题的讨论中。高校大学生通过博客、微博、BBS论坛等方式积极参与网络舆情，在互动过程中潜移默化受到了隐性思想政治教育，尤其是一些名人，在学生中有较高的认同知名度的人士，大学有名的教授、作家、网络名人、草根明星也有开通自己的博客和微博，以独特的视角看待社会、人生及生活，使大学生默默受其感染，这些是显性思想政治教育所难以达到的效果，反而高校学生易于接受”①。

（三）高校网络思想政治教育与网络生态研究

近年来，生态文明建设深入人心，“生态”一词一时间被提升为学术热点词语，以生态视角对其他基础理论展开研究逐渐成为理论界的一种趋势。高校网络思想政治教育生态系统研究是将生态系统概念引入高校思想政治教育而形成的全新研究视角。潘强等主编的《高校网络思想政治教育生态系统构建研究》一书是高校网络思想政治教育生态研究领域的代表性著作，书中系统阐述了高校网络思想政治教育的生态概念，并提出了研究高校网络思想政治教育生态的重要性和必要性。他们指出，“生态学是把生物与其所处的环境视为一个复杂的生态系统，以系统的观点观察生命有机体与其周边环境的相互影响、相互制约、相互依赖的关系。高校网络思想政治教育的网络环境处于整个社会大系统中，其自身由诸多要素按特定关系组成相应的结构，其内在的系统性与生态学系统观点具有天然的耦合性。在系统的观点中，为了达到生态平衡，系统中的有机主体、无机客体、连接介体构成的整体在与周围的环境进行物质循环、能量流动和信息传递，任何环节出现问题，原有生态平衡就会被打破，相类似地，就高校网络思想政治教育环境的内部结构而言，有机教育主体、无机教育客体和教育介体等要素相互结合

① 陈少平主编：《高校网络思想政治教育研究》，中国书籍出版社2015年版，第164页。

构成一个整体，有机教育主体是系统中的生命有机体，无机教育客体是系统中的与有机体发生作用的无生命物质，教育介体是系统中引发有机体与无机体相互作用的媒介物质，教育者可以根据教育的目的和要求调整和控制教育的介体，发挥教育介体的正向牵引作用，从而实现社会主义核心价值观‘正能量’的教育功能，达到社会主义核心价值观教育‘内化于心、外化于行’的目的”①。以生态学的诠释框架解读高校网络思想政治教育的发生演变过程是高校网络思想政治教育研究的一种创新性诠释范式，这有利于教育者、受教育者、教育媒介等因素的合理利用和规划，并有利于指出每个因素在高校网络思想政治教育中所发挥的重要功能和作用。

（四）高校网络思想政治教育与重大疫情应对研究

在新冠肺炎疫情流行和疫情防控常态化的背景下，高校网络思想政治教育凸显了比传统思想政治教育更为鲜明的价值。有学者指出，重大疫情下，高校网络思想政治教育彰显出了重要的个体价值和社会价值。就个体价值而言，高校网络思想政治教育能够积极引导学生个体在疫情面前树立正确的政治方向，坚定万众一心、众志成城、坚决打赢疫情防控阻击战的信心，理性看待疫情防控常态化下的各项工作，消除不必要的负面情绪和思想。同时，高校利用网络平台积极传播正能量，“激发学生在面对疫情时积极向上的精神动力，鼓励学生通过自己的言行带动和影响更多人”②，尤其是通过大学生参与疫情防控工作的亲身经历和榜样示范作用，积极引导学生承担社会责任、履行社会义务。就社会价值而言，高校通过网络开展大学生思想政治教育，积极引导学生理性科学面对疫情防控各项工作，对于维护社会稳定具有重要作用，“高校通过网络手段对大学生的思想引导和行为规范引导，影响其他社会成员，促进整个社会政治系统动态的有序性和连贯性，

---

① 潘强、许钟元、刘旭主编：《高校网络思想政治教育生态系统构建研究》，中央编译出版社2019年版，第Ⅱ－Ⅲ页。

② 彭容容、唐忠宝、朱以财：《高校网络思想政治教育应对新冠肺炎重大疫情的策略论析》，《高校辅导员》2020年第2期。

有利于巩固全社会共同抗击疫情的思想基础”①。不仅如此，有学者认为，在面对重大疫情时，高校网络思想政治教育以此为契机开展多层次多角度的教育，具体包括如下几个方面：第一，爱国主义教育。高校可利用网络媒体通过展示疫情防控中生动感人的抗疫事迹、故事等，引导大学生厚植爱国主义情怀，进而不断提升民族自信心和自豪感。第二，规则教育。高校通过网络媒体宣传疫情防控知识和各地区、各部门疫情防控要求，切实引导大学生遵守疫情防控各项规则，承担疫情防控的社会责任和义务。第三，道德和法制教育。在疫情防控期间，高校要积极引导大学生关注官方通报的疫情消息，不信谣、不传谣，在网络上传播正能量，做遵纪守法的好网民，为营造清朗的网络空间贡献力量。第四，生命教育。高校利用网络媒体引导大学生树立敬畏生命、热爱生命的崇高理念和爱护自我、爱护他人的生命观。第五，感恩教育。面对疫情防控取得的重大胜利，高校要教育引导大学生增强感恩国家、感恩他人、感恩自然的意识。第六，心理健康教育。出于疫情的复杂性，高校要教育引导大学生调整心态，提升身心健康水平。就高校网络思想政治教育在面对重大疫情中发挥的重要作用而言，有学者认为，高校利用网络平台开展思想政治教育大大弥补了传统思想政治教育的短板，进一步提高了思想政治教育的时效性和针对性。面对突然而来的疫情，大学生从无知到有知，其非理性的恐慌情绪逐渐转变为理性科学的应对态度，而高校网络思想政治教育在这一转变过程中发挥了重要作用，“一是在公共卫生事件发生时，迅速优化配置大学生网络教育资源，并整合形成网络空间中的大学生思想政治教育资源块，提高质量效益。二是要实现供给准确，积极整合和优化思想政治教育的内容和形式，实现精准推送，符合大学生客体本阶段思想特点，切合教育客体接受思想政治教育的需要。三是对教育对象的真实需求和满意度要有很高的敏感度，要注重满足不同教育对象在危机发生不同阶段的差异化需求，在此次公共卫生事件中我们也发现网络思想政治教育缺少有效识别和区分机制，使思想政治教育产品和服务展现出供给

① 彭容容、唐忠宝、朱以财：《高校网络思想政治教育应对新冠肺炎重大疫情的策略论析》，《高校辅导员》2020 年第 2 期。

单一、供给滞后、供给偏离等现象”①。还有学者立足SWOT分析法，系统全面地阐述了高校网络思想政治教育在疫情防控期间正确引导学生思想、维护高校意识形态安全上所发挥的重要作用，并指出了后疫情时代高校网络思想政治教育要从“内容提供与智能表达、信息供给与启发教学、主体多元与协同育人以及预警防范与环境调节”②等方面实现创新发展，既要整合高校网络思想政治教育的资源平台，又要对准焦点问题、优化教育教学方式。

五、高校网络思想政治教育的跨学科研究

高校网络思想政治教育研究具有视域开放性和学科交叉性，所涉及的学科门类众多、问题意识广泛，与马克思主义、传播学、心理学、政治学以及计算机科学技术等学科领域均呈现出一定的关联性和耦合性。近年来，高校网络思想政治教育的跨学科研究趋势日益突出，并取得了很多重要成果。

（一）高校网络思想政治教育的马克思主义视域研究

马克思主义是科学的世界观和方法论。有学者运用马克思主义基本理论的观点，对高校思想政治教育展开多视角的创新研究。徐璐、杨湘弘从马克思主义交往实践观的角度阐述了高校网络思想政治教育图式的构建，指出：“马克思主义交往实践观下的高校网络思想政治教育图式构建涉及两重关系：一是教育主导者与网络之间的关系，即人与物的关系，强调的是主体与客体的关系；二是教育主导者与教育对象之间的关系，即人与人的关系，强调的是主体与主体的关系。因此，高校网络思想政治教育图式的构建可以着重从两方面展开，一是教育主导者对教育客体即网络的形塑，并进一步借助教育客体间接塑造教育对象，二是教育主导者对部分教育对象直接形塑，这部分教育对象作为网络场域中的一种资本辐射周边更多的教育对象。总之，高校网络思想政治教育图式的构建需要坚持灵活机动的原则，根据现

① 王莉娟：《疫情下高校网络思想政治教育的三向度研究》，《思想政治教育研究》2020年第5期。

② 张苏媛：《后疫情下高校网络思想政治教育的应变和创新》，《湖北成人教育学院学报》2021年第4期。

实情况灵活有效地搭配组合，而非单一教条地采取某一模式。与主体性思维或主体间性思维相较而言，马克思主义交往实践观基于建立在实践基础上的主体与主体之间的平等交往，不断建构自身主体性的视角认知事物，因此，它会指引高校网络思想政治教育构建起以话语权共享、生活化面向和交互式引领为主要特征的实践图式。”[①]其以马克思主义交往实践观从主体与客体的相互建构中分析了高校网络思想政治教育中教育者与受教育者的互动关系，揭示了高校网络思想政治教育发生的实质过程。除此之外，黄超在《高校网络思想政治教育研究》一书中从马克思主义理论体系中的社会存在与社会意识辩证关系的理论、马克思主义人学理论、马克思主义经典作家关于科学技术与社会发展的理论以及马克思主义中国化的相关理论成果等角度对高校网络思想政治教育的本质、过程进行了系统阐述。

（二）高校网络思想政治教育的传播学视域研究

从传播学视角研究高校网络思想政治教育，主要包括以下核心话题：第一，现代网络传播对高校网络思想政治教育发展和创新的影响，对此，有学者指出，“随着全球化、符号经济以及现代传媒技术的进一步发展，移动互联网时代已经到来。网络传播作为一种以‘新媒体’为媒介出现的现代传播模式，是目前最标准、最快捷、最完善的传播方式，开创了现代人类社会生活和社会行为的新方式。在互联网环境下，大学生思想政治教育作为一种特殊的传播活动，更要因事而化、因时而进、因势而新，有效利用网络传播新技术、新理念，将大学生思想政治教育同信息技术高度融合，创新大学生思想政治教育传播策略、方法与途径”[②]。第二，网络新媒体在高校网络思想政治教育中的应用。有学者认为，“运用时代科技，借助大数据、新媒体、移动互联网等技术强化高校网络思想政治教育的传播力与影响力，建设智慧校园。首先，利用大数据分析技术准确把握高校师生的关注点、兴趣点与基本诉求，及时服务需求，正确引导舆论；其次，利用内容更新快、社交能力强、青年

---

① 徐璐、杨湘弘：《基于交往实践观的高校网络思想政治教育图式构建》，《学校党建与思想教育》2021 年第 12 期。

② 左殿升等：《大学生网络思想政治教育研究》，人民出版社 2019 年版，第 290 页。

受众多的新媒体平台，以丰富有趣、通俗易懂的方式讲好中国故事、解读时事政策、传递社会正能量、引导正确价值观，并设置在线服务窗口使校园服务更便捷；最后，借助移动互联网平台的广泛、即时、碎片、信息爆炸等特性，以图文、视频等多样化方式融入高校师生的'圈文化'，潜移默化提升高校师生的理性思辨能力"①。

从传播学的视域来看，开放性和互动性的网络传播方式逐渐取代传统的媒体传播方式。传统的媒体传播方式具有高度的组织性和专业性，通过一系列严格的筛选和优化流程，传播内容更能体现出主流的意识形态和价值取向。洪涛立足高校网络思想政治教育的发展现状，将传播学中的议程设置理论与高校网络思想政治教育结合起来，分析了新媒体时代高校网络思想政治教育面临的机遇和挑战。

（三）高校网络思想政治教育的心理学研究视域

科学做好心理健康教育是高校开展思想政治工作的前提。从心理学视角研究高校网络思想政治教育，有学者对高校网络思想政治教育在促进大学生身心成长和人格完善上所发挥的重要作用进行了专门的阐述，"网络带给大学生便利的同时，也带来了一些负面影响，具体表现为人际交往障碍、人格结构失衡、自我迷失与冲突、道德失范、网络成瘾等"②。因此，高校在利用网络平台开展思想政治教育时，必须遵循大学生的身心成长规律，"积极利用各种网络平台宣传普及心理健康知识，通过在网络空间举行一系列网络心理论坛、网络心理沙龙等活动，实现与大学生的实时互动。智能手机的普及为网络心理健康教育提供了新的平台和途径，有效提高了碎片时间利用率，高校可以通过微信公众号、互动 APP、直播软件等方式，让大学生随时随地接触并学习网络和心理知识，提高大学生对网络心理健康的认知和重视"③。

---

① 钱云光、张凤寒：《推进高校网络思想政治教育的三重向度》，《思想政治教育研究》2019 年第 2 期。

② 左殿升等：《大学生网络思想政治教育研究》，人民出版社 2019 年版，第 284 页。

③ 同上书，第 286 页。

（四）高校网络思想政治教育的政治学研究视域

从政治学视角研究高校网络思想政治教育，有学者指出，“青年大学生是网络政治的积极参与者，是推动政治进程、建设社会主义民主政治的重要力量。大学生是社会群体中政治意识和参与意识较强的群体，具有良好的参政议政基础和网络媒介素养，在很大程度上决定国家政治生态的活力和政治发展的潜力”①。不仅如此，从政治学的角度来看，高校网络思想政治教育还会不断引导大学生积极在网络上实现政治参与，实现大学生的政治社会化。因此，有学者认为，必须重视高校网络思想政治教育对大学生政治参与的重要作用，“随着中国特色社会主义民主政治的快速发展，大学生网络政治参与的规模将会进一步扩大，内容将会进一步丰富，形式也将更加多样。但是，网络的虚拟性、开放性和隐蔽性也会导致非主流意识形态的野蛮生长，良莠不齐的社会思潮将会更加纷繁芜杂，民粹主义、新自由主义、历史虚无主义等社会思潮会对大学生的网络政治参与产生更大干扰。客观审视大学生网络政治参与的现状，结合我国社会主义民主政治在互联网时代的新发展、新要求，理性分析和预测大学生网络政治参与的发展趋势并加以正确引导，既是一个重要的理论问题，也是重大的现实问题”②。

（五）高校网络思想政治教育的大数据与计算机科学研究视域

从大数据和计算机科学的视角对高校网络思想政治教育展开研究成为一种趋势，然而这种研究只是借鉴了大数据与计算机科学的某些理论观点，并没有运用大数据和计算机等算法等数值分析模型，代表性论文有《基于证据推理的高校网络思想政治教育实效性评价》、“The Network Ideological and Political Education Ecosystem in Colleges and Universities Based on Evolutionary Model”（《基于进化模型的高校网络思想政治教育生态系统》）、“Exploration of the Function Design of Ideological and Political Education Network System in Colleges and Universities in the New Media Era”（《新媒体时代高校思想政治

① 左殿升等：《大学生网络思想政治教育研究》，人民出版社 2019 年版，第 189 页。
② 同上书，第 192 页。

教育网络体系的功能设计探索》)、《大数据时代高校网络思想政治教育效力评估研究》、"Innovation Strategy of Network Ideological and Political Education Based on Big Data"(《基于大数据的网络思想政治教育创新策略》)等。人工智能方兴未艾,也被运用到不同学科的研究领域之中。从人工智能发展的视角来看,人工智能给高校网络思想政治教育带来了新的机遇和挑战。周晔、张旭在《人工智能时代高校网络思想政治教育的路径选择》中指出:"目前,人工智能处于弱人工智能阶段,结合较为松散,未必能精准过滤有害信息。学生对人工智能的过度依赖,也会导致主体性缺失,人工智能技术融入网络思政难度增大,人工智能在应用过程中迟早会伴随伦理和法律危机的产生。就目前情况而言,互联网已融入青少年学习、成长过程中。人和机器这双重被教育者之间也在博弈,网络思政教育工作的模式必然需要重构。青少年时期是世界观、人生观和价值观形成的最为关键的时期,处于这一时期的青少年对世界的看法、对人生的想法、对价值的判断尚不成熟,有可能受错误信息影响,抵消网络思政的正面引导力。同时,网络思政教育工作者也要对机器进行价值观教育,一旦人工智能信息处理、过滤系统失效,也会降低网络思政对学生的思想引领和育人效果。"①基于此,他们提出了人工智能时代高校网络思想政治教育的创新实践路径:一是要建立健全学校人工智能体系。二是要从多角度出发不断提升教育者的"人机协作"能力。三是加快推进高校网络思想政治教育向高校智能思想政治教育的全新转型。②

网络已经成为大学生学习和生活的重要场域,网络也改变了大学生的思想、学习和生活方式。在这种大背景下,怎样把握人们在双向互动过程中的思想意识、心理和行为的变动轨迹,以及探寻怎样科学引导与强化针对性教育的规律,无疑成为当下和未来对民众教育的重大课题,而思想政治教育学界不能不对这一重大课题产生理论与实践的回应。③

综合新时代高校网络思想政治教育的研究来看,高校网络思想政治教

---

① 周晔、张旭:《人工智能时代高校网络思想政治教育的路径选择》,《北京教育(高教)》2021年第11期。

② 同上。

③ 参见吴满意、景星维、唐登蕓:《网络思想政治教育理论前沿问题研究》,四川大学出版社2019年版,第1页。

育呈现出了愈加明显的发展趋势。一是高校网络思想政治教育的学科意识愈加明显。随着高校网络思想政治教育研究视野的不断拓展,高校网络思想政治教育在内涵界定、研究对象和研究内容上都取得了重要的突破,在网络思想政治教育成为思想政治教育学科的分支之后,高校网络思想政治教育的学科属性也越来越明显。不仅如此,一些高校为了推进网络思想政治教育,也相继成立了专职网络思想政治教育队伍,建立了网络思想政治教育研究工作室,设立了网络思想政治教育专业和课程。二是高校网络思想政治教育的融合创新意识愈加明显。“走融合创新的发展之路是网络思想政治教育理论研究的天然属性和内在要求。”①高校网络思想政治教育研究不再局限在思想政治教育、网络思想政治教育的学科体系和话语体系之下,更重要的是融合了不同学科的研究范式、知识观念等,突出了网络、高校思想政治教育和不同学科的深入融合。三是高校网络思想政治教育的科学意识愈加明显。所谓高校网络思想政治教育研究的科学意识是指高校网络思想政治教育更加关注网络的发展规律和新媒体的运用规则。尤其是人工智能时代、大数据时代的到来,更加使得高校网络思想政治教育必须以科学的视角分析人与互联网的交互过程,以此提升网络思想政治教育的实效性。不仅如此,科学化发展能够提升网络思想政治教育理论的现实说服力和实践指导力,增强网络思想政治教育的预见性与主动性,实现互联网技术性与思想政治教育人文性的统一,思想政治教育知识性、理论性与价值性的统一,思想政治教育守正与创新的统一。

① 胡树祥、王苗:《网络思想政治教育理论研究的发展历程与展望》,《马克思主义理论学科研究》2021 年第 9 期。

专题一　高校辅导员网络思想政治教育现状研究

高校辅导员的主要工作包括学生的日常管理工作和思想政治教育工作。高校辅导员需要深入学生当中,才能做好学生的思想教育工作,让学生的思想政治水平得到显著提升。互联网建设的不断完善,信息技术发展速度的不断加快,通信技术的愈加先进,为我国高校网络思想政治教育工作的发展提供了基础与契机。如今,互联网行业高速发展,网络成了人们沟通的重要渠道之一。在新时期下,高校辅导员也应该与时俱进,紧跟时代脉络与步伐,做到紧跟时代热点,做好网络思想政治教育工作,从而真正将高校思想政治教育工作落到实处。基于上述背景,本专题展开了以 M 高校为研究对象的高校辅导员网络思想政治教育的路径探索,以期能够为高校辅导员工作的开展提供借鉴与参考,进而提升高等院校的网络思想政治教育能力。

一、相关概念界定

(一)网络思想政治教育工作

就目前来看,我国高校辅导员网络思想政治教育工作在高校教育工作当中占有一席之地,并极大程度地应用了网络技术。研究高校辅导员如何做好网络思想政治教育工作,首先要合理界定高校网络思想政治教育工作的定义。网络思想政治教育,由网络与思想政治教育两个部分构成,顾名思义,网络思想政治教育工作,是以网络平台为基础、以互联网为建设路径而开设的学生工作与思想政治教育工作的统称。

高校辅导员与学生之间沟通最为频繁。高校辅导员也是密切联系学生，指导学生思想和关联学生群体的重要维系点与支撑点。因此高校辅导员在一定程度上，直接影响高校大学生的思想观念。因此，面对当下的情况，高校辅导员应该重视大学生的思想政治教育工作，尤其应落脚于网络思想政治教育，顺应主流社会发展趋势，不断适应新的社会背景与文化环境对高校教育工作提出的新要求。

（二）网络思想政治教育建设

在新形势下，高校辅导员应该具备学习能力、对问题的辨析能力以及对网络环境的肃清能力等，此外还应该把握好网络工具与网络资源的话语权及调配权。高校辅导员开展思想政治教育工作，不仅包括资源的应用，也包括资源的整合，其中涉及大量外部资源的整合。互联网拥有海量的数据资源，它们相互作用，并形成了完备的体系与系统。高校开展网络思想政治教育工作，就以此数据为基础，涉及家庭、国家、社会、学校、社区及政府机关等。

高校网络思想政治教育工作，就是将不同的社会组织机构有机融合，实现思想政治教育的最终目的。其形成的教育联合体，使得网络成员具有了相同的思想政治教育目标，随着体系的不断完备，思想政治教育工作亦不断完善。

随着网络思想政治教育的不断发展，其社会性属性会逐渐突出。即网络思想政治教育不会再仅仅停留在原本的浅层表面，而是开始走向社会，开始与社会思想相碰撞与对接，而一些互联网中的有害信息不能够被直接拦截，西方世界的奢靡主义、拜金主义等不良思想也会甚嚣尘上，影响大学生的主流价值观念。不仅如此，大多数高校的思想政治资源本身没有资源共享，这使得网络思想政治教育的社会化优势受到一定局限。因此，在新时代背景下，网络思想政治教育工作仍然面临巨大挑战。对于高校辅导员来说，合理利用高校网络思想政治教育平台，将现代化的网络传播工具与思想政治教育工作巧妙结合，将变得格外重要与关键。

二、高校辅导员做好网络思想政治教育工作的重要意义

(一)正确引导高校舆论信息动态

如今互联网不断发展,网络信息令人眼花缭乱。在信息爆炸时代,一些大学生无法有效对信息进行甄别,也缺乏对优秀文化与糟粕文化的识别能力,因此,其思想政治意识更容易受到不良信息的干扰与影响,进而为社会带来更多的隐患,这就使得高校思想政治工作的难度呈梯度增长。因此,在新网络时代背景下,高校辅导员应该直接从学生端抓好网络思想政治教育工作,让高校舆论信息有一个良好的发展态势。大学生正处于校园与社会的跨越期,一部分人还没有足够的能力完全甄别某些不良思想政治信息背后所隐藏的威胁,因此也更容易成为不良思想政治意识传播的载体。而高校辅导员应从实际情况出发,针对学生思想政治问题,结合实际情况,准确判断舆情,从而让大学生逐渐形成正确的思想政治价值取向,为构建积极良好的高校网络思想政治环境奠定完备而充实的基础。

(二)有利于大学生树立正确的思想政治意识形态

高校辅导员思想政治教育工作,应该始终秉承与时俱进的原则,并且不断开拓创新、积极进取,这样才能使高校思想政治教育的建设更进一步、更上一层。网络思想政治教育工作同样如此,只有辅导员与时俱进,不断接受新鲜的网络环境,才能让大学生在面对诸多的网络信息时树立起正确的思想政治意识形态。随着网络技术的发展,大学生接收信息的途径越来越多元化。高校是意识形态领域的重要阵地,大学生树立起正确的人生观、价值观、世界观对个人和社会均具有重要意义。因此,高校辅导员应该努力做好网络思想政治教育工作,帮助大学生树立正确的思想观念,确保高校工作的顺利开展。高校网络思想政治教育工作,也是我国国家稳定之根基。高校大学生处在人生的黄金时期,也是人生价值观形成的核心关键期。而如今,少数大学生思想意识不够积极,学习不主动,极容易被不良思想诱导、欺骗。因此高校辅导员应该加强对正确意识形态的宣传,同时不断拓宽思想政治

教育的实现路径。而网络思想政治教育是一个大胆尝试,也是重要且直接的方式。

(三)增强高校辅导员思想政治教育工作的有效性与时效性

就目前网络思想政治教育工作的开展现状来看,高校网络思想政治教育工作取得了较好的效果,但是仍然存在诸多问题,比如某些大学辅导员仅仅是将其他辅导员的思想政治教育工作研究生搬硬套,而有的则仅仅是将思想政治工作在网络空间进行套用,缺少针对性与实效性。随着网络教育的不断发展,当下对高校辅导员的思想政治教育能力的要求也不断提升。网络思想政治教育应该始终以大学生主观学习的自觉性为考量标准。网络空间虚拟、开放等特点,让大学生的主体性受到了挑战,大学生也不再仅仅是传统教育的被动接受者,而是有了更明显的主动性特征。因此,如何在复杂的网络背景下,贯彻落实培养大学生学习思想政治内容的主观能动性的工作,则是当下高校辅导员教育工作的研究重点。在新时代社会主义主流意识形态下,加强与相关意识平台的互动交流与合作,对大学生自觉性的锻炼具有重要价值,也能够从客观上增强高校辅导员思想政治教育工作的有效性与时效性。

三、M 高校辅导员网络思想政治教育工作现状调查

(一)问卷设计

使用问卷星 APP 制作问卷,针对高校辅导员网络思想政治教育工作现状进行调研,包括辅导员网络思想政治教育的途径、平台、开展方式、开展目的,辅导员对网络思想政治教育工作的了解程度,辅导员开展网络思想政治教育工作最终的效果等。

(二)抽样方式

本次问卷调查主要采用的抽样方式为随机抽样。整个问卷调查独立进行,通过网络发放问卷,发放地点为 M 高校校内,发放方式为电子问卷,采用

问卷星 APP 为主要载体。本次问卷调查的时间为 2021 年 11 月 1 日到 2021 年 11 月 8 日，本次共发放问卷 700 份，回收有效问卷 690 份，有效率 98.6%。

（三）抽样调查选取

由于调查本身受到诸多因素影响与限制，包括人员的经费、研究的时间等，因此本次的调查研究限定了样本选择的范围，仅仅将调查研究的目标样本限制于 M 高校当中。获取数据上可以保证数据的可靠性、真实性以及便利性。同时在抽样上，采用方便抽样的方式，对 M 高校辅导员进行随机选择，根据人口统计学，数据范围包括但不限于年龄、在岗时间、性别、专业类别等。

（四）调查路径

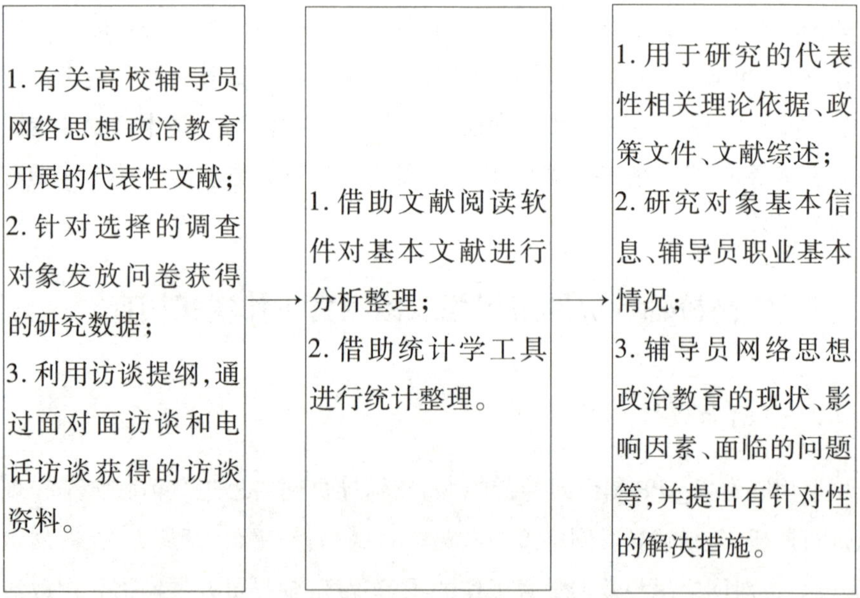

图 1－1　调查路径

（五）研究方法

1. 文献搜集法

研究文献的搜集主要通过查阅知网、万方、维普等文献数据库或者 Web of Science 等英文数据库，主要搜索的关键词包括“高校辅导员”“思想政治教育”“网络思想政治教育”“高校辅导员思想政治教育”等。

2. 问卷调查法

问卷调查中的问卷，是经过与学校沟通后，获得调查许可，并争取了老师们的合作的基础上，面向 M 高校的辅导员在线发布的。辅导员在线填写问卷，研究者通过对发布的在线问卷的调查结果进行整理，获得数据和资料。

3. 访谈法

访谈法中，在确定受访者之后，询问受访者的意愿和争取受访者的合作，在遵守访谈原则的基础上，应用访谈提纲，通过面对面访谈以及电话访谈相结合的方式，与被受访者交流并进行记录和整理，从而获得访谈的结果和数据资料。

（六）问卷结果分析

1. 描述性统计分析

根据具体需要，本专题的研究重点在于高校辅导员网络思想政治教育工作开展问题，因此，对调查对象——M 高校的辅导员情况进行了相应的统计学分析，其中包括性别、年龄、学历、职称、任职年限等。具体详细的汇总数据见表 1－1：

表 1 -1　受访辅导员情况统计表

	类别	频率(位)	百分比(%)
性别	男	31	44.93
	女	38	55.07
年龄	25 岁以下	7	10.14
	25—30 岁	34	49.28
	31—35 岁	22	31.88
	35 岁以上	6	8.70
学历	大专	0	0
	本科	14	20.29
	硕士研究生	48	69.57
	博士研究生	7	10.14
职称	助教或等同级别	13	18.84
	讲师或等同级别	32	46.38
	副教授或等同级别	22	31.88
	教授或等同级别	2	2.90
工作年限	2 年以下	6	8.70
	2—4 年	15	21.74
	5—8 年	23	33.33
	8 年以上	25	36.23

如表 1 -1 所示,女性占比 55.07%,男性占比 44.93%,整体上男女的数量并没有出现过大差异,结果也并没有完全顺应大众对辅导员岗位女性多于男性的固有认识。男性群体相较于女性群体的人数占比低 10 个百分点左右。

从被访者的年龄分布来看,25 岁以下的受访高校辅导员人数占到总受访人数的 10.14%,25—30 岁的辅导员占 49.28%,而 31—35 岁和 35 岁以上年龄段的辅导员占到受访辅导员总数的 31.88% 和 8.70%。可以看出当前 M 高校的辅导员人才梯队在年龄结构上表现为成熟化,辅导员的年龄主要集中在 25 岁及以上,人数占据受访人数的近九成。从 M 高校当下辅导员的选拔体系以及选拔制度来看,M 高校的辅导员整体呈现出饱和状态,辅导员队伍相对稳定，因此使得辅导员的年龄结构整体上呈现出稳定化特征。此外，当下，高校毕业生的择业观念转变和辅导员薪酬待遇相对较低，使得愿意从事辅导员工作的大学生相对较少，这也是高校辅导员人才流失的重要原因之一，这一点在受访辅导员的工作年限上有所体现。

工作年限在 2 年以下的辅导员仅占到受访辅导员人数的 8.70%，而 2—4 年工作年限的辅导员占 21.74%。工作年限为 5—8 年和 8 年以上的辅导员则分别占据 33.33% 与 36.23%。辅导员工作年限的长短与其年龄有着明显的相关性，工作年限分布比例中 5 年以上的辅导员占到总受访辅导员人数的 69.56% 左右，也可从侧面反映出 M 高校受访辅导员中，年轻辅导员基数小，辅导员队伍稳定有余而新鲜血液不足的现状。从辅导员学历来看，硕士研究生是辅导员的主要学历等级，占 69.57%，说明 M 高校的辅导员队伍整体素质较高，这与辅导员工作年限长、稳定性高，呈现出明显的对照关系。

2. 高校辅导员网络思想政治教育现状分析

(1)高校辅导员网络思想政治教育开展积极性分析

针对高校辅导员开展网络教学的频率进行分析，进而以此作为辅导员开展网络思想政治教育积极性的重要依据，得出结论如图 1－2 所示：

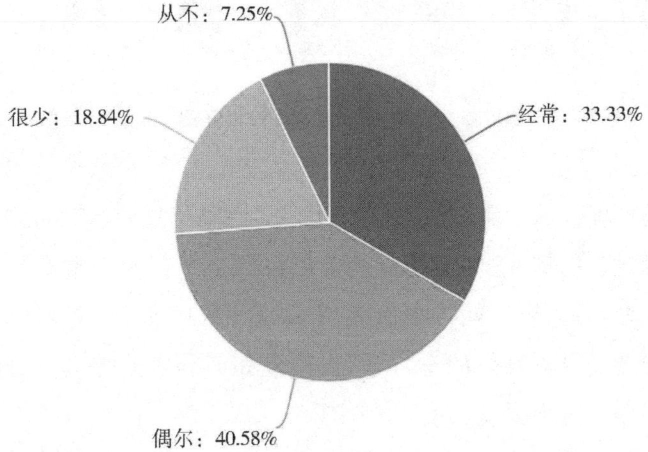

图 1－2　受访辅导员网络思想政治教育开展频次图

在受访的 M 高校辅导员中，曾尝试以网络形式开展思想政治教育的辅导员占到 92.75%，由此可以看出，M 高校的辅导员大多数与时俱进，进行了网络思想政治教育工作的尝试与探索。但是能够将网络思想政治教育工作常态化的辅导员占到受访辅导员总数的 33.33%，此数据相较于尝试开展网络思想政治教育的数据偏低。因此，可以认为，虽然高校积极推广、有意落实辅导员思想政治教育的网络化工作，但是在实际的操作中，教育的实效性仍有较大的提升空间，网络思想政治教育工作开展的频率和覆盖面仍较传统的线下思想政治教育工作存在一定的差距。

(2)高校辅导员网络思想政治教育开展稳定性分析

本调查研究针对高校辅导员网络思想政治教育没有常态化的原因进行了分析，调查分析结果如图 1－3 所示：

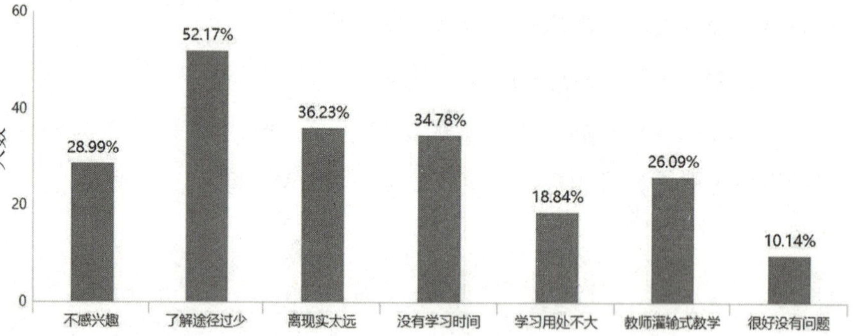

图 1－3　高校辅导员网络思想政治教育开展稳定性分析图

在受访的辅导员中，有 52.17% 表达了对网络思想政治教育工作建设路径了解途径过少的担忧，即使是一些能够将网络平台作为常态化工具进行思想政治教育的辅导员，同样也有此困惑。当下，互联网作为良好的工具，为教育工作者提供了良好的学习平台，但是如何利用此工具，用好此工具，则是教育工作者必须要重点关注的问题。

还有一些辅导员认为，思想政治教育工作普遍采取的是教育者向被教育者单向灌输的教学方式，这也是制约网络思想政治教育实效性的重要原因之一。网络本身是良好的平台，其数字化的体系结构，涵盖了视频、图像、音频等传播载体，让人的五官被整体调动。但是在实际的教学中，教师也仅仅应用了网络平台可以不受时间、空间制约的特征。这种偏于单一化、局限化的应用方式，让思想政治教育工作中的现实问题没有得到解决。还有一小部分辅导员表达了对网络工具的学习兴趣和对学习时间上的担忧，他们认为当下辅导员工作偏于琐碎与繁重，没有更多的时间投入到网络思想政治教育工作途径、方式及工具的研究当中。因此，为辅导员创造学习机会、学习时间以及学习平台，是当下网络思想政治教育工作开展的重要探索方向之一。

(3)高校辅导员自身素质与网络思想政治教育工作积极性关联分析

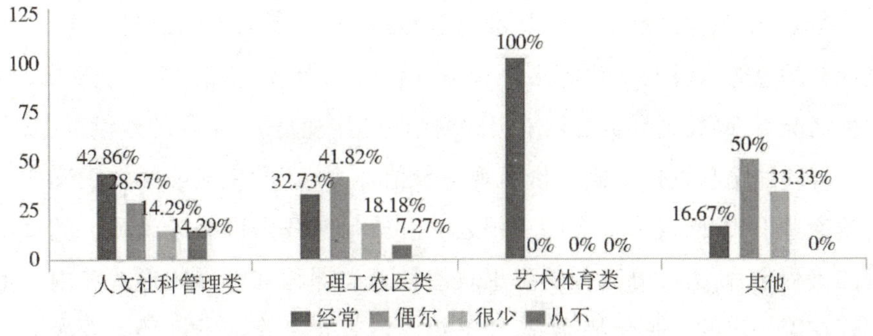

图 1-4　辅导员专业学科与网络思想政治教育工作积极性关联度分析

从图 1-4 可知，高校辅导员自身的专业学科与其开展网络思想政治教育工作积极性之间存在一定关系，其中人文社科管理类与艺术体育类相应数据要高于理工农医类专业。针对此种情况，笔者认为专业是艺术体育类与人文社科管理类的辅导员对思想政治工作本身的兴趣度更高。人文社科管理类专业学生本身的学习重心会向政治思想类倾斜，而理工农医类专业学生由于专业原因，则主要更倾向于科研、技艺类课程的学习，对思想政治教育工作的参与度本身处于较低水平，因此，相应辅导员缺乏做好网络思想政治教育工作的动力。在调查研究中，人文社科管理类学科以及艺术体育类学科的辅导员样本数据相较理工农医类少，因此，结果的可靠性相对较弱，但能够为实践提供一定的参考与借鉴。

在高校开展网络思想政治教育的进程当中,工作开展路径的多寡、专项经费规模的大小、学生群体参与度的高低,等等,都会在一定程度上制约或强化最终的教育效果。在针对 M 高校辅导员的调查研究中也可以得出,当下网络思想政治教育工作应当从形式和内容两个角度着手,进一步拓宽教育路径、加大经费投入、提升教育实效性。

四、新时期高校辅导员开展网络思想政治教育面临的现实问题

(一)高校辅导员网络思想政治教育面临新形势

当前,全球化的趋势已经从经济领域,开始不断向外辐射与渗透,影响到社会的思想、政治、文化等多个领域,改变着人们的生活方式与行为。在此种情况下,高校辅导员必须承担起网络思想政治教育路径的建设工作,向学生群体灌输与宣传正确的价值观与价值体系,让学生能够树立正确的思想政治意识,继而成为社会的有用之才。就目前我国网络思想政治教育所处的进程来看,大部分高校的思想政治教育类课程在开展的形式和内容上仍存在着一定的单一化特征,高校思想政治教育工作的发展仍有较大的潜力和空间。在我国社会主义现代化建设不断进行的过程中,新旧思想不断更迭,让享乐主义、拜金主义、利己主义等有了一定的生存土壤,在一定程度上影响了对大学生社会主义、集体主义、爱国主义等理念的培养实效。以上问题,也给高校辅导员的思想政治教育工作带来了一些新的挑战,因此,不断拓宽思想政治教育的发展路径,将是思想政治教育工作未来的重要方向。

(二)高校辅导员网络思想政治教育运行机制亟待完善

高校辅导员在思想政治教育工作中承担着育人的主体地位,其目标就在于引导大学生树立积极的思想政治意识。当下,我国高校辅导员工作的开展主要以二元管理体制进行。以 M 高校的辅导员工作体制为例,学生工作处作为党委和行政的职能部门,主要负责的工作为对辅导员进行业务指导以及工作的考评。而辅导员人事、组织关系以及辅导员的日常工作等,则

由学校的具体学院负责。这种二元体制的管理模式,决定了辅导员的实际岗位职责更偏向于发挥行政功能,因此在职能承担上也会更偏向于行政,而教师角色则在一定程度上有所弱化。但是在辅导员的岗位职责中,“双肩挑”是一种常规制度,即辅导员兼具教学岗位以及行政岗位。就辅导员自身工作而言,院系的自主权要大于学生工作处。因此,其工作也往往会更加受限于院系。辅导员的职称评定及薪酬发放与思想政治教育工作的开展程度之间的关联度尚不够明显,使得辅导员开展网络思想政治教育工作的动力在一定层面上被弱化了。此外,在对于学科与辅导员网络思想政治教育工作开展积极性关联度上的研究中也可以看出,理工农医类专业的学院本身对网络思想政治教育工作的重视程度偏低,部分辅导员也自然更倾向于待在舒适区,而不愿意进行网络思想政治教育的积极探索。

(三)高校辅导员自身网络观念亟待转变

辅导员对思想政治教育所秉承的观念及看法会在一定程度上影响到网络思想政治教育的最终效果。如今我国的思想政治教育工作逐步推进,国家开始大力倡导,积极落实大学生思想政治教育工作。因此,可以说辅导员思想政治教育工作是当下大学生思想教育的重要来源。辅导员必须要转变思想观念,重视大学生思想政治教育工作,才能让大学生逐渐形成正确的思想认识。但是,就目前来看,当下的辅导员队伍原本的自身价值观念与日新月异的网络文化观念之间尚未实现同步更新,辅导员自身网络观念倘若不能做到与时俱进,就有可能导致教育内容与现实存在一定的差距。一些辅导员原有的政治理论与政治修养并没有达到能够有效进行网络思想政治教育的水平,在工作上,不仅工作能力与工作经验有所欠缺,在进行网络思想政治教育时也没有办法真正贴近学生需求,存在着网络思想政治教育内容枯燥、形式单一等问题。在实践当中,思想政治教育工作不应该仅仅局限于精神渗透,更多地应该立足学生,从学生的个体价值及个人特性出发,激发学生对社会价值及社会需要的理解,让思想政治教育工作真正地与时俱进。当下,辅导员在思想政治教育当中,要以马列主义、毛泽东思想、邓小平理论、“三个代表”重要思想、科学发展观、习近平新时代中国特色社会主义思想为指导思想,进行爱国主义、集体主义思想的教育,并以此为核心内容,进行大学生思想教育。辅导员在进行网络思想政治教育时，如果仍然采取单向的、缺乏针对性的传统教学方式，学生作为受教育者便难以发自内心地对教学内容产生共鸣，进而导致教育的成效无法落到实处。此外，一部分高校辅导员在开展网络思想政治教育工作时往往容易出现目标偏差，确立抽象的目标，又缺乏具体的量化概念，也会使得思想政治教育工作的有效性下降。

（四）高校网络思想政治教育方式亟待多元化

通过访谈法及问卷调查法，笔者发现 M 高校网络思想政治教育的开展主要依托网站、QQ、微信、腾讯会议等平台实现，辅导员通过线上的方式，将处于不同时间、不同空间的学生集中起来，让学生接受平台各类教育内容的引导，通过思想上的浸润，来达到思想政治教育的目的。但是此种网络思想政治教育方式仍旧存在着一定的现实问题。从辅导员角度来看，虽然线上教学方便快捷，进一步将原本的线下途径进行了优化，如不需要找寻教室、协调时间等，但是其本质上尚未改变施教主体向受教主体单方向输出教育内容的核心特征。从学生角度来看，在学生参与线上的思想政治教育形式互动过程中，由于没有面对面的沟通，在一定程度上缺少了对学生学习效果和课堂表现的制约监督，导致部分学生接受教育的效果有所下降，这就背离了网络思想政治教育更高效、更高质完成思想教育工作的初衷。由此可见，高校需要进一步丰富、调整网络思想政治教育方式，确保网络思想政治教育取得实效。

五、增强高校辅导员网络思想政治教育工作有效性的思考

（一）明确高校辅导员角色定位，提升高校辅导员网络素养

第一，引导者地位。高校辅导员是大学生思想政治教育工作的引导者，因此应该坚持在思想上保持清醒的认识，坚持与时俱进，始终坚定不移地贯彻落实党的基本方针战略，切实地坚持实事求是。辅导员应该始终将促进大学生全面发展为目标，坚持学生的主体地位，坚定理想信念建设，提高学

生的思想道德水平，树立积极的思想政治理念，做好学生思想政治学习路上的引导者。高校辅导员应该善于应用网络媒体，但是同时应该结合传统媒体，进行思想政治教育。将传统媒体下的思想政治教育工作体系沿用到网络媒体中，保证高校思想政治教育工作顺利开展，从而让高校思想政治教育工作达到最高效率。

第二，执行者地位。对于网络思想政治教育来说，辅导员承担着执行者的主要地位。辅导员是学校与学生之间的桥梁与纽带，是思想意识与学生自我价值观产生关联的纽带。因此，辅导员必须要明确地了解学校各项学生工作的现状，对学校思想政治教育工作进行全局性的反思，还需要及时向学校反馈基层的网络思想政治教育工作存在哪些困境，从而满足学生网络思想政治教育工作中的实际需求。另外，辅导员还需要对网络大环境有清晰的把握，主动关注与了解国际国内的思想政治教育现状，主动适应发展形势，通过思想政治教育内容及形式的调整，来积极开展学生工作，努力协调学生对思想政治教育工作的需求，进而更为高效地在学生群体当中开展思想政治教育工作。

第三，承担者地位。辅导员应该具备将学校的思想政治教育工作要求与基层工作实际相结合的能力，并且需要能够切实地传授文化知识及开展思想政治教育的能力。归根到底，辅导员是网络思想政治教育的承担者。因此辅导员只有不断学习利用网络现代化的教学工具，不断更新网络思想政治教育理念，才能真正做好承担者的角色。辅导员也是学生日常事务的主要管理者，他们将网络工具、思想政治教育任务与实践相结合，具有先天优势。辅导员可以围绕大学生日常管理及生活，来进行思想政治教育的渗透。

高校辅导员在工作中往往需要面对学生的心理问题、学业问题以及就业问题等，因此，网络媒介虽然是重要的工具，通过网络进行思想政治教育也是主流的发展方向与趋势，但是高校辅导员的日常工作还是需要以传统方式为基础，以自身的综合素质及能力为基础，让大学生真正接受思想政治教育，最终达到良好的效果。

(二)完善高校网络思想政治教育运行机制,加强高校教育体系建设

第一,选聘体系。在高校辅导员的遴选环节,应该秉承公平、公正、公开的原则,以公开招聘等组织形式,择优进行聘用。保证进入辅导员队伍的辅导员具有优秀的专业水平与较高的思想觉悟。高校辅导员应该热爱思想政治教育工作,并且具备马克思主义理论基础知识及认知能力,同时也应该对当下我国相关的政策有更直观的了解。在辅导员的聘用上,一方面应该重视数量的控制,而另一方面应该提高学历的筛选门槛,同时重视辅导员群体的多样化结构,照顾到辅导员在年龄结构、性别比例上的协调。

第二,重视培养。高校辅导员的培养工作,同样是重中之重。高校应该积极组织辅导员开展定期的业务交流与培训,保证辅导员的业务能力始终处于更新状态,使其能够具有进行网络思想政治教育的专业能力。辅导员在正式入职前,往往需要通过岗前培训,因此,网络思想政治教育工作相关的内容,也可以被纳入辅导员岗前培训。新辅导员本身没有相关的学生管理经验,在网络思想政治教育工作上也不好入手,因此,学校一方面要组织辅导员开展理论知识学习,另一方面,还应该让辅导员熟悉学校的校园文化,并且让有经验的辅导员向新入职的辅导员传递经验,介绍本校学生特点等,进而让新入职辅导员能够更快适应新的教学环境。

不仅如此,高校应该重视辅导员的在职培训工作,让任职的辅导员能够了解网络思想政治教育工作的价值与意义,并且能够对基本的网络思想政治教育方式及理念有一定了解。为了适应网络大环境对辅导员原本工作的冲击与影响,应该不断增强辅导员处理与解决网络思想政治教育工作中所遇到问题的能力。学校可以以辅导员大会的形式,对辅导员进行定期轮训,并且基于此,让辅导员展开经验交流。

第三,畅通出口。针对辅导员的网络思想政治教育工作出路问题,学校应该要始终坚持以人为本的理念,结合实际发展需求,根据辅导员的自身特点,为其开展思想政治教育工作创造条件,解决辅导员群体的后顾之忧。专业能力及网络思想政治教育水平足够突出的辅导员,可以向学校党务、管理队伍等申请进行晋升与流调,保证辅导员队伍的流通性。此外学校还可以

鼓励辅导员进行深层次的交流,例如向地方党政机关进行推荐,让优秀的辅导员能够挂职参与锻炼,进而更好地进行网络思想政治教育路径的探索,使辅导员队伍一直处于动态平衡且思想积极的状态。开辟出口,也能够提升辅导员的工作积极性与热情,让辅导员的责任心及思想意识都得到显著的提升与增强。

(三)改善工作发展渠道,提升高校辅导员思想政治教育工作积极性

辅导员是高等教育学校教师中一支特殊的队伍,他们肩负着关注、指导、引导学生政治思想的艰巨任务,对提升学校学生的政治素养和个人品质有着重要的作用,因此,辅导员在高校的思想政治教育中扮演着越来越重要的角色。近年来,党和国家非常重视高校大学生的思想政治教育工作,颁布了一系列的政策文件来促进大学生思想政治教育工作的开展,对于辅导员这一职位及其职能也做出了许多规定和要求。《关于进一步加强高等学校学生思想政治工作队伍建设的若干意见》指出,要建设一支具有马克思主义理论素养、政治坚定、专兼结合、结构合理的高素质学生思想政治工作队伍。改善辅导员工作的发展渠道,对于提升其思想政治教育工作的积极性具有重要的价值与意义。

经过对受访辅导员的调研发现,年龄偏大的辅导员认为当下工作状态比较稳定,但是缺乏动力与方向。此外,受访辅导员表示,日常的工作往往主要以处理琐碎而繁重的学生工作为主,用于自我提升的时间相对较少。这就使得辅导员没有多余心力放在网络思想政治教育的探索上。要改善辅导员在网络思想政治教育探索实践与空间上的不足,一方面需要为辅导员设置合理可行的工作机制,而另一方面也应该完善辅导员人才队伍建设,真正将提升辅导员整体素质的工作落到实处,进而达成提升其网络思想政治教育水平的目的。

笔者认为,首先,可针对不同辅导员的实际情况,建立多层次人才的培养机制。针对年龄在35岁以上的辅导员,应该加强其业务培训,让辅导员能够适应复杂的学生工作,提升其工作效率,并完善与落实辅导员薪资保障制度。而针对年龄在25—35岁的青年辅导员,应该进行重点培养,为其提供形

式多样、内容丰富的学术交流活动,从而提升其个人能力。此外,还可增加辅导员培训深造、知识竞赛等个人发展机会,通过培训、交流活动等形式,更新辅导员的工作形式与工作方法,让辅导员的教学与专业水平都得到提升。

其次,高校的管理体制与人员配置等方面往往会影响到辅导员在网络思想政治教育上的积极性。辅导员在真正面临网络思想政治教育工作时,往往还要考虑职场上所面临的巨大竞争压力。因此,可以在现有的管理制度基础上,针对辅导员群体增设培养路径,进而减轻辅导员岗位竞争压力,尽可能减少部分辅导员长期工作在一线却得不到发展而出现职业倦怠的问题。

从根本上提升辅导员的职业满意度,同样对增强辅导员网络思想政治教育工作积极性、保障辅导员网络思想政治教育稳定性具有重要意义。因此针对辅导员诉求,学校应该尝试为辅导员提供交流机会,拓宽其对未来发展规划的路径。完善人才培养机制,扩充辅导员晋升通道,加大对后备年轻辅导员的培养力度,进而为高校发展培养出一批优秀的后备管理人才。

辅导员在晋升竞争的过程中,要清醒地认识到自身存在的缺点和不足,通过培训班的学习,逐步改正缺点,加强个人综合能力,提升网络思想政治教育水平。把培养青年辅导员、激励中年辅导员作为一项长期任务,引导辅导员积极参与今后的高校人才选拔,在竞争中,让辅导员都能有所提升、有所创造、有所建树,从而实现人生价值。

(四)改进高校网络思想政治教育策略,探索思想政治教育路径及方法

在网络技术发达的当下,网络媒介是重要的传播载体,也是大学生与辅导员沟通及交流的重要渠道。通过调查研究发现,86%的学生更倾向于用社交软件与辅导员进行交流,愿意进行面对面交流的学生,不足总调查研究学生的20%,这也从另一方面验证了网络在传播中发挥的重要作用。因此,辅导员应用网络开展思想政治教育工作十分关键与必要。但是,就目前来看,辅导员在应用网络进行思想政治教育时,仍然存在诸多问题。因此,高校辅导员必须要积极提升自己的职业化与专业化水平,将网络思想政治教育工作落到实处。网络思想政治教育工作,应该引起高校辅导员的广泛重

视,被当作一项长期坚持的工作做下去。

高校辅导员应该尝试改进与调整高校网络思想政治教育策略,探索思想政治教育路径及方法,在进行网络思想政治教育工作时,运用科学系统的理论知识,充实与武装头脑,提升自己的专业素养与综合能力。但是就目前来说,我国在高校辅导员的网络职业素养培养方面还存在一定的问题,对高校辅导员队伍的提升任务依然艰巨而紧迫。一方面在职业化的辅导员群体中,真正具有网络专业背景的人才相对较少,另一方面,辅导员工作往往被归属于行政岗位范畴,使得辅导员网络教育专业化道路愈发难走。

不仅如此,辅导员在网络思想政治教育策略的探索上,容错性相对较低。高校辅导员一向被称为学生生活的“救火队”“大管家”,如果辅导员在探索网络思想政治教育新策略时,不能符合同学们的相关期待,一旦出现任何风险与问题,责任多数需要由辅导员承担。这也是当下辅导员不愿意进行网络思想政治教育工作路径拓宽的重要原因。因此,为了保证辅导员网络思想政治教育工作开展的有效性,高校需要保障辅导员的切身利益,不能完全将辅导员工作与风险、责任挂钩。此外,辅导员的工作职责划分,同样会限制辅导员进行网络思想政治教育工作,因此高校应该在辅导员职责定义上更为明确,从更为专业化的角度来规范辅导员的工作范畴。

就高校网络思想政治教育的策略改进而言,高校辅导员应该从学生角度出发,紧紧围绕学生开展思想政治教育,积极组织相关活动,保证网络工具的多样化应用,例如就业指导等可以通过网络平台与同学进行交互,让学生先提出自己的思想困惑以及就业问题,再有针对性地进行指导。党史、国史学习同样可以沿用此思路,从学生学习的盲区出发,有针对性地进行知识体系的搭建,并且让学生能够真正参与到思想政治教育活动当中。在网络思想政治教育中,对于学生的规范还应体现在对学生学习纪律的规范上,例如以课程会议的方式开展教学计划,则应该在教学的过程中设置定时点名、签到以及问题回答,或者通过收取笔记等方式,进行课程成果的反馈,基于此,学生无论处于哪一空间或时间,都能进行思想政治知识的学习。

(五)优化高校网络思想政治教育环境,丰富思想政治教育载体及内容

在对M高校辅导员的访谈中,他们对学校网络思想政治教育硬件及软件环境表示出担忧,尤其是教学的硬件设施、办公设施及软件设施现代化建设等方面。辅导员普遍认为想要长期、稳定地开展网络思想政治教育工作,则必须要重视高校网络思想政治教育平台的搭建,积极落实从硬件设施到办公设施以及软件设施的“一站式”机制构建。学校应该为辅导员网络思想政治教育工作创造适宜的环境,并且在学生范围内积极推广网络软件的使用,让学生能够积极参与到智慧化、数字化的网络思想政治教育体系建设当中。

M高校辅导员不仅对工作“硬”环境表达了担忧,还对工作“软”环境表达了担忧。辅导员在日常工作中,需要处理人际关系,包括学生关系与同事关系两个方面。倘若不能妥当处理人际关系,辅导员对自身职业的认同感乃至对辅导员这一职业的认可度都会受到负面影响。因此,在实际的工作中,应该积极倡导与建立和谐友爱的良好师生关系,这种良好的关系能够转化为辅导员对高校及自身职业的认同,有利于网络思想政治教育工作的有效开展。

调查访谈中,大多数的辅导员表示与学生相处融洽,但是谈及当下学生工作开展的困境,辅导员们也表示,目前的学生工作,尤其是学生思想政治教育工作,相较于几年前难度更大,且学生工作往往没有办法进行更有深度的拓展与展开。现今的大学生自我人格特色明显,且接收信息的渠道呈现出明显的多样化特征,因此对思想政治工作与学生工作有一定的排斥心理,动辄便与辅导员发生矛盾,甚至向学校相关领导进行投诉。这也使得辅导员在学生工作当中十分被动。还有部分学生独立性不足,而想法又异于常人,辅导员往往需要管理3—5个班级,管理人数甚至超过150人,面面俱到显然有心无力。因此,一线工作的辅导员精神长期处于紧绷状态,使得其无法在良好的“软”环境中工作。因此,高校辅导员在开展思想政治教育工作时,应该从学生角度出发,来探究学生工作的核心问题。只有学生对辅导员的工作表示认可,辅导员思想政治教育工作的难度才能显著下降。

网络思想政治教育工作应该重视思想教育内容的趣味性，通过多方面教学模式，展开积极探索，实现有效交流。辅导员可以采取与时俱进的方式，以文化产品作为载体，进行思想政治教育工作。如辅导员想要向学生宣传与讲述集体主义精神，则可以通过红色影视作品让学生自己感受，案例式、沉浸式、融入式的网络思想政治教育可以让学生真正对集体主义精神、牺牲精神以及爱国主义精神有更深刻的体会、把握与了解，也能让学生自己更为直接地感受网络思想政治教育工作的重要性。因此，高校辅导员网络思想政治教育工作，应该重视丰富思想政治教育的载体及内容，保证内容有趣生动，为学生所喜闻乐见，同时保证形式新颖多样，能够抓住学生的兴趣点。

总的来说，以 M 高校为例，针对高等院校辅导员网络思想政治教育现状的具体分析提示我们，辅导员工作应该与当今时代的发展相结合，深度应用多种形式的多媒体技术，对大学生思想政治教育工作进行转型升级。后续的研究将在利用统计学工具进行深度研究基础上，真正探究不同变量对网络思想政治教育的影响程度，进而提出更为具体化、有针对性以及层次化的策略，以期能够为高校辅导员网络思想政治教育工作提供借鉴与思考。

专题二 高校网络思想政治教育队伍建设研究

现今,网络的高速发展让这个世界交错互联,网络信息呈爆发式增长,信息开放、多元、交互的特性已逐步显现。互联网给工作与生活带来便捷与高效的同时,也给高校思想政治教育提出了一个新的课题。如何更好地占领网络思想政治教育主阵地,如何把握住高校大学生的政治方向引导、意识形态引领、价值观念塑造、思维模式养成已然成了不可逾越的话题。如何有效地提高高校网络思想政治教育实效性,将深厚的马克思主义理论与网络思想政治教育相结合,培养出一批高、精、尖的高素质网络思想政治教育专业化、专家化人才,如何全面提升高校网络思想政治教育队伍的综合素养,如何促进高校网络思想政治教育队伍建设的长远发展,是新媒体时代高校网络思想政治教育的重要课题。

一、高校网络思想政治教育队伍建设相关概念及内涵

理论对实践有能动的反作用。那么,全面理解和剖析高校网络思想政治教育的相关概念与内涵,对提高高校网络思想政治教育的实效性有着很大的指导意义。高校网络思想政治教育队伍建设是理论和实践的有机结合,既需要理论研究的支持,又需要实践的检验。以理论概念分析为逻辑起点,对高校网络思想政治教育队伍建设的相关概念进行全方位的解析,深入地了解其起源与含义,是研究高校网络思想政治教育队伍建设的首要问题。

现今,网络已经全方位地融入人们的生活当中,从工作、学习、交流、娱乐等各方面为人们提供着便捷的服务,网络已经在人们生活中占据了一席之地,甚至已经占据了不可替代的位置。随着新媒体时代的蓬勃发展,“上

网”“冲浪”等网络词语，想必已没有人会觉得陌生。在学术界，对网络思想政治教育的概念尚没有一个明确的界定，目前为止，有广义的、狭义的两种界定方式。

广义而言，网络思想政治教育是借助新媒体、通信终端、互联 APP 等现代数字化网络，有组织、有计划、有目的地开展的思想政治教育。网络思想政治教育从教育内容、教育模式、教育制度、教育方法、教育手段、教育平台等全方位进行建设，在互联网大环境中充分利用现代传媒理论开展思想政治教育，打造了巩固政治立场，规范道德准则，引导意识形态，传播党的理论、方针、路线、政策等多方面双向互动的虚拟平台，将思想政治教育全方位融入网络平台中，充分挖掘和掌握网络本质，在网络环境下达到全部思想政治教育的目的和效果。

狭义而言，网络思想政治教育是将网络工具化。目前，我国大多数学者对于网络思想政治教育的研究更多地倾向于狭义。网络思想政治教育是将网络当作思想政治教育的一种传播媒介与载体，借助网络开展一定的理论宣传和政治引导，将网络当作创新思想政治教育方法的新平台、新工具，当作开展思想政治教育的新阵地、新渠道。

网络思想政治教育队伍在学术界目前并没有一个权威的概念。但必须承认的是，网络思想政治教育队伍与思想政治教育队伍绝对不是全无关系、完全割裂存在的。网络思想政治教育是传统意义上的思想政治教育的因时而进、因势而新，是将思想政治教育融入网络新阵地、新渠道。

网络思想政治教育队伍从广义来讲，主要包含了思想政治教育相关专业的学术研究者、专兼职教师、专兼职工作者、政工干部、宣传工作者、网络运维工作者、党务工作者、心理咨询工作者等，是高校参与网络思想政治教育的所有主体的集合，是网络思想政治教育开展过程中的组织者、实施者与承担者，是各工作者相互联系、相互支持、相互配合形成的闭环式全流程网络思想政治教育工作队伍。从狭义来讲，是高校内专门从事网络思想政治教育的工作者个体的集合，是广泛运用新媒体技术推动传统思想政治教育与先进的网络信息技术相融合，提高网络思想政治教育吸引力与实效性的专职工作者。从目前来看，我国对网络思想政治教育队伍的研究，大多是狭义上的。本专题从狭义角度阐述高校网络思想政治教育队伍建设的相关问题。

二、高校网络思想政治教育的特性

高校思想政治教育与现代先进的网络技术相结合，使得网络思想政治教育也有了一定的时代特性，高校开展网络思想政治教育是时代发展的必然要求，是思想政治教育创新道路上的必然选择。高校网络思想政治教育是在遵循思想政治工作规律、教书育人规律、学生成长规律的基础上，因时而进的不断创新和探索思想政治教育手段的必然选择。要想切实提高高校网络思想政治教育实效性，全面剖析和掌握高校网络思想政治教育的特点是十分必要的。

（一）高校网络思想政治教育信息的开放性

传统意义的高校思想政治教育主要依靠课堂主阵地，以集中授课的灌输式教育方式为主，是教育内容固定、教材统一、形式传统，严格在高校教育培养体系框架规定内的思想政治教育。思想政治教育课堂中，教师牢牢把握住了课堂的"话语权"。大学生接收思想政治教育内容受授课教师的主导，获取思想政治教育信息的渠道单一。

高校网络思想政治教育打破了时间和空间的藩篱，通过互联网，可以获取到海量的思想政治教育信息，教育信息更新及时、范围广泛、使用便捷，使思想政治教育的资源和视野得到了极大的丰富。教育信息开放性强，在任何时间可以调取、查询、学习，打破了思想政治教育固定时间授课的限制；能够随时随地地进行思想政治教育相关的学习，可以根据个人的习惯选择不同的网络平台、不同的教育形式，打破了传统课堂的空间局限。网络思想政治教育中大学生的主体地位凸显，自主性增强、选择性提高、主导性明显，大学生从学习内容、学习方式、学习形式等各方面均可进行自主决断。

网络平台的开放性特质，使得思想政治教育信息在海纳百川的网络中形成巨大的教育信息库，教育信息开放、易得、丰富、即时，极大地扩充了大学生思想政治教育素材，使得大学生可以在任何一个开放的网络平台随时随地地、潜移默化地融入思想政治教育学习中，在寓教于乐中接受网络思想政治教育的洗礼,参与到网络思想政治教育全过程。网络思想政治教育可以有效地提升大学生政治敏锐性及政治鉴别力,帮助大学生提高抵御错误、腐朽思潮的能力,降低不良信息对大学生的侵害与腐蚀。

(二)高校网络思想政治教育对象的广泛性

高校网络思想政治教育打破了原有的班级授课模式,授课教师和学生不再进行指定捆绑,思想政治教育内容与先进的网络信息技术相融合,学生对于思想政治教育信息的获取不再受到地域限制。

高校网络思想政治教育面向的是全部大学生而不再是单一的某一所学校学生。网络的自由化、平权化使得所有大学生能够自由地选取学习内容,部分层次较低的高校的学生也可以通过高校网络思想政治教育平台获取更为优质的教育资源,接受更为专业的思想政治教育。网络平台的开放特性使得任何一个思想政治教育信息均可被不同的个体所调取、学习、研究、讨论。学生可以随意地选择自己感兴趣的教育资源,在这个过程中,每一个思想政治教育信息的教育价值发挥得淋漓尽致,受教育群体范围扩大,教育对象的广泛性不断显现。高校充分运用信息网络技术开展网络思想政治教育,打破空间壁垒,使教育信息推广面扩大,影响力增强,受教育对象范围更为广泛。

(三)高校网络思想政治教育过程的交互性

传统的思想政治教育中,任课教师对教育内容、教育形式、教育手段有着绝对的主导权和教育传播权,很多学生不能及时"发声",大学生群体的话语权被"剥夺",课堂互动性被大大削弱。

而高校在开展网络思想政治教育时,学生不仅可以随时地查阅、收集、搜索教育资源,还可以发布、传播、反馈教育信息。高校在网络上开展思想政治教育,可以形成上下双向甚至是多向的互动模式,彻底改变了传统的单向灌输教育模式,使得教育主、客体之间发生了重大变化。高校网络思想政治教育过程中教师的绝对话语权已逐渐弱化,"一言堂"的时代已经不复存在。高校网络思想政治教育为大学生提供了广阔的交互学习平台,大学生可以即时地将学习心得、内心疑惑、收获感悟发布在学习平台中,提高了教育过程的交互性。在开展网络思想政治教育过程中，教师不再有高高在上的权威地位，教育主体进行了重新洗牌，彻底改变了原有的教师“中心化”“主导化”及在课堂中身为“意见领袖”的绝对主体地位。网络思想政治教育工作者和大学生之间传统意义上的师生关系发生转变，转而以平等的身份进行交流和沟通，网络思想政治教育过程的“平权性”与“民主性”显著增强。高校网络思想政治教育过程的交互性可以让学生即时解决学习困惑、发表学习心得，增强了大学生的主体性和参与性，可以更好地帮助网络思想政治教育工作者评估教育效果、获取教育反馈，增强了思想政治教育的亲和力和说服力。

（四）高校网络思想政治教育形式的多样性

传统的高校思想政治教育形式主要以课堂为主，课堂是高校思想政治教育的第一阵地，以校园文化活动为辅，将思想政治教育融入校园文化中，在寓教于乐中引领学生思想、引导学生信念。教育形式虽然在不断地被摸索、创新，但因受到现实生活中种种因素的限制，加之大学生个性化差异明显，每一位大学生的关注焦点千奇百怪、教育诉求千差万别，所以，很难统一成大家都喜闻乐见的教育形式。这也就导致任何一种教育形式都很难获得大学生的广泛认同。

而高校网络思想政治教育却可以解决上述问题。在网络世界中，教育形式丰富多样，融图片、视频、音频、影视、直播等形式为一体，大学生可以在网络中根据个人的需求、个人习惯、个人兴趣等选择自己喜欢的教育形式，进而获取个人所需的思想政治教育内容。网络思想政治教育形式灵活多样，可以满足不同大学生千差万别的个性需求，有效提高了思想政治教育的吸引力。

（五）高校网络思想政治教育效果的即时性

高校大学生对于“考试”这个词语再熟悉不过，“考试”是任何一位大学生求学路上不可或缺的关键词。在传统的思想政治教育模式中，考试成了检验学生学习效果关键的、唯一的形式。但是，考试往往是以学期为单位进行集中验收和反馈的，很难反映出学生在各个求学阶段对思想政治教育知识的掌握程度,更不能即时反馈出教育效果。

高校网络思想政治教育强大的教育信息覆盖功能,真正实现了教育信息传播即时化,使学生可以第一时间掌握天下资讯,了解思想政治教育新动态。任何大学生只要拥有移动设备,都可以即时发表自己的学习心得、学习感悟。同时,可以将自己学习中的疑惑、不解发布在交流讨论区中,在交流中即时得到解答,在互动交流中碰撞思想,也可以即时将自己的所思、所想、所悟发表在网络平台中,即时将学习效果真实地反馈出来。

(六)高校网络思想政治教育反馈的平等性

在高校网络思想政治教育中,教育主体与角色已重新洗牌,不会因为师生身份的差别、性别的不同、民族的差异、年龄的长幼而被区别对待,每一位师生都拥有着平等的言论自由。在高校网络思想政治教育工作者验收学生学习效果的同时,大学生也有着对网络思想政治教育情况反馈的权利。

在高校网络思想政治教育平台中,教育者与大学生、大学生与大学生之间的互动交流模式已然从单维度向多维度转变。在学习过程中,大学生可以通过即时转发、即时评论的形式对高校网络思想政治教育效果进行实时评价与反馈,可以对高校网络思想政治教育的教育内容进行品评、对教育形式进行讨论、对教育手段进行评判,可以将学习过程中内心的真实感受表达出来,把对网络思想政治教育的意见与想法进行真实的反馈。

三、加强高校网络思想政治教育队伍建设的重要意义

以习近平同志为核心的党中央把高校思想政治教育工作摆在突出位置,做出了一系列重大决策部署。教育部在《关于加强高等学校思想政治教育进网络工作的若干意见》中强调:“要培养一支既具有较高的政治理论水平、熟悉思想政治工作规律,又能较有效地掌握网络技术、熟悉网络文化特点,能够在网络上进行思想政治教育工作的队伍。”所以,打造一支高、精、尖的高校网络思想政治教育队伍,对增强高校网络思想政治教育时代感、认同感、责任感、归属感,对提高高校网络思想政治教育的针对性、专业性、教育性、实效性有着十分重要的意义。

（一）加强高校网络思想政治教育队伍建设是深入贯彻新形势下加强和改进高校网络思想政治教育工作的必要保障

党和国家在任何一个重要历史时期对思想政治教育都高度重视。习近平总书记在全国高校思想政治工作会议中强调指出：“要坚持把立德树人作为中心环节，把思想政治工作贯穿教育教学全过程，实现全程育人、全方位育人，努力开创我国高等教育事业发展新局面。”①由此可见，高校思想政治教育担负着其独特的历史使命。高校大学生肩负着建设祖国的责任，肩负着民族崛起的希望。切实提高大学生的思想政治素养、政治理论水平，培养出善于创造、甘于奉献，有理想、有担当、有素质的社会主义可靠接班人是高校思想政治教育队伍义不容辞的责任。

中共中央国务院发出《关于进一步加强和改进大学生思想政治教育的意见》，其中要求：“加强网络思想政治教育队伍建设，形成网络思想政治教育工作体系，牢牢把握网络思想政治教育主动权。”高校的思想政治教育模式在不断改革与创新，传统的思想政治教育已与先进的网络技术相融合以适应时代的发展，高校网络思想政治教育已在摸索中不断地加强与改进。

高校网络思想政治教育队伍是承担网络思想政治教育的组织者、实施者、教育者。只有切实加强高校网络思想政治教育队伍建设，提高队伍的政治素养、理论水平、网络技术能力，才能有效地提高网络思想政治教育的育人实效，才能更好地将党的理论、方针、政策落实、落靠，培育出中国特色社会主义建设所需要的优秀建设者和可靠接班人，才能更好地为深入贯彻落实好新形势下加强和改进高校网络思想政治工作提供必要的组织保障。

（二）加强高校网络思想政治教育队伍建设是新媒体时代推进高校思想政治教育工作改革创新的必然选择

传统的高校思想政治教育要求思想政治教育任课教师和高校辅导员等思想政治教育工作者要有深厚的马克思主义理论基础，有过硬的思想引领能力及传道授业技能。而高校网络思想政治教育除以上要求外，对高校网

① 《习近平在全国高校思想政治工作会议上的讲话》，《人民日报》2016 年 12 月 9 日。

络思想政治教育队伍提出了更高标准和更全面的新要求:高校网络思想政治教育工作者要紧跟时代潮流发现政治热点,要掌握先进的网络技术、了解网络传播规律、熟知网络舆论引导、清楚网络文化特点。只有高校网络思想政治教育工作者政治理论强、教育素质高、操作技术硬,才能更好地体现出网络思想政治教育的时代性,才能更为准确地把握其规律性、赋予其创造性。

网络的飞速发展已然使得世界没有了明显的界限,信息全球化、开放化、便捷化、交互化的特性让世界交错互联。从网络获取思想政治教育信息已经成了大学生最为主要的渠道。但值得关注的是,网络思想政治教育信息鱼龙混杂,很多西方势力将隐蔽性极强、迷惑性极高的西方思潮散布在网络中冲击主流意识形态,企图通过网络侵蚀、渗透大学生思想,左右大学生价值观念,动摇大学生理想信念。所以,只有切实从根源提升高校网络思想政治教育工作者理论水平和综合素质,切实提高高校网络思想政治教育工作者网络实操能力和舆论引导能力,才能牢牢地把握住网络思想政治教育新阵地。

加强高校网络思想政治教育队伍建设是新媒体时代推进高校思想政治教育工作改革创新的必然选择。只有加强高校网络思想政治教育队伍建设,才能更好地在网络环境中巩固和捍卫社会主义主流意识形态,凝聚学生共识,引领学生思潮,指导学生思想,提高学生素养。

(三)加强高校网络思想政治教育队伍建设是切实提高高校网络思想政治教育实效性的必要基础

高校作为培养社会主义接班人的摇篮,更应该着力加强高校网络思想政治教育队伍建设,加快构建高校网络思想政治教育教师队伍,开创高校网络思想政治教育队伍建设新格局。就建筑而言,上层建筑的稳固取决于下层基础的坚实,如果底层薄弱,上层建筑怎么也建不牢,甚至会土崩瓦解。就高校网络思想政治教育而言,教育效果的实效性完全取决于高校网络思想政治教育队伍的育人能力。如果这支队伍的能力水平高、政治素养强、理论底蕴浓、教育手段新、网络技术精、引导能力好,那么高校网络思想政治教育的实效性必然显著提高;如果这支队伍政治理论素养低、网络技术应用水平弱，在泥沙俱下的网络世界中不能降低西方思潮对大学生的侵袭，起不到一定的思想引领作用，那么高校网络思想政治教育的效果一定会大打折扣。“教师是教育的根本。”要想切实提高高校网络思想政治教育的实效性，必须要加强高校网络思想政治教育队伍建设。努力打造一支业务精湛、师德高尚的网络思想政治教育队伍，才是提高高校网络思想政治教育育人效果的生命线。

四、高校网络思想政治教育队伍建设现状及问题

高校在不断地创新和开辟思想政治教育新模式，不断地探索和研究思想政治教育新手段，不断地思考和摸索思想政治教育的新路径和新方法，不断地学习和搭建思想政治教育新平台。在不懈的努力中，高校网络思想政治教育取得了一定的成效，积累了一定的成果。但是，在高校网络思想政治教育队伍建设上还存在一定的问题，只有客观、冷静地剖析存在的问题，才能针对问题制定一系列的有效措施。目前来看，高校思想政治教育队伍建设仍存在很多现实问题。从高校层面而言，如战略性理念不全面、理论研究不深入、制度建设不系统、规划指导不科学、保障机制不健全、激励机制不完善。就高校思想政治教育工作者而言，部分工作者网络育人水平不高、舆论引导能力薄弱、网络操作技巧不熟。

（一）高校网络思想政治教育队伍建设战略性理念亟待提高

我国的网络思想政治教育兴起二十余年。随着网络的不断普及、网络形式的不断丰富、自媒体的不断崛起，高校的思想政治教育也萌生了新的理念。网络在大学生生活中的主体地位已经逐步加深，网络对大学生思想的影响不言而喻。如果不迅速地占领网络高地，开展形式多样、内容广泛、与时俱进的网络思想政治教育，那么，网络负面的、反动的、暴力的垃圾信息，会逐渐削弱高校思想政治教育的成果，大学生的政治信仰、意识形态观念、价值导向也会随之被动摇、瓦解。

高校网络思想政治教育的效果，掌握在高校网络思想政治教育工作者手中，他们的政治信念、教育理念、教育手段、教育水平直接影响着高校网络

思想政治教育的效果。在新媒体时代，网络已经成了高校开展思想政治教育不可逆的主阵地，这也就要求高校必须要在培养网络思想政治教育队伍上下功夫，要有战略性培养理念，在契合高校教育培养体系的同时，也要充分适应时代的发展。根据社会进程、网络发展、时代变化等及时调整高校网络思想政治教育队伍的建设理念，制定行之有效的建设措施。只有在高校网络思想政治教育队伍建设上富有战略性，才能真正地为队伍建设提供有力的理论指引，才能在队伍建设过程中确立长远的建设方向，才能在队伍建设效果上保持稳步提升。

（二）高校网络思想政治教育队伍建设理论支撑亟待研究

理论指导实践，实践决定理论。理论和实践是相辅相成的，任何一个理论和实践都不可以割裂理解。理论和实践相适应时，理论对实践有着充分的指导意义，实践对理论有着能动的反作用力。此时，理论和实践相互促进、相互支撑。反之，当理论和实践相抵触时，理论对于实践的指导意义受到限制，实践对理论的检验作用大大降低，理论和实践相互制约、相互抵抗。由此可见，高校网络思想政治教育队伍建设的效果，受到高校网络思想政治教育理论研究成果的制约。近些年，高校对于网络思想政治教育的相关研究数量逐年攀升，但高校网络思想政治教育的研究深入性不够、理论性不强，严重地削弱了高校网络思想政治教育的影响和价值，降低了社会普及力、影响力。这也就致使高校网络思想政治教育队伍建设缺少了科学的理论指引，高校网络思想政治教育队伍建设的效果受到限制，背离了高校网络思想政治教育队伍建设的实践需求。高校网络思想政治教育队伍建设的概念至今仍没有严格的界定。对于高校网络思想政治教育队伍建设的研究仍处于摸索阶段，对于研究范畴、研究对象、研究方法等问题，仍有不同的声音在辩驳与激荡。

（三）高校网络思想政治教育队伍网络育人水平亟待提升

高校网络思想政治教育的现实状况对教育工作者提出了更高的要求：教育工作者不仅要有过硬的政治理论素养、深厚的马克思主义学术背景，同时还要掌握先进的网络应用技术，拥有过硬的舆论引导能力、敏锐的观察判断能力。现今,高校网络思想政治教育队伍不断充实壮大,但人员素质仍参差不齐。部分网络思想政治教育工作者拥有着扎实的政治理论素养和精湛的传道授业能力,但是网络实际操作能力欠缺,对于网络信息技术和网络思想政治教育内涵及网络信息传播规律缺少关心和学习欲望,即便深知网络负面信息会侵害、腐蚀大学生思想,仍然墨守成规地拘泥于传统的思想政治教育模式,满足于思想政治教育现状,不打破、不探索、不创新。部分网络思想政治教育工作者熟知网络传播规律、舆论引导规律、网络发展规律,对于网络思想政治教育有着满腔热情,但是思想政治教育理论功底有待夯实,思想政治教育能力有待提高。

“木桶效应”可以清楚地诠释高校网络思想政治教育队伍的壁垒。一只木桶最大的承载量是多少完全取决于最短的那块木板。高校网络思想政治教育队伍的建设要求网络思想政治教育工作者既要拥有深厚的思想政治教育功底,可以准确地把握网络思想政治教育的“切入点”“融合点”“聚焦点”“动情点”,在网络中潜移默化地实现知识的传播、思想的引导、价值的引领和素质的培养,又要拥有先进的网络操作能力,能够准确把握网络流行动向,找准网络思想政治教育的平台,引导把控网络舆论发展方向,形成互动交流新模式。这两个要求在高校网络思想政治教育队伍建设中是缺一不可的,任何一个要求不能达标都会严重影响高校网络思想政治教育的效果。高校网络思想政治教育队伍的网络育人水平亟待加强。一些教学经验丰富、育人能力突出的资深思想政治教育工作者,对于新媒体的技术知之甚少,不能将深厚的思想政治教育底蕴在网络中进行充分的运用。所以全面提高高校网络思想政治教育队伍育人水平,培养全方位的综合性育人队伍是亟待解决的问题。

(四)高校网络思想政治教育队伍舆论引导能力亟待加强

较传统的高校思想政治教育而言,网络思想政治教育的互动性显著增强。但是网络思想政治教育信息多元化、开放化,对象广泛化、复杂化,舆论表现形式即时化、碎片化。网络强大的交互功能真正实现了网络评论即时化,无论处于任何时间、空间,只要拥有新媒体设备都可以将个人的想法、观点发布至网络平台,可以畅所欲言地参与到任何一条网络信息的评论中。

一个个单独的评论迅速汇集成网络舆论集合，网络舆论中各类评论杂糅并存，理性观点和非理性宣泄冲击、激荡，真实性与虚假性并存，客观观点和非客观观点辩驳、交融。这也就要求网络思想政治教育工作队伍要有极强的网络舆论引导能力和政治敏锐性。要在繁复芜杂的网络舆论中敏感地发现和捕捉异常动向，并运用自身深厚的思想政治教育功底引导舆论导向。但是，就现阶段高校思想政治教育队伍而言，部分高校思想政治教育工作者缺乏网络舆论信息甄别能力，甚至无法发现和鉴别舆论异常导向，这无疑是开展网络思想政治教育过程中一个致命性短板。所以，在高校网络思想政治教育队伍建设过程中，强化提高教育工作者的舆论引导能力是把握网络思想政治教育主动权的有力保障，是提高网络思想政治教育效果的必要环节。

（五）高校网络思想政治教育队伍建设制度体系亟待明确

“没有规矩，不成方圆”，高校网络思想政治教育队伍建设需要完备的制度体系作为指引，只有在科学的、完备的制度体系指引和规划下，高校网络思想政治教育队伍建设才会取得更好的成效。建立科学、完备的高校网络思想政治教育队伍建设制度，是高校网络思想政治教育走向制度化的一个重要指标，更是高校网络思想政治教育队伍建设的重要目标。建立科学的、规范的规章制度，有利于在高校网络思想政治教育队伍建设过程中真正地做到有章可循、有规可依，保障高校网络思想政治教育队伍建设可持续地、健康地发展。打破高校网络思想政治教育队伍建设壁垒，可使高校网络思想政治教育队伍建设制度体系健全、完备、科学、系统。

（六）高校网络思想政治教育队伍建设培育保障机制亟待健全

党和国家对于高校网络思想政治教育队伍建设给予了高度的重视。《关于进一步加强和改进大学生思想政治教育的意见》中提出，“努力拓展新形势下大学生思想政治教育的有效途径”，“大力加强大学生思想政治教育工作队伍建设”。在《关于加强和改进新形势下高校思想政治工作的意见》中提出，要健全高校思想政治工作评价体系，研究制定内容全面、指标合理、方法科学的评价体系，推动高校思想政治工作制度化，加强教师队伍和专门力量建设。由此可见，党和国家对高校的网络思想政治教育队伍建设非常重视。但高校网络思想政治教育队伍建设培育保障机制仍需健全,队伍管理模式、队伍晋升渠道、队伍培训提升、队伍考核制度、队伍激励机制等方面均有待完善。只有建立完整的、健全的、合理的培育和保障体制,才会对高校网络思想政治教育队伍形成正向的激励作用,才能不断地激发高校网络思想政治教育队伍的内在潜能,为打造一支高、精、尖的专业化、专家化高校网络思想政治教育队伍提供有力的保证。

(七)高校网络思想政治教育队伍建设协同机制亟待完善

高校网络思想政治教育队伍是高校内专门从事网络思想政治教育工作的个体的集合,是广泛运用新媒体技术推动传统思想政治教育与网络技术相融合、提高思想政治教育实效性与吸引力的专职队伍。由此可见,高校网络思想政治教育队伍不单单是一个个个体组成的,而且需要教育工作者之间相互协同配合。在高校中,最为主要的网络思想政治教育工作者一般由思想政治教育专业教师和党政专职思想政治教育工作者组成。但是两者在开展工作过程中大多各自为营,双方均是守好自己的“责任田”,守好各自的“一段渠”。一些思想政治教育专业教师紧握思想政治教育课程“第一课堂”主渠道,认为课堂是自己开展思想政治教育的主阵地,网络思想政治教育是自己分外的工作,在网络阵地开展思想政治教育对于自己而言是附加项、备选项、自选项,其网络思想政治教育的主动性差、责任意识弱。而党政专职思想政治教育工作者事务性工作多,在繁杂的工作中很难全身心地开展网络思想政治教育。党政专职思想政治教育工作者中与大学生最为紧密的一定是辅导员老师,辅导员群体年龄小、热情高、方法新,大多可以很好地在网络上与大学生迅速拉近距离打成一片,但是部分辅导员的工作经验少,马克思主义知识体系不牢、思想政治教育理论水平不高,这些都严重制约着网络思想政治教育的效果。所以,高校要强化网络思想政治教育队伍建设的协同机制,宏观地做好顶层设计,明确高校网络思想政治教育队伍成员责任分工、工作职责、工作要求、配合机制。让高校网络思想政治教育队伍各个环节互通互联、资源共享,各个成员紧密配合,强化高校网络思想政治教育效果,增强高校网络思想政治教育队伍成员责任感、使命感,提高高校网络思想政治教育工作者之间的交互性、自觉性,令成员间相互配合、相互支持、相互补充，最终，形成“一加一大于二”的互联教育合力。

（八）高校网络思想政治教育队伍建设激励机制亟待建立

高校网络思想政治教育队伍建设进程中，存在着责任不明、权责不清的情况，加之高校网络思想政治教育队伍建设相关制度不完善，导致“破窗效应”频生。高校网络思想政治教育队伍内生动力不足、激励机制缺位，导致高校网络思想政治教育工作者的工作劲头不足、工作热情不高、工作思路不清、工作效果不佳。在高校网络思想政治教育队伍中没有形成比、学、赶、帮、超的良好势头，严重地阻碍了高校网络思想政治教育队伍的战斗力。部分高校忽视网络思想政治教育队伍建设，不能为这支队伍打通通畅的晋升渠道，提供系统的培训机会，制定合理的考核评价制度和建立正向的激励措施，使得高校网络思想政治教育队伍的付出与所得严重失衡，导致这支队伍的职业满足感、成就感、获得感极低。所以高校亟待建立、完善针对网络思想政治教育队伍的激励机制，提升网络思想政治教育队伍的自信感、荣誉感、使命感、责任感。切实地关注到这支队伍的情感需要、发展需要、利益需要，将精神鼓励和物质奖励相结合，制定合情、合理的相关激励政策，为高校网络思想政治教育队伍提供强有力的制度保证，进而激发队伍内生动力，从根本上提高高校网络思想政治教育实效。

五、高校网络思想政治教育队伍建设的路径与对策

高校网络思想政治教育队伍建设，必须坚持从科学的指导入手，建立一支能力强、素质高的综合性教育团队。在客观地剖析了高校网络思想政治教育的问题之后，如何找到行之有效的解决路径，如何有的放矢地找到解决对策，是高校网络思想政治教育工作者必须思考的一个重要的问题。只有切实地解决好高校网络思想政治教育队伍建设进程中的现存问题，才能在高校网络思想政治教育队伍建设中取得新进展、新突破。只有不断地探寻高校网络思想政治教育队伍建设的新路径与新对策，才能更好地为中国特色社会主义培育可堪大任的时代栋梁。

（一）加强顶层设计

高校网络思想政治教育是时代发展的必然产物，是传统思想政治教育转型的必然选择，是提高思想政治教育实效性的必然要求。高校要意识到网络思想政治教育的紧迫性和必要性，要自觉地从战略高度上认识到网络思想政治教育队伍建设是时不我待的紧要工作。高校党委要加强顶层设计，建立高校网络思想政治教育队伍建设可持续发展的战略性理念。在党委的统一领导下，设立专门的高校网络思想政治教育队伍建设领导小组，讨论和研判高校网络思想政治教育队伍建设现状，研究和分析高校网络思想政治教育队伍结构与特点，商讨和制定高校网络思想政治教育队伍建设宏观工作规划和战略部署。将“一把手工程”落实、落靠，大力推进高校网络思想政治教育队伍建设进程，强化党委对高校网络思想政治教育队伍建设的绝对领导地位。只有在党委的宏观指导和部署下，才能依章依规地开展网络思想政治教育，全面提高高校对网络思想政治教育队伍建设的重视程度。要让高校党委充分地认识到网络思想政治教育队伍建设是职责内重要的、必要的“责任田”，只有给予“责任田”充足的养分保证，作物才能旺盛地生长，果实才能丰硕、丰满。

（二）强化理论研究

作为一门新兴的分支学科，高校网络思想政治教育的理论基础薄弱，甚至关于研究的范畴、研究的对象、研究模式等研究基础问题都存在着争议，对于概念的定义、内涵的解析、特点的评价都没有严格的界定。问题意识极其浓厚，但理论色彩相当淡薄，是影响高校网络思想政治教育长足发展的一个重要问题。任何一个实践都需要理论的科学指导，任何一个实践都是检验理论的唯一标准。高校网络思想政治教育的理论薄弱，致使高校网络思想政治教育队伍建设理论指导缺乏科学性指引、缺少方向的把控、缺少宏观的调控、缺少理论的支撑。当前，我国对于高校网络思想政治教育的研究重问题的解决，轻宏观的调控，大有头痛医头、脚痛医脚的趋势；重实践探索，轻理论研究，大有本末倒置的发展倾向。以上两种情况，都大大地阻碍着我国高校网络思想政治教育从经验形态转向科学形态的进程。所以，要强化对高校网络思想政治教育的理论研究，依托思想政治教育专家团队，对高校网络思想政治教育进行深入的研究，夯实高校网络思想政治教育理论基础。只有将高校网络思想政治教育的理论研究和实践应用结合起来，将网络思想政治教育与前卫的网络技术融合起来，将马克思主义理论学科和计算机网络学科互联构建起来，全面地了解和分析高校网络思想政治教育特征，研究和构建科学的、合理的网络思想政治教育理论基础，才能够为高校网络思想政治教育队伍建设提供科学的指导性理论支撑。

（三）提高育人水平

高校网络思想政治教育队伍只有不断地提升自身理论修养、增进网络操作技能，才能更好地把握住网络思想政治教育主阵地，只有苦练内功，提升看家本领，与时俱进地不断更新和拓展自身知识结构，才能从根本上提高网络思想政治教育的育人效果。

从提高高校网络思想政治教育工作者个人修养层面而言，“其身正，不令而行”，高校网络思想政治教育工作者要不断地提升个人修养，用高尚的品格、优秀的品质、得体的言行去感染学生，以德服人、以德育人。高校可以通过加强培训的方式不断地强化网络思想政治教育工作者的政治素养。采取线上线下相结合的形式开展形式多样的教育培训，可以依托“学习强国”“学习公社”“中国教育干部网络学院”等网络平台，充分利用网络优质培训资源培养高校网络思想政治教育工作者，使其政治立场坚定、政治方向明确、政治信念稳定、政治理论深厚、政治品德高尚，通过参与培训不断地修其身，并将其所学外化于行。充分发挥高校网络思想政治教育工作者高尚行为修养的示范引导作用，身正示范，做学生的引导者和领路人。

从提高高校网络思想政治教育工作者网络思想政治教育理论水平层面而言，“为天地立心，为生民立命，为往圣继绝学，为万世开太平”是每一个思想政治教育工作者都应该承担起的历史使命。“工欲善其事，必先利其器”，要想切实地提高高校网络思想政治教育的育人效果，高校网络思想政治教育工作者必须有深厚的马克思主义理论知识储备、过硬的思想政治教育理论基础、专业的中国特色社会主义理论知识体系。只有拥有深厚的科学理论知识，才能在开展网络思想政治教育过程中底气足、信心强。高校要树立并强化网络思想政治教育工作者“活到老、学到老”的意识。在网络飞快发展、知识高速更新的新时代，工作者要做到苦练内功，要有“一万年太久，只争朝夕”的坚定信念和求知若渴的紧迫意识。高校要为其网络思想政治教育工作者积极提供培训机会，可以通过组织进修班、专题讲座、研讨会等形式让他们接收到最为先进的网络思想政治教育理论、最为前沿的网络思想政治教育手段、最为科学的网络思想政治教育模式。高校要积极搭建各大高校网络思想政治教育队伍建设的互动交流平台，充分利用高校思想政治教育专家团队开展联合培养模式，使得优秀专家的培训受众面更为广泛，使高校网络思想政治教育工作者在交流学习中不断地提高理论素养和育人能力，在交流学习中相互汲取养分、吸收精华，不断夯实和提高理论水平。夯实基础练内功，凝心聚力备远航，为实现专业化、专家化而不懈努力奋斗，不断充实和完善理论知识体系，提高高校网络思想政治教育队伍的育人能力。

从提高高校网络思想政治教育工作者网络信息技术层面而言，高校要建立协同配合机制，努力培育高校网络思想政治教育工作者的网络实操能力、信息处理能力等。建立“互联网 +”教育新模式，积极开展网络技能培训，从而提高高校网络思想政治教育队伍的计算机网络技术、基础教学软件应用技术。在基础教学手段的培训上下功夫，增强如慕课、翻转课堂、腾讯课堂等的运用技能。在开拓教育平台上下功夫，积极将思想政治教育融入社会热门网络媒介中，如“微信”“抖音”“微博”“喜马拉雅”等，从社交、视频、文字、音频等多种渠道开展网络思想政治教育，开拓思想政治教育阵地，强化思想政治教育效果。不断地提升高校思想政治教育队伍的网络素养，使之做到清楚网络传播模式、掌握网络教育技巧、熟悉网络平台运用，以不断增进高校网络思想政治教育的吸引力和渗透力。

（四）提升新媒体素养

当思想政治教育与网络相交融，网络舆论自然成了不可回避、不可逾越的重要话题。高校网络思想政治教育队伍如何正确地认识网络舆论，合理地引导网络舆论，成了判断高校网络思想政治教育效果的重要指标。在高校网络思想政治教育过程中，高校大学生紧握网络话语权，网络舆论“平权化”日益凸显、“话语权”空前自由。高校在开展网络思想政治教育的过程中必须充分地认识到网络舆论的强大力量，要在网络舆论研判和引导上下功夫，对其给予充分的重视。高校应着力提高其网络思想政治教育工作者的网络素养，采用专业的培训手段培养高校网络思想政治教育工作者，让他们全面地了解网络舆论的深刻内涵，清楚网络舆论传播特点，明晰网络舆论的客观现状，掌握网络舆论引导的策略方法，确保把控好网络思想政治教育舆论阵地，捍卫主流意识形态的绝对稳固地位。

（五）推动制度化建设

高校网络思想政治教育队伍建设是一个系统复杂的工程，需要高校不同层次、不同部门、不同环节、不同领域之间的协调和配合，所以应制定严格的、科学的、完备的高校网络思想政治教育队伍建设制度体系，指导各方力量联动配合、齐抓共管，完成高校网络思想政治教育队伍建设工作。高校应着力对其网络思想政治教育队伍引进制度、组建制度、管理制度、薪资制度、培训制度、晋升制度等方面进行全局规划。通过人才引进制度把好"入口关"，积极引进博士、硕士学位思想政治教育专业人才，严把"学科背景关"，积极引进马克思主义学、社会学、教育学、心理学、思想政治教育学相关专业优秀人才。通过组建制度，充实和稳定高校网络思想政治教育队伍，提高队伍成员责任意识、主人翁意识，将责任压实、落靠，从制度上降低"责任分散"效应。通过管理制度，规范高校网络思想政治教育队伍的行为，提高高校网络思想政治教育队伍素质。通过薪资制度，激发高校网络思想政治教育队伍内在潜能，增强其存在感、使命感，保障高校网络思想政治教育队伍经济基础，解除队伍后顾之忧，让其全身心地投入到高校网络思想政治教育工作中。通过培训制度，为高校网络思想政治教育队伍提供优质学习机会，使其不断地提升育人能力和自身素养，为更好地开展网络思想政治教育提供理论储备。通过晋升制度，打通高校网络思想政治教育队伍晋升通道，让这支队伍发展有路径，前途有光明，激发高校网络思想政治教育队伍的内在动力。高校只有重视其网络思想政治教育队伍的制度化建设，才能更好地调动队伍成员的参与积极性、提升队伍成员的育人主动性、保证队伍成员的基础保障性、激发队伍成员的主观能动性。在高校网络思想政治教育队伍建设制度化的指引下，高校网络思想政治教育队伍建设才能更为规范、更为专业、更为高效。

（六）健全培育保障机制

高校网络思想政治教育队伍是高校网络思想政治教育的组织者、实施者，高校网络思想政治教育队伍理论水准的高低、网络教育育人能力的高低，直接影响着高校网络思想政治教育的效果。所以，高校要重视健全其网络思想政治教育队伍的培育机制，提升其网络思想政治教育队伍的理论素养水平、网络技术水平，充实其网络思想政治教育队伍的教学手段、教学方法，为其网络思想政治教育队伍提供形式多样的教育培训，为网络思想政治教育的创新、发展提供培育的土壤，从而全面提高高校网络思想政治教育队伍的综合技能，提高高校网络思想政治教育的育人水平。高校要着力建立和完善其网络思想政治教育队伍的保障机制，要在研究经费上给予有力的保障，让其网络思想政治教育队伍可以大展拳脚地主持和参加高校网络思想政治教育的理论与实践相关研究。要为高校网络思想政治教育队伍提供交流、考察、调研经费支持，助力高校网络思想政治教育队伍在高校网络思想政治教育问题中攻坚克难。高校要在网络思想政治教育平台建设上提供有力的保障，在“新”字上下功夫，建立针对性强、专业性强、互动性强、生动性强的高校网络思想政治教育平台，增强网络思想政治教育的吸引力，提高大学生的关注度。高校要在薪酬体系上提供有力保障，设立专项工作津贴、择优激励计划等，要解决高校网络思想政治教育队伍的后顾之忧，提高高校网络思想政治教育队伍的薪酬待遇水平，让高校网络思想政治教育队伍能够积极地参与到理论研究、实践探索、育人创新中去，强化高校网络思想政治教育队伍的职业认同，促使其不断自觉地完善、创新高校网络思想政治教育新模式，提高高校网络思想政治教育水平。高校要在队伍稳定性上提供政策保障，切实地解决高校网络思想政治教育队伍编制问题，打通晋升通道。从领导层面重视高校网络思想政治教育工作者，提升高校网络思想政治教育工作者的职业认同感和价值存在感。

（七）打造协同联动机制

高校网络思想政治教育队伍不是单一的工作组织，需要高校党委的宏观领导、职能部处的组织管理、网络中心的协调配合、思想政治教育教师和政工干部的全情参与,高校网络思想政治教育队伍建设需要各个部门间协同配合。高校党委要有下沉意识,深入到高校网络思想政治教育队伍一线工作者中去,深入调研、广开言路,深入了解高校网络思想政治教育队伍建设的难点、重点问题,回应一线工作者所盼、所想,建立科学的宏观指导理念,切实解决高校网络思想政治教育队伍一线工作者提出的问题。各职能部处要为高校网络思想政治教育队伍建设提供可靠的政策保障:如人事部门要严把“入口关”,制定严格的人才引进政策;再如财务部门要做好专项经费预算,为高校网络思想政治教育队伍建设提供资金支持等;其他各职能部处要联动配合,为高校网络思想政治教育队伍建设保驾护航。网络中心要积极做好高校网络运维,为高校思想政治教育队伍提供专业的网络信息技术培训,搭建高校思想政治教育网络平台。思想政治教育教师和政工干部要积极探索和创新高校网络思想政治教育新模式,不断拓宽高校网络思想政治教育新思路。定期召开高校网络思想政治教育队伍联席会议,寻找网络思想政治教育共识,探索高校网络思想政治教育创新模式,挖掘高校网络思想政治教育平台,创新高校网络思想政治教育手段,使高校网络思想政治教育可以实现“精准灌溉”。高校各相关部门联动配合打造协同联动机制,形成高校网络思想政治教育队仇联动配合式育人合力。

(八)建立完善激励机制

精神激励可以促进高校思想政治教育队伍迸发出无限的潜能,物质激励可以提高高校网络思想政治教育队伍的职业成就感、满足感。高校网络思想政治教育是用理去教育学生、用心去感染学生、用情去教育学生,这支队伍同样也需要受到高校的关怀和认可。高校要制定网络思想政治教育队伍的相关激励政策,将建立激励政策纳入到高校网络思想政治教育队伍的制度建设中,为思想政治教育队伍量身打造完善的激励机制。高校要制定网络思想政治教育队伍精神奖励政策,要在评奖、评优上计划单列,充分发挥“先进典型”的示范引领作用,突出高校网络思想政治教育队伍的重要性和核心性,提升高校网络思想政治教育队伍的地位,打破高校网络思想政治教育队伍被忽略、边缘化的尴尬境地。要制定高校网络思想政治教育队伍物质奖励机制:要在理论研究上有奖励,鼓励高校思想政治教育队伍积极投身到科学研究中,丰富高校网络思想政治教育理论成果;要在教学技能上有奖励,积极开展网络思想政治教育技能大赛,以赛促学,提升高校网络思想政治教育育人能力;要在实践创新上有奖励,激发高校网络思想政治教育队伍的创新意识,积极改进和创新高校网络思想政治教育队伍建设手段;要在工作绩效上有奖励,鼓励高校网络思想政治教育队伍主动、自觉地承担网络思想政治教育任务,将工作量化考核,建立激励机制,用完善的激励机制吸引人、稳定人、鼓励人,让高校网络思想政治教育队伍能够可持续发展。

强化高校网络思想政治教育队伍建设是新时代提出的必然要求,是思想政治教育发展的必然趋势,是提高育人能力的必然选择。高校要为积极打造一支理论基础深厚、育人技能扎实、网络技术高超、业务能力高强的网络思想政治教育队伍而不懈努力。高校要在不懈的努力和积极的探索中开辟网络思想政治教育队伍建设新政策、新模式、新手段。高校网络思想政治教育队伍建设道阻且长,然行则将至,行而不辍,未来可期。

专题三　高校网络思想政治教育平台建设研究

全国高校思想政治教育工作会议的召开使高校网络思想政治教育得到逐步重视,使高校网络思想政治教育平台得到飞速发展。梳理高校网络思想政治教育平台建设的现状,进而找出高校网络思想政治教育平台的建设问题,从问题入手进一步完善高校网络思想政治教育平台建设,有助于推动高校思想政治教育的大网络、大格局的形成,有助于增强高校思想政治教育工作的育人效果。

一、高校网络思想政治教育平台建设的现状

"平台"一词通常指进行某项工作所需要的环境或条件,后来泛化地应用于互联网领域,"高校网络思想政治教育平台"也不是一个新的名词,它是思想政治教育在网络上兴起之后建设的应用载体,这个新兴载体在理论研究层面和实践应用层面都取得了丰硕的成果。但在顺应全面推进网络思想政治教育的大背景下,高校要想更好地做大做强网络思想政治教育平台,就必须对其在理论层面进行梳理,从理论层面进行剖析、从实践层面找出问题、从理论联系实际的操作中想出对策,也只有这样才能更好地推进高校网络思想政治教育平台建设,使这个新兴载体发挥出事半功倍的功效。

(一)网络思想政治教育平台的概念及发展历程

在思想政治教育大网格、大格局下,网络思想政治教育就是"互联网+"的又一次创新孵化,它打破了传统思想政治教育的线下模式,把网络元素加入到思想政治教育工作的方方面面,使得该教育工作获得崭新的形态。网

络思想政治教育须要依附于互联网的软硬件平台，才能发挥出思想政治教育的功效。高校网络思想政治教育平台就是运用软、硬件的总和资源，抢占网络思想政治教育阵地，主动在线上进行思想政治教育。高校网络思想政治教育作为单独的系统是思想政治教育工作的组成部分，也可以看作是一个融合体，它与互联网交叉应用，及时运用互联网的丰富资源和先进技术为思想政治教育工作的有效开展提供综合性的环境或保障条件。换言之，不管是何种资源、渠道、内容或方式，只要能推动网络思想政治教育的发展，都可以认为是高校网络思想政治教育平台或者其中的一个组成部分。

过去一段时间对高校网络思想政治教育平台的研究，重心大多放到了专门做网络思想政治教育的门户网站，而忽略了微信公众号、微博、贴吧、超话等网络平台。但是从更高层次、更大格局上看，专门的网络思想政治教育网站也仅仅是一个小的网络思想政治教育平台，只能算作是全国网络思想政治教育大网格中的一个组成部分。通过专门开展思想政治教育工作的门户网站，实现思想政治教育全面全效的开展，并完成全部的思想政治教育工作任务，这个想法及做法是不现实的，专门的网站虽然能够开展非常丰富的思想政治教育工作，但要想达到更优的效果，必然要实行多层次、多渠道、多维度、多平台的网络思想政治教育。

网络思想政治教育平台的发展经过了漫长的过程，1998 年以前，高校网络建设虽然受到国家重点关注，但是高校大学生初涉网络，上网人数及使用率等方面都很低，加上网络软、硬件环境较差，使得大学生受网络影响较小，网络思想政治教育处于摸索、建设阶段。1998 年“红色网站”的出现，是高校网络思想政治教育平台发展开端的标志，这是把思想政治教育搬上网络的首次实验，“红色网站”可以视为高校网络思想政治教育平台的雏形，从网络团支部、党支部的建立到网上讲授、网络学习的产生再到讨论驿站、时事专题栏目的设置，使从院系到学生再到社会的全体网络用户都可以通过“红色网站”受到潜移默化的思想政治教育，网络思想政治教育从点滴起步逐渐发展成星火燎原的态势。但是由于当时的网络技术落后，各个高校的“红色网站”功能性相对落后，只能负责网络信息的收集整理、网络信息的被动查看，而无任何双向交流，这样使得这类型网站不得不吸引和保持大量的用户及点击量才能生存发展下去，到了后续更是由于更新维护花费的人力、物力、财力较高,使得在全国范围内各个高校如火如荼建设的“红色网站”逐渐消亡。随着互联网技术的跨越式发展,互联网软、硬件环境得到改善,在网络资源、上网人数、网络普及率等方面都有了质的飞跃,智能手机开始普及。这一时期的高校网络思想政治教育平台也与时俱进,利用论坛、博客、飞信、彩信等网络平台对思想政治教育内容进行传播和分享,越来越多的高校深入挖掘自身的网络资源,走上建设自己专门的网络思想政治教育平台的道路,但因高校的运行模式与商业化运营有着巨大的差距,只能够暂时吸引一部分受众客体进行短期浏览而不能维系这些受众群体变为长期用户,所以这些网络思想政治教育平台的结果可想而知地走上“红色网站”的老路。随着智能手机的普及和网络技术的不断发展,网络“微”时代的到来给高校思想政治教育平台带来了新的生机。人们越来越多地使用手机上网,也让网络和人们生产生活的各方面紧密结合在了一起,在这种巨大的网络平台中,自媒体网络平台如雨后春笋悄然兴起,自媒体的产生让网络思想政治教育平台的发声不再单向传播,受教育者亦可以在网络平台上发出自己的意见或建议,表达自己的所思所想所学所感,这种双向交互的交流模式使得网络思想政治教育平台不仅能够吸引短暂浏览的读者,也能够维系长期活跃的粉丝。网络思想政治教育平台从单向度到双向度的发展使其能够长久生存发展下去,在这种相互依托、相互作用下,高校网络思想政治教育平台建设不再裹足不前,而是高效高速地大踏步向前迈进。“块数据”这个名词在2014年前后出现,它将细碎分散的横向、纵向数据串联起来进行比对分析,它的出现标志着网络平台中大数据应用时代的到来,人们也越发依赖大数据来解决自己生产生活中大大小小的事情,促进了网络平台的构建和完善。但大数据的开发和利用又让高校网络思想政治教育平台陷入了瓶颈期,绝大部分高校网络思想政治教育平台面对开发障碍多、技术难度大、资金投入多等难题陷入有心无力的局面,突破发展瓶颈将最新的网络信息技术融入网络思想政治教育平台建设上是每一个高校亟待解决的问题。这个时期给专业网络思想政治教育平台的建设和发展提供了机会,易班这个平台应运而生。它作为政府推广的一个专业网络思想政治教育平台,具有强大功能的同时破解了高校自主开发网络平台投入大、障碍多的难题,它的使用也极大地提高了网络思想政治教育平台的有效性和针对性,继易班之后部分高校也引入了学习通、钉钉等这类专门应对高校思想政治教育的网络平台，这类平台的蓬勃发展为高校网络思想政治教育工作带来了新的生机。

（二）网络思想政治教育平台在高校的运用

高校网络思想政治教育离不开新媒体网络平台的发展，各所高校对新媒体平台的开发利用也决定着网络思想政治教育的实效性。基于互联网平台之间互相融合的发展趋势，国内高校主要运用的网络思想政治教育平台为“双微”平台，后来在政府的大力推广下，易班平台也在国内高校内得到应用，在新冠疫情暴发后，许多高校在学生管理及日常思想政治教育中大力挖掘其他网络平台，如学习通、钉钉等。面对纷繁复杂的网络思想政治教育平台，高校思想政治教育工作者如何运用各类平台的尖端优势完成网络思想政治教育成为思想政治教育工作的重点及难点。探究高校网络思想政治教育平台建设的现状，了解平台运用于高校思想政治教育中的成果，发现平台建设中存在的问题，便于对网络思想政治教育进行深入的探究。

目前，大学生最经常运用到的新媒体软件便是“双微”，它也深入到大学生的学习和生活的方方面面。自 2011 年腾讯公司推出微信 APP 以后，微信用户呈现井喷式增长，甚至在 2018 年突破 10 亿用户，面对这样的发展形势，全国大部分高校紧跟时代趋势，在微信上建立官网订阅号，定期发布官方信息，为学生深入了解学校、即时通信建立了新的网络阵地。而学校中的二级院系又结合本院特色及思想政治教育内容建立二级微信公众号，对院系学生进行日常性、普遍性的思想政治教育，思想政治教育工作者又运用微信群组，与学生群体进行个体性、深入性、细致性的沟通交流，这样层层深入、灵活多变、细致渗透性的网络思想政治教育方式让思想政治教育内容在时间、空间上得到延续和发展，在深度和广度上得以兼容和延展。自 2009 年微博上线以来，微博用户持续增长，微博用户可以通过电脑或手机端即时分享文字、图片、视频、文件，即时发布自己所思、所想、所做、所感，这种强大的信息发布功能使得其他用户在不关注博主账号时也能浏览到其发布的信息。微博又与微信不同，它可以即时分享网络平台上的超链接，与网络信息黏合度更高，更受年轻群体的喜爱，国内高校与时俱进也纷纷利用此特点建立官方微博，让微博承担起“新闻发言人”的角色功能，面对热点问题及时进行网络思想政治教育，从正面发声、正面引导，及时遏制网络舆情。

如果说“双微”平台是融合其他网络平台建设的网络思想政治教育平台，那么易班则是在教育部思想政治工作司指导下，为网络思想政治教育专门打造的一款网络平台。2007 年易班正式上线运行，2014 年教育部印发《“易班”推广行动计划和中国大学生在线引领工程实施方案》，即 2009 年易班在上海试运行 4 所高校后进一步在全国进行深入推广，截至目前已有 1000 余所高校逾 1000 万大学生注册使用易班。易班逐渐成为高校思想引领、日常管理、校园文化、教育教学、生活服务等的重要网络平台，它融合了微信、微博、论坛、贴吧等各类网络平台的功能，为师生提供了一站式、便捷化的服务，而且由于易班主要应用于各大高校，其注册均要进行实名认证、进入班级、年级、学校群组，因此更便于高校掌握实时数据、开展危机公关、进行日常思想政治教育，具有很强的教育针对性和实效性。易班平台的建设推进工作，也连续多年被教育部思想政治工作司在工作要点中明确提出。

2020 年新冠疫情暴发后，高校网络思想政治教育平台面临新挑战，在危机中育新机成为各大网络思想政治教育平台面临的新难题。这一时期，综合线上教育教学、实时定位打卡、线上 OA 办公、远程视频会议等综合性的网络平台异军突起，国内高校网络思想政治教育纷纷转战新的网络平台开始工作，学习通、钉钉、腾讯会议、腾讯课堂等 APP 开始在高校得到广泛推广和应用。高校思想政治教育工作者开始通过这些 APP 组织线上教学，管理学生行动轨迹，召开团支部、党小组会议，进行线上心理辅导，布置学习任务，进行远程办公审批，在学生不在校期间对学生进行日常管理及思想政治教育，高校充分运用这些网络平台并不断创新，在网络思想政治教育工作中取得了重大的成果。

（三）网络思想政治教育平台的积极作用

高校网络思想政治教育平台建设的目标与传统思想政治教育工作目的相同，就是要培养出思想觉悟高、政治素质强、有理想、有道德、有能力助推社会主义建设发展的高素质人才。高校网络思想政治教育平台利用其特有的“多终端性”和“多分享性”的信息发布特点和“碎片式”和“圈子化”的信息传递特点，突破了时间和空间的限制，使教育者与受教育者实现跨时空的对话交流，使教育主客体之间的沟通更加及时、全面、准确，加快了学生的成长成才进程，促进了学生全面发展。高校思想政治教育工作者能够利用现代信息化的工作手段，建立完全、高效的思想政治教育工作模式，符合当代大学生学习认知规律，提高了高校思想政治教育的质量和效率，同时，也利用网络平台吸收先进的教学经验，丰富教学内容，多方位地满足了学生求学需求，让高校思想政治教育工作迈向了更高层次。高校网络思想政治教育平台是传统思想政治教育的转变，也是满足教书育人规律的必然转型，只有充分利用网络平台才能发挥出网络思想政治教育的优势。

大学生学习生活需求的满足是高校网络思想政治教育平台建设的另一积极作用。大学生是推动国家发展的强大力量，如果其只能作为思想政治教育的客体被动地参与教育，那么教育效果则会事倍功半。网络思想政治教育平台作为教育载体给予了大学生们自我教育的平台，网络思想政治教育平台的运营团队只需要把符合大学生兴趣特点、学习认知规律的思想政治教育教学资源放置在平台上，就能吸引大学生为满足自身需求而主动参与思想政治教育，从而使教育的主客体在网络平台的帮助下实现转变，而作为教育的主体也应打破传统高压灌输的教育方式，只在学生困惑时给予价值澄清，只有满足了大学生自我教育需求的网络思想政治教育平台，才能加快高校人才培养进程，才能真正起到思想政治教育的效果。

高校网络思想政治教育平台的建设也是适应构建和谐社会的需求。早在十六届六中全会上就明确提出我国社会发展的长期目标是构建社会主义和谐社会，这也是实现中国高速发展、长治久安的核心所在。大学生作为助力时代发展的高素质人才，必须要有坚定的理想信念、扎实的专业知识、过硬的能力作风及强烈的责任使命，也只有把全部身心都投入到社会建设和时代发展中去，才能肩负起国家强盛和民族复兴的重任。

高校作为培养高素质人才的摇篮，必须严把政治关口，在日常开展思想政治教育工作时，利用网络思想政治教育平台针对大学生关注的热点问题、国家时事政治及时发声，起到正面的导向作用，把正能量传递给学生，从而使大学生在学习阶段提高政治素质和思想水平，这种润物无声的教育形式更能让学生理解和接受，从而达到既定的教育效果。运行良好的网络思想政治教育平台能够弥补正面灌输教育带来的不足，提高高校的思想政治教育水平，培养出更多讲政治、讲道德的社会主义高素质人才。

二、网络思想政治教育平台建设的问题

随着网络思想政治教育的深入发展，多种网络思想政治教育平台逐渐在全国高校中推广运用，这些网络思想政治教育平台虽然在技术层面、内容层面弥补了传统思想政治教育的不足，但由于网络环境的多元性、新媒体技术的融合发展以及社会结构的转型，网络思想政治教育平台在取得一定成效的同时，仍然有亟待改进的地方。

（一）网络思想政治教育平台运营问题

网络思想政治教育平台功能的发挥离不开一支专业的网络思想政治教育教师队伍的支撑。高校网络思想政治教育平台的运营给思想政治教育工作带来了便捷、权威、专业的新型模式，但是各高校在运用网络思想政治教育平台的同时并没有抓好思想政治教育工作者的业务培训及队伍建设。专业的网络思想政治教育平台应该有专门的运行维护人员对平台状态实时监管，应该成立包括教师、学生、文案人员、采编人员、排版设计及后台客服等专业运营团队对平台内容进行日常更新及维护，或者采用日常维护靠教师指导，平时运用靠学生团队操作的方式，这种强有力的运营力量才能让传统的思想政治教育焕发出新的生机与活力。然而，有些高校并不能很好地运用网络思想政治教育平台去实现其思想政治教育功能。首先是人员配备不足，没有专业的团队或专业的人员去做专业的网络平台建设和维护，专业的运营人员几乎为零，专业的网络思想政治教育工作者根本没有，辅导员或者单纯的学生干部兼职做网络思想政治教育内容的发布，机械式地完成既定内容，不仅网络思想政治教育效果差，有时还会起到反作用，延误工作甚至做错工作，带来的负面效应不可想象。其次是运营人员合作不紧密。一个成功的网络思想政治教育内容的输出需要有顶层的设计和各部门分工协作，如果文案部负责人只负责文案、视频采编部负责人只负责视频制作，各个部门不能互相配合，那么发布的内容，要么内容没新意，要么就是形式无创新，等到出现问题时又互相推诿，等待负责老师去评判，这样的团队只会

导致工作进度延误,信息时效尽失。最后是运营人员培训管理欠缺。随着融媒体时代的革新,各个高校逐步设立新媒体中心,这些运营人员中大部分都是学生,而且这些组织机构在每一年纳新时往往招募进来的成员都是抱着感兴趣、想学习的目的而来的大一新生,这些新生大多没有专业技术和运营经验,进入组织机构后团队中的专业教育培训又没有跟上,这就导致学生在进入团队后只能靠自学、自悟来完成自我提升,再加上没有完备的运营考核及奖励制度,这样使很多有想法、有热情的学生渐渐脱离了团队,这种较为落后的管理模式对网络思想政治教育平台的未来建设没有益处。

网络平台的专业化运营离不开平台内容的推送支撑,能够精准地掌握推送时间、充分地利用推送内容是建设优质网络平台的基础,然而在部分高校,网络思想政治教育平台虽然已初步建立起来,但是专业化的运营程度不高,没有充分掌握大学生的阅读习惯和受众群体的信息需求,导致网络思想政治教育平台的实效性不佳。首先是部分高校的网络思想政治教育平台选择推送信息的时间不合理。据调查显示,当代大学生的信息接收模式更倾向于碎片化、直观化,他们利用上课前后、午晚餐前后以及睡觉之前这些休闲时间来吸取网络内容,这一时期是大多数学生刷屏的高峰期,错过这些时间意味着受众群体错过阅读推送内容的可能性增大,他们不会再花费充足的时间去翻阅几个小时之前推送的内容。但是有的高校在这一方面并没有细致地规划和合理地测算,推送信息的时间没有固定,编辑好后即发布,这样很难吸引固定的受众群体,用户的黏性降低,影响高校网络思想政治教育平台的影响力。其次是在运营中推送的频次不稳定,或者有固定的规律几天一次,但是仍然会有部分高校在推送一段信息之后没有延续下去,导致平台渐渐走向灭亡,也有一部分高校推送信息频率过高,信息量过大,导致受众群体没有时间和精力去逐条阅读及思考,这样也会起到相反的作用,所以在网络运营中如何把握推送频次也是影响网络思想政治教育成果的关键。最后是推送信息的条数有待调整,在网络运营中推送信息的条数和推送信息的频次一样,要经过一定的调查和测算,才能保证推送的内容能够发挥最大的效力,目前有部分高校每天推送的信息过多,导致学生在浏览时只能泛泛而读,甚至只挑选感兴趣的一两条信息打开,使信息的传播力大打折扣,还有部分高校推送信息条数较少,在受众群体想要吸收更多内容时无文可读,导致学生对网络平台兴趣大减。所以如何科学地规划好网络思想政治教育平台的专业化推送,让高校网络思想政治教育平台的思想政治教育功能得到最优发挥,需要高校网络思想政治教育平台的运营成员整体关注与重点把控。

(二)网络思想政治教育平台内容问题

高校网络思想政治教育的蓬勃发展离不开移动互联网的支持,高校的网络新媒体有责任并且有义务承担思想政治教育的内容,传播社会主义核心价值观,倡导主流意识形态,对党和国家的重要会议精神、重大方针政策给予宣传报道,以及应该具有传承中国优秀传统文化、弘扬红色革命文化的担当意识,从而对大学生进行政治引导、思想引导与行为引导。然而事实并非全部如此,据调查显示,有部分高校虽然已建设有网络思想政治教育平台,但主要是为了宣传学校形象、传播校园文化、传递校园动态、发布招考信息等,思想政治教育引领性内容极少甚至没有,这些高校的网络运营平台每日推送的也仅仅是学子风采、生活服务、校园通信、投票信息、文化活动、评奖评优等信息,思想政治教育类型的文章也少之又少,甚至在有些专科及民办院校,每日的网络平台推送中主要内容均是招生就业、校企合作、校友风采等信息,具有鲜明思想政治教育特质的主流意识形态教育类信息几乎为零。还有就是思想政治教育领域的重大事件关注度不高,如全国高校思想政治工作会议、十九大的相关内容宣讲、建党百年的庆祝活动等,这些内容与当前青年学生更关注的娱乐热点等问题相比,无论是在发布篇数、阅读总数,还是点赞数、在看数,总体不尽如人意,有些推送内容则出现阅读人次寥寥无几的尴尬局面。由此可见,部分高校的网络思想政治教育平台在功能上未能发挥实效,没有与传统思想政治教育工作形成合力,工作特色和优势并未完全发挥出来,这表明部分高校合理运用网络思想政治教育平台对大学生进行思想政治教育有待进一步拓展。

高校网络思想政治教育平台的初衷是对学生进行思想政治教育,所以在网络平台的建设中应该专门设有相对应的栏目或者板块,但是,据调查显示,目前全国高校只有很少一部分对所建立的网络思想政治教育平台下设了思想政治教育专栏,或者是时政热点专栏及评论专栏,对学生进行思想政治教育及价值引领，大部分高校虽然有思想政治教育内容但却夹杂在工作动态或者通知公告专栏，不易被学生翻看查找，很容易被忽略遗忘。甚至在部分高校，网络思想政治教育平台在实际运行过程中存在信息杂糅、板块繁多等现象，这些信息看似包罗万象但是毫无主题，从顶层设计到层次布局毫无中心，核心内容良莠不齐，垃圾信息鱼龙混杂，严重削弱了思想政治教育信息的社会主义意识形态主导性，导致思想政治教育信息的主导性与丰富性失衡。这种“拼盘现象”使倡导的主要意识形态信息和思想政治教育内容仅屈居一隅，有些生活性、趣味性甚至包括一些庸俗的信息占据了主导地位，这导致思想政治教育鲜明的特点变得模糊，削弱了思想政治教育网络平台的显著作用。如若将高校网络思想政治教育平台的思想政治教育相关信息入口以思想政治栏目的方式直观地展示给大学生，将党和国家的重大会议精神、社会时政要点、红色革命文化、新时代的辉煌成就以及思想政治教育未来发展等内容醒目地呈现给受众，这无疑大大方便了大学生的阅读，增加了该栏目的吸引度，有利于思想政治教育信息的传播与接收，有利于网络思想政治教育平台功能的发挥。

（三）网络思想政治教育平台功效问题

网络思想政治教育主体即网络思想政治教育活动的组织、实施与调控者。所以在网络思想政治教育实践活动中教育主体的功能和水平决定着教育成果，也直接影响着网络思想政治教育平台运行的功效。教育主体在利用网络思想政治教育平台对教育客体实施思想政治教育时如果缺乏积极性，没有主动去分析研判网络思想政治教育与传统思想政治教育相结合对受教育群体的重要性，仅仅把网络平台或者移动终端当成工作开展的必备需求，或者不愿意使用网络平台联系教育客体，对待学生发送的信息置之不理，不能做到双向的思想交流，抑或教育主体对新鲜事物接受度较低，不愿意学习使用网络平台，那么都将导致网络平台的运营功效受到直接影响。

网络思想政治教育主体素质也是影响网络思想政治教育平台运行有效性的重要因素。在网络思想政治教育实践活动中，网络思想政治教育工作者承担着实施者的角色责任，这就要求这支队伍或者团队有着专业化的网络思想政治教育水平，他们区别于传统的思想政治教育工作者教授或者说教的方式，需要有敏锐的洞察力、正向引导的感染力、亦师亦友的亲和力和专业的思想政治教育理论水平。然而，在目前的网络思想政治教育实践活动中，大部分教育主体的素质完全不能满足教育客体的整体需求，部分教育主体的思想观念跟不上新媒体时代的发展，在思想上很难认同网络思想政治教育的新型模式，无法与学生迅速形成新型的沟通模式，甚至不理解“00后”大学生们的思维方式。部分教育主体还存在着政治敏感不高，政治立场不坚定的情况，在面对多元文化交汇或者负面意识冲击时，没有坚定鲜明的政治导向，发出思想政治最强音，而是向教育客体传递不符合主流意识形态的思想，导致教育客体产生负面的消极思想，还有部分教育主体缺乏敏锐的洞察力，他们无法在网络的海量信息中准确地挖掘出学生的思想动态信息，无法准确抓住网络舆情的苗头，无法把握住网络危机事件的最佳处理阶段，对教育客体进行教育实践活动时缺乏针对性和实效性，这些教育主体的功能性问题均会影响网络思想政治教育平台的功效。

三、网络思想政治教育平台建设的对策

高校网络思想政治教育平台建设研究最终是为了切实发挥高校网络平台思想政治教育的功能，网络思想政治教育平台的功能性发挥不佳必然存在影响其效率的问题，只有经过深入地调查才能发现问题，只要发现问题必须分析问题，只有分析问题才能找出具体的解决措施。要想高效地利用高校网络思想政治教育平台的优势，切实实践网络平台思想政治教育的育人效果，必须要健全网络思想政治教育平台的运行机制来引领平台发展，要加强专业的网络思想政治教育队伍建设，提升网络平台的专业水平，要优化网络思想政治教育平台的栏目及内容来引领学生，要着力增强高校网络思想政治教育平台的影响力、凝聚力、战斗力。

（一）健全网络思想政治教育平台运行机制

高校网络思想政治教育平台的建设离不开运行机制的保障，网络思想政治教育平台建立完成后对平台的管理也至关重要，高校因网络思想政治教育平台运行机制不健全，导致网络思想政治教育平台在红极一时后逐渐

走向衰败的案例比比皆是,高校在网络思想政治教育平台建立之初就应制定相应的管理制度,为网络思想政治教育平台的发展奠定坚实的基础。

首先,健全网络思想政治教育平台建设要强化领导机制。新闻事业是党和人民的喉舌,坚持党管媒体原则,树立引导理念。党管媒体必须要落实到社会各级组织,高校党委属于学校非教学机构,是学校负责机关各部门与挂靠单位党的建设、思想政治工作和精神文明建设的基层党组织及相关事务管理的职能部门。高校党委必须肩负起管理网络思想政治教育平台的重任,做好宣传工作、保障运营工作,确保正确导向。高校党委宣传部必须对网络思想政治教育平台制定顶层设计及政治要求,要求平台宣传工作必须遵循思想政治教育规律,符合大学生学习生活和自身的发展需求,从而培养学生坚定的理想信念、高尚的道德品质、正确的价值观念,让高校网络思想政治教育平台为党所用、为党发声。高校的党委书记作为第一责任人要增强主体责任,做好高校网络思想政治教育平台的监管工作,并且结合自身的工作经历带头解读国家的重大理论方针政策,关心时事热点和主流意识形态,带头在网络平台上为大学生讲授思想政治教育内容,以网络平台作为载体去贴近学生生活,了解学生思想动态,掌握思想政治工作的主动性。高校党委更要关心网络思想政治教育平台的队伍建设,为平台的发展提供指导和支持,对平台发展给予政策性指导和资金上的支持,重视网络思想政治教育平台在大学生思想政治教育领域中的地位,将高校网络思想政治教育平台建设纳入学校教育教学的大格局中,进一步强化责任意识,做到守土有责、守土尽责。

其次,健全网络思想政治教育平台建设要规范管理机制。规范的管理和责权分工的明确是网络思想政治教育平台平稳运行的保障,在平台运行初始必须建立完备的审核制度。高校网络思想政治教育平台发布的内容大多数包含主流意识形态的思想政治教育内容,其发布的文字和图片不能出现任何政治性错误及不符合主流价值观方面的信息,这就要求各个高校在网络平台运营之初要建立多层级的审核制度,信息发布的每一个过程都要嵌入监督审核环节,从文字内容的编辑到图片内容的筛选,从动画制作到视频剪辑,从内容制作到信息反馈都必须坚持层级过审的审核制度,要严把出口关,压实责任制,确保主流意识形态的主导地位以及思想政治教育内容的完整性及准确性，避免出现重大错误。高校网络思想政治教育平台制定相关的审核制度和审核流程也能够最大限度地划分责权，明确谁审核谁负责、谁负责谁担责的联动效应，以保证网络平台的审核制度能够合理有效地施行。完备的管理制度还应该有配套的激励机制，高校网络思想政治教育平台的运营虽然是团队运营模式，但要确保网络平台长久发展必须下拨专项的扶持经费，专款专用为网络思想政治教育提供专项支持。另外，专项资金的使用也可以从国家及地方层面下拨，这更有利于提高高校对网络思想政治教育平台的重视度。专项资金不仅是用于平台运营，还可用于平台队伍建设，对平台运营人员进行新思想、新技术的培训，不断提升网络思想政治教育平台队伍的职业化、专业化水平。专项资金亦可用作人员的奖励经费，对标数据和工作量，对平台中编辑人员、维护人员、发布人员的工作进行评比奖励，激发网络思想政治教育平台队伍的工作动力。网络平台的运用既有主体又有客体，专项资金的使用中既可以用于主体成员也可以用于客体成员，但是客体成员大部分是高校学生，所以在相应的激励机制中可以把资金奖励转化为学分制奖励，可以根据学生使用网络平台进行学习的时间、学习的效果、学习的内容进行量化打分，建立从高到低的分级奖励政策，这样既能够激发大学生自觉学习的内在动力，又可以达到网络思想政治教育平台建设想要达到的教育效果。

再次，健全网络思想政治教育平台建设要优化评估机制。网络思想政治教育平台要倡导主流意识形态，要发挥思想政治教育功能，这是全国一盘棋，但是要针对不同层次、不同受众逐一制定相应的考核量表和评价机制。比如说部分院校的学生学习能力较弱，思想觉悟水平不高，那么在这类院校建设网络思想政治教育平台要注重思想政治教育内容的浅显易懂，推送的时事热点要有鲜明的是非对错导向，这样网络平台的功能才能得到发挥，在评估这类院校的网络思想政治教育平台建设时更要从以上几方面进行。研究生院校的学生思想觉悟高、学习领悟能力强，有理性的明辨是非能力，所以这类高校在网络思想政治教育平台建设时更应该选取深奥的有思辨性的题材作为发布内容，宣传国家的方针政策，培养高素质人才，对社会热点和时事热点开通点评模块，摸清高素质人才的思想动态，掌握舆论引导的能力，所以对这类院校的网络思想政治教育平台要重点在形式内容的深入性及栏目模块的多样性上进行评估。这样按照学历及认知能力设置分层次的科学评价体制有利于指导全国各类高校的网络思想政治教育平台建设。另外,还可以根据信息推送的周期进行评测,最基本的评价机制是看网络平台的推送数量、推送频率。网络思想政治教育平台与其他互联网平台的目的一样,就是吸引更多的受众,如果要吸引更多的受众就必须保持网络推送的稳定性,建立严格的周期推送计划,增强用户的黏性。在保证稳定推送的前提下,还需要评估推送的质量和用户的反馈效果,也就是网络思想政治教育的功效,这就要求加入大数据的统计分析模式,评估项目包括涨粉情况、阅读总量、阅读最高时段、阶段热词、阶段爆文,等等,从而了解网络思想政治教育平台的实际运营效果,及时发现问题,解决问题。这些都有助于高校网络思想政治教育平台满足大学生的实际阅读需求和情感需求,更有助于快速精准地传播思想政治教育内容,最大化实现思想政治教育功效。

最后,健全网络思想政治教育平台建设要协调联动机制。高校网络思想政治教育平台建设是在党委统一领导下大思政思想的网络实践,必须有各相关职能部门的联动机制。在全校大思政格局的顶层设计下,由校党委宣传部牵头,学生处、团委进行资源整合,校思政教学单位进行内容上的支持把关,校网络中心进行技术指导和协助,各二级院系在各自的网络思想政治教育平台上进行特色补充,形成高校各职能部门同向同行,以网络思想政治教育平台为纽带,实现校园高品质、有影响的思想政治教育资源融通共建、优势互补,助推高校网络思想政治教育平台功能的发挥。另外,新媒体产业的蓬勃发展必然会加速融媒体时代的到来,不仅传统思想政治教育方式方法与新兴的网络思想政治教育要互融互通,新媒体与传统媒体在生产内容、传播方式、资源截取、运营管理上也要互相融合,建立优势互补的一体化发展融媒体格局。在全国高校思想政治教育交流学习时也要把网络思想政治教育平台建设的交流纳入其中,建立全国高校融媒体资源库,在源头上实现信息共享,构建融媒体矩阵传播网,在流通上实现同频共振。各个高校网络思想政治教育平台的团队成员,既是传播矩阵的主体也是客体,各高校成员之间互通有无、密切配合,通过有组织、有计划地进行策划,在同一时间、同一栏目进行同一内容的发布,组织思想政治教育工作者统一转发分享,以蝴蝶效应的微型模式煽动一场思想政治教育的海啸,形成思想政治教育的合力。

(二)加强网络思想政治教育平台队伍建设

讲政治是高校思想政治教育工作者的基本要求,坚定的政治立场、高度的政治站位是“立德树人”总任务得以发挥的基础。新时代的媒体工作是弘扬主旋律、传播正能量的关键,高校思想政治教育工作者必须提升政治修为和专业素养,对网络空间里纷繁复杂的信息内容具有高度的政治辨别力,能够坚持正确的政治立场,提取有效有价值信息通过网络思想政治教育平台对大学生进行政治引导。网络思想政治教育工作者必须时时加强政治理论学习,对党和国家发布的重大部署、理论方针政策有正确的解读和宣讲能力,能在自学的同时向受教育者传递正能量,起到正向导向作用,解决好为谁培养人、怎样培养人、培养什么样的人的问题。网络思想政治教育工作者也必须要练就敏锐的政治意识,具有较高的信息甄别能力,对包含负面意识形态的新闻信息必须及时制止,让学生树立正确的道德评价和价值标准,尤其是涉及时政要闻、社会痛点等舆情事件,有时大学生的思想尚不成熟,不能做到理性地分析研判,容易被情绪化所左右,网络思想政治教育工作者必须及时干预、及时引导,有效规避网络群体性事件的发生。网络思想政治教育工作者在发声时要注意自己的语言表达,做一位有正义感、有责任心、负责的网媒人,只有这样才能在摔打磨砺中厚植担当底气,当好网络思想政治教育的主力军。

抓好网络思想政治教育队伍建设必须着重抓好业务学习,业务能力的好坏直接决定着网络平台实现思想政治教育功能的好坏。移动互联时代,高校注重网络信息化平台的建设,思想政治教育工作队伍也向职业化、专业化方向发展,但是拥有较高新媒体技术知识的思想政治教育工作者却并不多,作为高校网络思想政治教育平台的运营成员,加强新媒体传播与技术知识学习迫在眉睫。首先是加强网络平台业务的学习,例如“双微”平台,高校网络平台运营者必须掌握应用平台的创建流程、模块分类、推送制作等业务知识,熟知各个模块的功能、作用以及下属子模块或附加功能,能够熟练地操作此平台,让平台为其所用。其次是加强网络思想政治教育工作的技巧学习,巧学巧用网络是增强思想政治教育实效性的关键,善于搜集数据、进行数据分析及数理统计，抓取到更多的受众群体或者吸引更多的教育客体，从而便于后期应用大数据技术满足群体需求以及进行针对性思想政治教育。最后是加强将网络平台应用于思想政治教育的业务自觉。高校网络思想政治教育平台的工作者应自觉参加平台的业务培训，包括信息技术、教学技术以及法律法规的培训，主动学习思想政治教育学、传播学、新闻学等学科理论知识，创新研究互联网 + 思想政治教育学、互联网 + 传播学、互联网 + 新闻学的应用实践，为高校网络思想政治教育平台功能的发挥，贡献新技术、新思想、新作为。

中共中央办公厅、国务院办公厅印发《关于进一步加强和改进新形势下高校宣传思想工作的意见》，文件中提出："着力培育一批导向正确、影响力广的网络名师"①，名师的效应等同于名人效应，打造"微信名人"、网络大V，把思想政治教育的模式由"堵"变"疏"也是增强思想政治教育实效的创新方法。利用网络平台信息传播快、话题更新的频率快、转发分享更快的特点，让思想政治教育工作名人在网络上进行权威性的引导，更能让大学生们心服口服、入脑入心。让网络思想政治教育工作者在平台上的角色，由严把出口端的教师变成引领学生成长的明星。实现"名师"育人的思想政治教育功能。

高校网络思想政治教育平台功能的发挥涉及在校大学生的理论学习、现实生活等方面，中共中央、国务院《关于加强和改进新形势下高校思想政治工作的意见》②提出，坚持全员全过程全方位育人的要求，所以网络思想政治教育平台的队伍成员构成不仅包括思想政治教育理论课教师、辅导员、专业课教师，还包括校党委宣传部、学生处、团委等职能处室，他们都肩负着思想政治教育的重要职责，单一的网络平台运营团队难以发挥全效，所以网络思想政治教育平台的队伍建设必须立足本校实际，发挥全员作用。首先要明确队伍建设中的牵头力量，坚持在校党委的统一领导下，建立校党委宣传部全面负责制，在学校层面打造顶层设计，在栏目设置、内容选择、价值导向

① 《关于进一步加强和改进新形势下高校宣传思想工作的意见》，http://www.gov.cn/xinwen/2015-01/19/content_2806397.htm.

② 《关于加强和改进新形势下高校思想政治工作的意见》，http://www.gov.cn/xinwen/2017-02/27/content_5182502.htm.

的方面制定总体要求，做到总体把关。其次是确定队伍建设中的骨干力量，明确网络思想政治教育工作者是高校网络思想政治教育平台的中坚力量，必须提升马列理论高度，从思想层面给予学生价值引领，从服务层面解答学生思想困惑，从教育层面培养学生树立正确政治判断。再次是培育队伍建设中的补充力量，队伍力量除了党委宣传部等职能处室领导干部的牵头力量，专业的网络思想政治教育骨干力量之外，还必须培养一批年轻教师与青年学生作为队伍的补充力量，从而优化队伍的整体结构，保持团队内部活力。青年教师作为学校发展的动力，他们自身就具有丰富的知识，而且作为年轻一代的教师他们有积极求知的探索精神和乐于学习的优秀品质，他们接受新事物、吸收新思想的能力较强，在学习运用网络思想政治教育平台上更容易运用技巧，掌握精髓。青年教师的另一优点是与在校大学生年龄差距小，兴趣爱好、思维方式、语言风格更为一致，更能够理解学生、亲近学生、拉近与学生的距离感，从而吸引学生主动学习和践行思想政治教育内容，这种借助平台的交流方式让师生之间在话语权上的地位更加平等，老师不再是权威的施教者，学生不再是被动的受教者，而是站在同一战线、教学相长的朋友，更有利于教育目标的达成。青年教师大多成长于互联网飞速发展的时代，与学生一样依赖网络吸收知识、吸取信息，对网络依赖性较大，网络在线时间长，能够及时地发现在网络平台中出现的问题，能够有精力解决单独个案问题，避免网络平台长时间失声，导致积极互动的学生败兴而退，从而渐渐失去受众群体。最后是培养运营队伍中的学生力量，部分高校的网络思想政治教育平台采取宣传部门管理、教师团队把关、学生团队运营的模式，这在很大程度上发挥了大学生自我教育的主观能动性，所以针对学生团队的培养、培训也是网络思想政治教育平台队伍建设中的一部分，有针对性地对学生团队进行媒介素养实训可以让网络平台更加平稳有序运行，也直接关乎高校网络思想政治教育平台功能的发挥。

（三）优化网络思想政治教育平台栏目内容

网络思想政治教育平台的内容建设是该平台得以生存发展的关键，所以推送什么样的内容、什么时候推送内容、用什么话语体系推送内容、把内容推送到哪里是网络思想政治教育平台发挥作用的根本，建设一个政治觉悟高、学术水平深、情感温度暖、运营体系强的高校网络思想政治教育平台能够更好地发挥网络思想政治教育的育人功效。

大学生作为时代新人有着超前的感知度和求新的需求度，思想政治教育的方式也应遵循时代发展规律创新求变，在推送内容上打破传统的类型模式，网络思想政治教育可以采取寓教于乐的方式嵌入到受学生欢迎的活动中。对话模式是网络信息多元传播的新模式，此对话非彼对话，这种对话模式是以平台作为媒介进行交流，高校网络思想政治教育平台把碎片化的信息进行整理，把网络上对国家重大方针政策的解读进行整合，再发布到平台上并设置留言环节对话学生，平台再收取学生留言，对难懂易错的部分进行梳理解答，这种交互式的对话方式让学生在网络思想政治教育平台上有着全新的交流体验。竞赛模式也是网络思想政治教育平台进行思想政治教育时易于操作并收效甚佳的一种模式，通过学生在线注册、线上报名、线上参与等环节完成既定的教学任务。2021 年是中国共产党成立一百周年，高校围绕党史知识开展了线上答题活动、有奖竞猜活动，不仅激发学生的参与积极性，也在参与的过程中渗透了党史知识的学习，将大学生感知、学习、参与思想政治教育的最终过程用一种崭新的趣味体验方式展现出来，助力思想政治教育目的的达成。

除了上述的活动体验外，网络思想政治教育也可以采用慕课、微课的形式进行，这种短视频的教学方式既可以满足大学生碎片化阅读学习的习惯，也可以满足大学生求新求奇的特点，大学生们利用餐前饭后、睡觉之前的时间浏览平台放松休闲顺便完成了知识的学习，这种短视频微课的优点是内容少、时间短、围绕一个问题说通说透，通俗易于领会，不限时间翻阅观看，弥补了线下传统思想政治教育课的不足，又进一步丰富了网络思想政治教育平台的信息资源。如果说线上活动和线上课程是传统的网络信息传播方式，那么利用快闪、微电影来进行网络思想政治教育可谓迭代创新。快闪作为一种短暂的街头行为艺术符合大学生慕新慕奇的心理，其亲民、接地气的特点同样也受到普通大众的喜爱，所以这种网络快闪的思想政治教育模式不仅能使大学生受到教育，还能感染周边人群，达到普遍教育的更高层级效果。2019 年正值建国 70 周年，全国部分高校接连发起快闪，歌唱《我和我的祖国》表白祖国，这种紧扣时代热点，唱响青春主旋律的方式一度登上央视新闻,继而发酵成社会舆论的关注话题,进而对全民进行了一次普遍性的爱国教育。微电影是高校网络思想政治教育平台推出的体验式教育方式,这种方式从内容选材到脚本撰写再到人物拍摄、后期制作无一不是网络思想政治教育内容的迭代升级,这种相对于文章、视频、漫画等而言的大制作产品是网络思想政治教育平台的顶峰之作。微电影的创作是高雅艺术进入草根平台的又一次创造性的尝试,这种满足新时代大学生需求的艺术文化作品不仅给大学生们带来思想、文化上的冲击,也助推了思想政治教育的高阶发展。

网络思想政治教育平台的内容不仅要在推送类型上进行创新,也要在细节处入手吸引更多的受众群体,比如说标题的制作就是网文细节处的关键,一篇好的推送不仅内容要好,标题更要吸睛。据大数据分析显示,优质标题的阅读率为 50%—90%,中等标题的阅读率为 20%—30%,较差标题的阅读率仅为 5%,这就说明好的题目是网络思想政治教育内容的关键,如果连受众群体都没有兴趣点击阅读,何来分享及成效一说。网络时代信息量大,要想使精品内容脱颖而出,让受众群体主动学习,必须首先从标题处的细节入手,以小见大做实做精网络思想政治教育内容。网络的特点是新、奇、特,所以网文标题必须符合网络时代的特点,使用新、奇、特的词汇嵌入标题可以彰显时代性,更能被青年群体所接受。说到“新”就可以想到一些网络新词,例如“真香”“瑞思拜”“割韭菜”等网络流行语,而一篇爆红网文《学生干部的重要品质:靠谱》正是运用了这类网络新词达到吸引受众的目的。“靠谱”这个网络新词的运用可以让标题更具有时代感,也更有草根气,让枯燥的思想政治教育内容变得有亲和力,吸引受众群体的点击。

网络思想政治教育平台在推送思想政治教育内容时还要注重标题的吸引度,要在话语体系上下功夫,提升高校网络思想政治教育平台话语的亲和力、解释力、创造力、感召力,要从话语身份和话语内容着力改变,这样经过精心打造的网络思想政治教育内容才能真正发挥事半功倍的教育效果。传统的思想政治教育手段大多以说教为主,话语者的身份是老师,对学生进行教育时往往是一种上对下的教育引导。而网络思想政治教育平台想要优化教育效果首先要在内容中的话语体系上下功夫,要以平等化、交往化和生活化的话语体系来对话受众群体,使受众群体更愿意接受也更好理解。

教育者要摒弃原有“填鸭式”的单向传播模式，赋予受教育群体平等的话语权、平等的交流身份，使教育的主客体能够实现双向的交互传播模式，这种交互模式又带给教育主客体身份上的变化，使教育主客体不再是老师和学生，让他们在网络平台上变成了朋友，这种话语体系能够更多地唤醒大学生的主体地位，发挥自我教育的主观能动性，在网络的高频率交流中，使受教育者逐步理解、逐渐认同和逐一内化思想政治教育的内容。网络思想政治教育内容不仅要在话语体系上进行改进，还要在话语内容上进行革新。网络思想政治教育平台想要弥补传统思想政治教育的疏漏，与传统思想政治教育形成合力、同向同行，必须在话语内容上求新求变，更贴近学生的生活、贴近学生认知、贴近学生需要，要从日常生活中提炼话语、要从经典著作中创新话语、要从网络空间中精炼话语，用学生们喜欢的话语甚至是学生们自己常用的话语来重新打造思想政治教育内容，例如高校辅导员联盟公众号上发表的一篇送给学生的文章《网瘾的昨天、今天、明天》，用大众化、口语化的表达与大学生的真实生活形成情感上的共振，这种真实接地气似的内容能够被大学生真正认同，所谓“亲其师者信其道”，只有学生真正认同你的所思所写，你所传播的内容才会被真正地接受。

现实生活中，大学生会借助网络新词对标自己的行动，网络思想政治教育平台在推送内容时要抓住这些网络新词的语言特点，推送与学生产生情感共鸣或被学生认同的思想政治教育内容，将传统思想政治教育与网络话语有机结合，精炼出思想政治教育网络话语。《共产党宣言》《资本论》《德意志意识形态》可以说是马克思主义哲学的经典之作，但读起来晦涩难懂甚至读不下去，面对这种深奥的思想政治教育内容时，对教育者的传授要求就要不断提高，例如在建党 100 周年时，针对党史学习教育出版的《漫画百年党史 · 开天辟地》一书，用通俗易懂的文字和生动形象的插画讲述了党的百年奋斗史，以创新话语解读经典理论著作，丰富平台思想政治教育话语体系，进一步助推高校网络思想政治教育平台功能的发挥。

网络思想政治教育平台的内容建设还要在精品栏目及精准推送上下功夫，打造精品栏目、把握推送时机能够更好地发挥网络思想政治教育内容的效果。2021 年是建党 100 周年，宣传和阐释党史知识是当时一段时期的总任务，各高校注重在网络思想政治教育平台上开辟系列推送专栏，上传党史文献、发布党的重要方针政策、宣传党的百年奋斗历程，例如哈尔滨学院文法学院在党史学习教育活动中开辟的《党史云课堂》特色栏目，该栏目在2021年1月至2021年12月坚持每星期进行更新，推送党史相关内容共计52篇，如《“党史云课堂”——党的十二大》《“党史云课堂”——滨江抒怀》《“党史云课堂”——春天的故事写在大地上》等。高校网络思想政治教育平台应有效借鉴这一精品系列推送的设置，使高校思想政治教育工作在网络上抢占主动权，将网络平台这个新兴载体作为网络思想政治教育的主阵地，打好网络思想政治教育的主动仗。

网络思想政治教育平台不仅要在栏目设置上下功夫更要在时间节点上做文章，抓住思想政治教育的关键期，在合适时间推送合适信息，让思想政治教育的内容发挥最大化的功效。中华传统节日凝结着中华民族的智慧和精神，高校网络思想政治教育平台要把中华传统文化与思想政治教育内容相结合，帮助大学生全方位认知中华文明的历史和中华文化的魅力，增强大学生的文化自信心和民族自豪感。高校网络思想政治教育平台可以在清明节推出“清明祭英烈，丰碑励前行”的革命英雄主义教育，传承革命精神，赓续红色血脉，在端午节推出线上的端午诗会等活动，缅怀屈原的同时，学习屈原的高尚道德情操和坚定的政治理想。高校网络思想政治教育平台必须在重要的历史节点积极发声，在抗日战争胜利纪念日、九一八事变纪念日、南京大屠杀纪念日等永远不能忘记的民族纪念日时，推出能够发人深省的网络思想政治教育内容，如《我的名字，不是“南京大屠杀纪念馆”！》《一二·九里谈青年》等，提醒大学生们勿忘国耻、以史为鉴，激励大学生们不负使命、努力奋斗。高校网络思想政治教育平台还可以在学校教育的关键期，如开学典礼、毕业典礼上推送主题文章或组织相关活动。光明日报的《@大学新生，请带上这三个“行囊”》正是抓住新生入学教育的关键期，对大学新人做出温馨提示，提醒他们上大学的主要任务不仅要学习知识、强健体魄，还要树立兼济天下的远大理想，去迎接将来“天将降大任于斯人”的时代使命。

综上所述，高校网络思想政治教育平台想在内容上进行革新，就必须在推送类型上进行创新、在标题制作中找到突破、在话语体系上进行变革、在栏目设置上进行升级、在推送时间上做到精准，既能够做到思想政治教育内容的有效输出,又能够做到受众客体的有效吸收,能够在满足思想政治教育要求的前提下满足受众客体的现实需求,从而进一步使高校网络思想政治教育工作的理论体系得到丰富,让其在思想政治教育功能发挥上得到进一步升华。

专题四　网络思想政治教育内化问题研究

党的十八大以来,以习近平同志为核心的党中央从培养中国特色社会主义合格建设者和可靠接班人的高度,以立德树人为根本任务,以社会主义核心价值观为引领,以全面提高人才培养能力为关键,聚焦提升高校思想政治工作质量,对新形势下加强和改进高校思想政治工作做出了一系列重大部署,高校的思想政治教育迎来了深化发展的春天。同时,以人民为中心的发展思想和遵循矛盾运动变化规律的马克思主义立场出发,建设一个什么样的网络强国,怎样建设网络强国成为重大时代理论和网络实践课题。网络强国建设被纳入国家战略之中,意味着围绕互联网建设,特别是互联网思想政治教育工作面临着新的机遇和挑战。本专题将网络思想政治教育内化问题,纳入到网络信息技术、大数据、人工智能、5G 通信技术快速发展的大背景之下,分别从六个部分对网络思想政治教育的内化问题开展研究和阐述。

一、研究缘起与研究价值

网络信息技术的日臻成熟,数字化、信息化生活程度的不断加深,倒逼思想政治教育工作下的网络思想政治教育领域不断改进完善。新的互联网时代背景下对提高和加强网络思想政治教育也提出了更加紧迫而严格的要求。而在网络思想政治教育的实践工作当中,网络思想政治教育内化活动发挥着决定性、根基性的作用,针对内化问题的探究和优化直接决定着网络思想政治教育工作的成效。通过网络思想政治教育来引导当代大学生充分展示在互联网活动中的能动性、自发性、主体性,强化受教育主体提升自身的思想道德素质素养、发散自身的创造性思维、锻炼自身的实践能力,是展示和发挥网络思想政治教育实效性的重要命题。

（一）网络思想政治教育内化研究的理论价值

马克思主义科学理论及若干马克思主义基本原理是网络思想政治教育内化问题研究的基础，为网络思想政治教育内化探究提供了最为精当凝练的理论指导，起到了根本性的指引作用。网络思想政治教育内化的最根本问题在于怎样通过特定的过程转化将教育者呈现的思想政治教育内容准确、及时、高效地转化为受教育主体的内在思想政治素养。可以说，研究网络思想政治教育内化问题的理论意义集中体现在三个层面。

第一，有助于在思想政治教育内化问题探究的基础上进一步厘清网络思想政治教育内化研究的内涵。明晰研究问题的内涵和范畴是开展专题学术研究的基础性环节。基于当前在学术研究文献数据库中查询的文献内容可知，针对网络思想政治教育内化的理论性探究仍存在一定的同质化趋向，且尚未形成共识性定义化的精准内涵界定。这一方面彰显了本专题研究的研究意义，另一方面则从侧面反映出网络思想政治教育内化基本内涵界定上的复杂性和困难程度。因而，我们需要以思想政治教育的既有内化研究作为抓手，做好互联网视域下的思想政治教育内化的理论研究和探索。

第二，有助于深化对网络思想政治教育研究领域理论架构的完善，提速网络思想政治教育内化的专业化进程。自21世纪初我国学界出现针对大学生网络思想政治教育的学术探讨以来，针对这一大项的理论研究始终受制于数字化时代带来的信息化技术迭代及互联网社会变迁等实际问题。学者们往往被动地担任着互联网时代背景下为思想政治教育工作中所面临的种种实践难题的回应和阐释的角色，但没有进行体系化、延伸化的网络思想政治教育理论架构研究。而针对网络思想政治教育内化这一关键领域的研究，可以进一步加速网络思想政治教育专业化进程，为这一学科的长足发展注入新的活力。

第三，有助于建立更加丰富化、系统化的网络思想政治教育内化创新发展机制，为高校下一步的网络思想政治教育提供启发性的理论指南。通过对内化这一专题的研究，能够帮助高校等施教主体进一步把握网络思想政治教育的内生发展规律，可以通过全面分析并试着回答网络思想政治教育内化的核心问题，为高校网络思想政治教育带来更加具有启发性、前瞻性的理论性指导。

（二）网络思想政治教育内化研究的实践价值

第一，有助于进一步繁荣和建设社会主义文化，助推我国实现网络强国的发展目标。开展互联网视域下的思想政治教育工作的最根本目标便在于让人们，特别是大学生在物质生活富足的同时，保障好精神及思想层面的健康充实，营造风清气正的互联网环境。通过网络思想政治教育内化研究，能够进一步明晰社会发展和大学生网络活动的内生需求，更准确地定位互联网背景下思想政治教育领域亟待被解决的重大问题，更深层次地挖掘出网络思想政治教育内化问题的内涵特征和实现过程，抓准进一步繁荣和建设社会主义文化的主要矛盾，更好地实现网络强国建设目标。

第二，有助于在互联网时代背景下，教育引领新时代大学生培育和践行社会主义核心价值观。在数字化技术高度渗透、我国国际化程度不断加强、国际国内形式日趋复杂的时代背景下，新时代大学生这一尚未形成稳固人生观、世界观、价值观的特定群体，更需要通过接受有效的网络思想政治教育来进行思想改造，这也愈发凸显了当下进行网络思想政治教育工作的紧迫性和重要性。通过对网络思想政治教育内化问题的研究，有助于进一步增强网络思想政治教育受教育主体的培养和教育力度，从而保障思想政治教育的质量。

第三，有助于加强网络思想政治教育的针对性，突显网络思想政治教育个性化导向作用。网络思想政治教育所具备的个性化和针对性特点更妥帖地回应了培育大学生成长成才的需求和使命。在新的社会矛盾大背景之下，在互联网信息技术高度发达的今天，针对大学生的互联网思想政治教育必须进一步发动教育主体内化的力量，必须进一步唤醒学生自发地进行思想和精神层面的学习、接纳和提升，必须通过网络思想政治教育内化的研究进一步增强教育实效性。

二、研究现状综述

在我国正式接入国际互联网的同时，网络思想政治教育理论研究便开始出现,我国的思想政治教育在20世纪90年代中期之时开启了网络时代的新局面。1999年,最早的关于网络思想政治教育工作的相关讨论出现。在此之后,学者刘梅于2000年第一次提出“网络思想政治教育”这个概念,围绕该主题,如何在互联网时代下,对思想政治教育工作进行加强和改进,受到了学者们的密切关注,同时带来了网络思想政治教育研究的快速发展期。对于内化问题的研究,则有相对长的历史,从20世纪80年代开始,德育内化、法的内化等学术课题就成了我国学界的基础性研究领域。就网络思想政治教育领域中的教育内化的研究来说,学者吴满意在2006年发表了《论高校网络思想政治教育的内化与外化》一文,文中详细论述了内化、外化的环节,及内化、外化的一系列辩证关系,并在最早提出了“网络思想政治教育内化”这一概念。此后,与时俱进成了思想政治教育理论研究中对内化这一研究领域的新思路和新指引,尤其是伴随“培育和践行社会主义核心价值观”这个新概念的提出,以网络信息技术为支撑,研究思想政治教育工作中的效能提高、核心价值观的培育等一系列的学术研究成果渐渐增多。回顾网络思想政治教育领域的内化研究的学术发展历程,我们可以清晰地发现,其实质就是互联网技术与思想政治教育相互结合、相互促进的实践历程。在这一历程中,网络思想政治教育经历了数个时期,分别是“网络危害论”时期、“网络工具论”时期、“网络社会观”时期,其间,有两条主要的研究线路,一是思想政治教育环境是如何被互联网影响的,该研究线路涉及社会、文化、技术等内容,对网络思想政治教育的新现状、新载体、新途径、新要求作了一系列阐释、说明。另一条研究线路则是关于互联网社会中的思想政治教育主体与客体之间关系的,网络交往、虚实结合、间性互动等课题属于这条研究线路。在网络思想政治教育这一视角下,人的属性及需求、理论创新及实践的推进则通过这些课题得以研究、阐释。由此可见,随着网络思想政治教育理论的研究和发展,网络社会中人产生的全新价值观,和与之相伴而生的社会、文化、技术等多个维度的挑战成为中心议题,尤其是在网络环境和网络意识形态的影响下,对网民的思想政治水平和道德文化素质产生了多角度的冲击,从本质上来说,这即是网络思想政治内化问题的研究领域。新时代给网络思想政治教育工作提出了一系列新要求,针对性、亲和力、人性化、时代性等诉求越来越凸显,随着社会网络化、技术化的发展,人与“智能”能否和谐共处、如何和谐共处等问题也屡被提及，特别是身处“数据”“算法”之中，人类如何实现自身自由发展、全面发展，关于这一系列问题的思考推动着网络思想政治教育内化领域研究的“出场”“深入”“前进”。

（一）网络思想政治教育内化与技术发展的内容和形式的相关研究

网络思想政治教育内化与互联网信息技术高质量融合的研究主要集中在融合内容与融合形式的研究上。互联网信息技术是网络思想政治教育内化的根基，也是基础条件和背景环境。但值得关注的是，网络思想政治教育的内化过程中，存在着被互联网信息技术“异化”的问题，规律性、效益性、价值性等问题如何在二者融合中被凸显，是值得深入研究的、思考的。虽然是社会发展的大趋势推动了网络思想政治教育内化工作与信息技术的融合，但是，这种融合也不能够不遵循规律，更不能失去主导性，变得凌乱、随意。这种融合必须是，也必然是内容与形式的、全方位的有机融合。但是当前，互联网信息技术与网络思想政治教育的融合仅仅流于形式，尚未做到真正的有机融合。这种形式上的融合在现实教学中的具体表现为：只是将现实生活中的书本知识和一部分的课堂教学内容转移到了互联网世界，只是增加了一种思想政治教育形式，只是将日常授课中的面对面教学转移到互联网网络数字化平台之上。关于这些形式上的“融合”的研究，仍是更多地停留在表面，仅是在外围层面、流于形式，而针对理论研究的关键——网络思想政治教育内化的优化路径和深化形式，还是没有被过多触及，即运用何种互联网信息技术、呈现何种形式的网络思想政治教育，以及这些内容应该如何展现等一系列问题。数据时代来临之后，学术界开始着手用大数据、数据库等实证研究来加深对此类问题的探讨，这不但是理论研究的进步，也是遵循、顺应研究趋势的表现。综上所述，我们需要不断加强网络思想政治教育内化领域中理论与实践的融合和互动，更好地发挥理论的指导作用，推动实践工作的长足发展。

（二）网络思想政治教育内化的特质和规律性相关研究

网络思想政治教育内化的具体性专题研究，尤其是特质研究和规律性研究需要被着重关注。网络思想政治教育内化的发展路径遵循规律性与合目的性，是二者的有机统一。在网络思想政治教育与互联网信息技术融合的过程中，既要遵循思想政治教育规律、教师教书育人规律、学生成长成才规律，同时也需要探索互联网信息技术发展的整体规律，更要积极探寻和摸索网络思想政治教育与互联网信息技术融合过程中所要遵守的一般规律和基本原则，这样才能使网络思想政治教育理论的前瞻性得以提高、话语规范性得以提升。更好地满足广大互联网网民自身发展的需要，是网络思想政治教育内化不断深化的根本动力和前进目标，这一动力和目标与网络社会的进步和发展是相辅相成、有机统一的，网络思想政治教育内化发展的独特规律和特征也正是在这一背景下产生、演化的。当前，关于网络思想政治教育内化的相关理念、内化机制和内化途径创新、内化方法创新在诸多研究成果中都有所体现，同时还包括种种预测，比如网络思想政治教育内化与新一代互联网信息技术融合发展的未来趋势，但这些成果更多的是基于先前的理论研究基础，并在其之上所做的推理和演进，并不能够做到将规律性、趋势性等基础问题进行阐明。由于网络思想政治教育内化情况的缺失，从而无法对互联网网民的真实需要进行分析和探索。因此，针对网络思想政治教育内化的研究，需要学者更加关注其特质性问题，不但应该从思想政治教育的一般性、普适性规律视角切入，还需要结合互联网社会的情况做出综合考量，分析互联网生态、网络人际互动等具体情况，从而得出网络思想政治教育内化需要遵循的一般规律，为做出更具价值性、针对性、可操作性的理论成果提供强有力的背景支撑，从而更好地化解网络思想政治教育内化研究领域的突出问题，使理论研究与实践工作有机结合。

（三）网络思想政治教育内化的内生动力和内生机制相关研究

网络思想政治教育内化的内生动力和内生机制的研究同样需要被高度重视。在网络思想政治教育进入学者研究视角的一段时间以来，平台、机制、队伍等研究框架成为研究的主要脉络，一些相关的有效对策被发现和提出。但是，我们必须注意到，在网络思想政治教育内化问题的研究中，受教育者自身的选择、吸收、消化、认同等过程被关注不足，仅仅聚焦于外部条件和资源供给，这些不足在一定程度上导致了一些学术问题，比如研究结果的高重复、低价值。因此，想要做到进一步深化网络思想政治教育内化的研究，将研究的宏观视野和微观视角进行有机结合是至关重要的，既要将改进和加强网络思想政治教育内化工作与国家大政方针有机结合起来，将其纳入党的领导系统工程之中，又要从广大网民的网络生活之中出发，揭露其自身内化网络思想政治教育的内生动力，不能留于个别、局部和表面，而是将描述性资料、个性资料归纳、上升为理论成果。可以看到，目前这已经是学术界关注的问题，探讨网络思想政治教育内化的内生性供给趋势的话题日益增加，比如思想政治教育工作同向同行研究，以文化人、以文育人研究，新媒体新技术与思想政治教育工作深度融合研究，人工智能视域下的思想政治教育创新发展研究，等等。同时这也表明，互联网信息技术本身不是网络思想政治教育者和研究者的关注重点，如何创造性转化、创新性发展，尤其是网络文化和教育内容、教育形式的创新，才是重点所在。将网络思想政治教育内化工作与社会历史条件紧密结合起来考虑，例如结合我国经济发展形势、互联网生活状态、网络生态、思想舆论等方面综合考量，是为广大网民的自由而全面发展、互联网时代社会的全面进步补足精神之“钙”的重点工程。

综上所述，目前学界关于网络思想政治教育内化的理论研究尚处于初级阶段，部分现实情况之间的逻辑关系尚未明晰，内化的理论研究在整个网络思想政治教育研究中的定位还未达成共识，发展困境、特殊矛盾以及基本规律等问题也有待深入研究。网络思想政治教育内化研究的现实状况，显示了对其进行理论研究的重要性和紧迫性，为深化和探索研究范围、指明研究方向和研究目的提供了路径。

三、网络思想政治教育内化的主体内容探究

新时代产生了新矛盾，新环境提出了新问题，网络思想政治教育在发展过程中产生了新的发展不完全、发展失衡的问题。网络思想政治教育，并不只是整个思想政治教育的一个分支，一门形而上学的学科，而是与其他学科的哲学思想息息相关。问题在于该如何看待网络思想政治教育内化的特性，进一步分析网络思想政治教育内化过程中所体现的意义、特征、功能等

基本属性。

(一)网络思想政治教育内化的内涵释义

每个个体的精神世界如何受到外界事件的影响,进而改变人对外部世界的理解和感知过程,是人在成长和自我实现过程中的关键问题。内化理论在伦理学界、心理学界和德育学界等领域都备受关注。《中国伦理学百科全书》(伦理学原理卷)的主编罗国杰认为,道德内化是一个人在接受了知识与伦理的熏陶后将所学逐步凝华为个人信念的过程。从外部世界中所获取的道德知识,在转化为道德信念之后,就成为个体道德意识的一部分。这个过程是缓慢的,只有理解了道德的基本特性和道德内化的实际意义,才能真正完成这一过程,进而保持积极的态度,不断完善个人的信念,在实践中对道德意识进行锻炼和完善。具体来说,在伦理学中,内化思想是使日常生活中的道德准则具有普遍性和有效性的过程,即人们在道德生活中将外部世界的规则内化于自身的道德意识,并逐渐转化为长期的德行。在心理学界,认知变化、条件反射和潜意识对外部道德准则和个体的道德内化有着重要的影响。从社会文化学角度来说,个体的道德内化是社会文化和社会精神被转化为内部意识的过程,实际上也就是不同个体的社会化过程。显然,由于学科领域和视角的不同,不同学者对内化基本内涵和特征的解释也不尽相同,但是各学界的内化理论都为最终的概念提供了阐释的基本性论域,在总体方向上展示了一些关键点:

首先,内化是有明确概念的界定的,即人作为个体将外部事件转化为自身内部的意识形态的过程,并用自身意识指导自己的反应行为。内化过程是自律与他律的结合,是主动和被动的融合,是外部世界的价值体系、行为标准、文明规范在日常生活实践中逐渐趋同,融入人们自身的生活方式,成为一种"自我同一性",这种"同一性"是个体对所处社会的既定规则和文明规范的一种适应,也是对自身内在存在意义的一种感悟,还是对人格成长变化的接纳和对新的自我认知的重构。其次,有效性是天然包括在内化的概念中的,不同的个体和个体承载的思想始终处于变化的过程中,来自内部和外部的不同因素都会影响这个过程的有效性。内部外部的二元论包括了认为这些不同因素都能以不同形式得到克服的范式,而内化的有效性,与外部世界和内部精神始终是紧密相关的，感知、感性等概念就是内化理论在试图减弱主客体之间的僵性，这些“感知”逐渐将外部环境内化于个体的内部认知，而这正体现了马克思主义认识论中的真理性，即便个体的主观能动性可以得到完全发挥，外部环境的不同对象也不可能无差别地被转化为个体的内在认知，只有内化的主客体经过长时间的相互渗透，才有可能实现。而在现实生活中，不同主体的主观意愿、情感经历、文化知识和外部条件都会影响内化的有效性。因此外部环境中的社会文化和价值体系对不同个体的影响也就成了内化理论研究的重点。最后，内化的过程并不是具体主体在日常的一般性重构，而是内化主体和客体的互相转变，是个性化酝酿着新生和变化的重构过程。马克思认为，不同个体对同一对象的不同反应可以把自己的不同方面变成同样多不同的精神性质，因为不同的主体有不同的参照的外部世界，在人能动地复现本体的过程中，会展现出富有生命力和创造性的变化，内化主客体在交融的量变过程中，会出现有新生性和创造性的特殊质变变化，内化主体和内化对象互相转变的过程也是同时在形式和意义上形成具体的经验，继续与新的内化过程不断融合，积累质变，形成新的经验，循环往复，使内化过程持续性地成螺旋型发展趋势，主客体之间相互耦合，产生新的“物质变换”和不断的“信息交互”，不断积累能量向前发展。

（二）网络思想政治教育内化的概念解析

马克思主义的基本理论体系作为网络思想政治教育的根本指导，其研究的对象是人，满足人的全面发展而分析不同个体的思想观点、道德品质形成、转变的过程，在此基础上的内化与外化概念，是网络思想政治教育的重要范畴。内化理论可以更加直接地与主体的内在认知相关联，研究内化问题，可以更好地将网络思想政治教育应用到不同的教育对象和不同的教育阶段，使其更具有效性。网络思想政治教育内化概念的界定，可以从三个方面进行考量，即内化的含义、思想政治教育内化的含义和网络思想政治教育内化的含义。

首先，虽然由于学科领域和视角的不同，内化的具体含义在各学科中也不尽相同，但内化这一概念的内涵是相对统一的，即人作为主体将外部世界的文明规范、价值体系、行为标准等融合到自身内部的心理意识乃至于个人的人格中,进而规范个人的行为。其次,经过长期的研究,思想政治教育内化的概念在学界已经十分明确,例如在思想政治教育学中,内化是指教育者帮助教育对象将社会既定的价值观体系、道德观点、行为规范纳入自己的价值体系,使之成为教育对象道德体系的组成部分的过程。思想政治教育心理学中也有相似的界定:“内化就是教育者引导受教育者将社会既定思想道德规范的要求转化为受教育者的道德情感认知、信念意志等内在的意识的过程。”最后,随着网络思想政治教育工作实践的不断发展和网络思想政治教育内化含义的逐渐明晰,一般认为,网络思想政治教育工作起源于“网络危害论”,兴起于“网络工具论”,发展于“网络社会论”,并且网络思想政治教育的本质可以从广义和狭义两个层面进行概括。广义上讲,网络思想政治教育可以泛指一切运用到任意网络技术,在网络环境下开展并有效提高其效果的思想政治教育实践活动。从狭义上讲,网络思想政治教育是指在网络的虚拟社会中开展的思想政治教育实践工作。值得注意的是,随着信息技术不断变革,现实社会与虚拟社会不断融合,虚拟世界中网民的本质特征和内在需求也在不断发生变化,网络思想政治教育的概念也还在不断地变化发展。基于以上的分析,网络思想政治教育内化概念的核心界定要素得以明确,首先,教育者和受教育者仍然存在,两者相互共存、双向互动,在发展过程中,形成了主体客体化、客体主体化的变化结果。其次,内化内容与思想政治教育的本质要求相同,依然以道德规范、价值体系和政治思想为主。再次,网络思想政治教育内化是网络思想政治教育活动的过程,内化必然伴随着过程性。最后,内化的载体是基于虚拟网络环境的思想政治教育,其影响因素与现实的思想政治教育基本一致,但在具体实践过程中,在形式上有许多新的特征。由此可以界定网络思想政治教育内化的概念:在网络思想政治教育活动中,受教育者通过网络互动的渠道,将社会发展既定的道德观念、价值体系和行为标准纳入自己的认识体系,并转化为自己道德体系的组成部分的过程。经过上述分析,我们可以认识到明确的网络思想政治教育内化概念界定的困难性,这个难题是网络信息技术的发展变化与人作为主体发展过程中实际需要的变化所共同造成的,因此,为了进一步明确网络思想政治教育内化概念,还有一些关键性问题需要明确。

第一,网络信息技术的发展,与网络思想政治教育内化是不可分割的,明晰网络思想政治教育内化的概念就不能模糊信息技术的本质。网络思想政治教育内化的概念从另一个角度来说也是“网络虚拟空间性”向真实的社会性属性转变，可以预见的是，随着大数据技术应用的深度发展、新一代“算法”的不断更新、人工智能技术的继续开发，新生的“智能化”内涵将不断融合到网络思想政治教育内化概念的发展中。因此，要真正理解网络思想政治教育内化的概念，不仅要梳理其自身的历史发展脉络，还要理清网络信息技术发展的历史脉络，两者共生共存，相互作用并影响人们的主观认知，进一步反馈到内生概念的演变过程中。

第二，网络思想政治教育内化演变与网络社会的进步和发展，其内涵也随未来网络社会发展趋势的变化而变化。网络社会是由无数个真实网民所组成的虚拟社会，是一个网络共同体，因此网络思想政治教育内化不仅要满足网民作为个体的发展需要，更要满足虚拟网络社会共同体不断发展进步的需要，这种推动力体现在网络社会经济、政治和文化的各个方面。网络社会概念的完善过程，必然包含网络共同体这一概念的包容性、开放性以及网络社会中的网民对网络共同体未来发展的前瞻性因素，这些因素相互融合，内涵向外延伸的过程中继续吸收影响网络社会未来发展趋势的因素。作为个体的网民的思想道德和整体素质不断完善提升，网络社会在动态变化的过程中不断顺应趋势，化解矛盾，实现虚拟社会和网民内在思想体系的完美共存和和谐共进。一旦出现失衡，就可以在网络环境中快速实现新的和谐状态。

第三，网络思想政治教育内化既呈现为一种结果，也可以表现为一种“化内”的过程。要明确把握网络思想政治教育内化概念的内涵，还要充分认识网络思想政治教育内化的基本特性包括过程性，即网民在将教育内容接受、转化和践行到现实的过程中，对这些内容的选择性学习、创新性接受等反复的心理状态。网络思想政治教育内化的内在逻辑决定了人的思想是内化的对象，而思想的变化过程难以以某种结果进行衡量，同时，虚拟世界中的人们开展的思想政治教育活动不仅包含了历史性和现实性的统一，也包含了过程性与结果性的统一，这一逻辑使网络思想政治教育活动本身并不带有很强的目的性色彩，而是以一种长期影响的方式带来变化。另外，网络思想政治教育内化的复杂环境导致了内化过程中人际交互关系的复杂性，使得“内化”的过程与“化内”的过程相互融合，难以分割。

互联网作为网络思想政治教育内化的外部环境，变化复杂且处于资源供给的地位，而网民作为内部因素，在个体认知、交互机制、心理实践等方面难以预测，内外部因素在协调过程中所形成的变化和“反应”是内化过程的关键。也就是说，“化内”才是网络思想政治教育内化过程的核心，是不同主体对教育内容个性化整理吸收的重构过程，也是个体认知范畴重构产生新生因素的过程。只有提升网民“化内”的有效性，才能提高网络思想政治教育内化的有效性。因此，只有高度重视网民“化内”的过程，深入把握网络思想政治教育的过程性内涵，才能真正理解网络思想政治教育内化的本质概念。

（三）网络思想政治教育内化与外化的辩证关系

网络思想政治教育的内化是外化的根基和前提条件，而网络思想政治教育的外化则是内化的延伸和效果的最终呈现，内化与外化是接受互联网思想政治教育之后受教育主体的思想境界和道德修养在改变提升进程中所处的不同阶段。网络思想政治教育的内化与外化间蕴藉的不是单纯的时间层面的线性关系，而是相互渗透、相互包含的动态循环关系。展开来讲，内化与外化间的辩证关系可以从以下三个方面做以解释。

第一方面，网络思想政治教育的内化与外化是统一的，能够揭示思想政治教育的内核本质。马克思认为，理论一旦能够掌握群众，那就将具备物质力量；理论一旦具备说服力，就能实现对群众的掌握；而理论只要是彻底纯粹的，就具备了能够说服人的力量。所谓的彻底而纯粹的理论，即为抓住事物的根本。网络思想政治教育不是停留在理论层面的设想和空谈，而是实际的能够指导行动的客观存在，不受时代背景和社会形态的限制，蕴藉着“理论掌握群众”的道理。进一步讲，“理论掌握群众”就是通过互联网思想政治教育的内化和外化的统一而体现出来的。总的来说，思想政治教育内化是受教育主体通过发挥主观能动性来接受教学信息，并把教育者传达的思想信念、历史知识、认知准则等内化于心、外化于行的过程，最终实现的是对受教育主体价值观、世界观等主观世界层面的改造，而思想政治教育的外化活动则可以达成对外在的客观世界的改造。内化和外化的辩证统一关系揭示了思想政治教育的内核本质，增进了网络思想政治教育的有效性。

第二方面，网络思想政治教育内化与外化之间存在着多重差别。网络思想政治教育内化与外化之间存在着在互动中相互融合的关系，为了进一步区分两者作用、地位之间的差异，可以从以下几个方面分析两者的必要性和现实意义。首先，内化与外化处在网络思想政治教育活动过程的两个不同发展阶段，虽然两者并不是承前启后的阶段性关系，但仍然在逻辑上有迹可循，一般来说，受教育者会先将教育内容中的思想观点和价值体系内化为自身的道德认知，再将其外化为个体的实际行为。其次，网络思想政治教育内化与外化的作用方式和产生的直接结果是不同的。网络思想政治教育内化的过程是既定的思想观念和行为规范被网民吸收为个体认知和信念的过程，其直接结果是教育对象形成符合网络社会准则的思想规范，外化则是教育对象将这些内化的内容转化为实践行为，其结果就是使受教育者产生新的外在行为。网络思想政治教育内化与外化的最显著差异就体现在“知”“行”的转变差异上。同时，内化与外化的内容输出输入并不总是均衡的，网络环境的复杂性导致了教育内容的不平衡性，而这种环境下的受教育者的内化与外化也常常出现不相符的情况，这种普遍存在于虚拟世界的“知行不一”的情况，正是网络思想政治教育内化研究的题中之意。最后，网络思想政治教育的内化过程也是网民在吸收并消化教育内容的一种实践，是不同个体的内在意识在外化的表现过程中的实践活动。想要深入正确理解网络思想政治教育内化的内涵，就要认识它在思想认识层面之外的实践性，也就是马克思主义认识论最首要和基本的观点。

第三方面，在网络思想政治教育内化与外化互动互变、相互融合的过程中，可以形象地看到网络思想政治教育的矛盾点，这也反映了教育活动过程中最基本的问题。人类认识活动内在的基本矛盾就是主客观的矛盾，而网络思想政治教育的基本矛盾，就是网络社会的道德要求与网民个体道德水平之间的矛盾，这个基本矛盾存在于教育过程的始终，主导和制约着其他各种具体矛盾。网络思想政治教育内化与外化的过程使这一矛盾更加凸显，在网络思想政治教育内化中，受教育者能否完全发挥主观能动性，正确地认识和理解网络社会中的教育内容；在网络思想政治教育外化中，受教育者在虚拟网络社会中由自发实践转变为自觉实践，即通过网络社会中既定的正确的科学理论指导网民行为,可以减少实践的自发性以及盲目性。互联网思想政治教育的本质内涵是为了促进人们更好地进行网络化生存与发展,这一内涵与网络思想政治教育内化的实质最为契合,而“内化”作为整个网络思想政治教育过程的首要环节,最能充分展示网络思想政治教育内容的稳定性,运行规律的适用性,教育受众的普遍性。网络思想政治教育内化研究是网络思想政治教育全过程研究的逻辑元点,只有深刻理解网络思想政治教育活动的内化规律,及时掌握内化过程中新的变化,才能充分把握外化的实质特征,才能做好新时代新发展下网络思想政治教育工作的继承与创新。

四、网络思想政治教育内化的实现过程

(一)实现网络思想政治教育内化的注意环节

实现网络思想政治教育内化的第一个步骤为注意,心理学对“注意”一词的概念定义为心理活动对一定对象的指向和集中,是有机体在长期的进化中发展起来的一种对外界信息的选择机制。从心理学的概念界定中可以看出,注意环节的最基本特点即为指向性和集中性,二者体现了内化过程中注意环节的方向和强度两个维度的特征。网络思想政治教育内化过程中注意环节的指向性为心理活动有选择地反映一定的对象,而离开其余的对象。网络思想政治教育内化过程中注意环节的集中性则为心理活动停留在被选择的对象上的强度或紧张度,它使心理活动离开一切无关的事务,并且抑制多余的活动。更为形象的形容则是,一项教育内容对受教育主体的吸引性低,即受教育主体很难从整个学习过程中体会到获得感与满足感,那么对教育内化过程中注意环节的关注就更加重要。注意环节对内化过程实现的作用体现在提升主体的察觉性,使主体思维更加集中、头脑更加清醒、感受更加敏锐,进而令主体的行动性能更加准确到位。在针对大学生开展的网络思想政治教育实际中,可以把作为教育主体的大学生视作是对思想政治教育信息的“消费者”。信息消费者在内化的注意环节当中通过被线上、线下的思想政治教育信息刺激来激发思想上的集中性和指向性。基于此,大学

在设计、搭建、酝酿网络思想政治教育的内容、形式和载体时，就要更加注重实际工作与大学生内化过程中注意环节的指向性和集中性的融合。在网络思想政治教育内化的注意环节，我们可以得到的启示是，要始终坚持以生为本、为生服务的宗旨，在搭载网络思想政治教育线上平台的进程中重点关注注意环节对提升受教育主体对信息质量上的要求，重点架构起强调服务性和技术性并重、内容专业性和吸引力俱强的校园网络思想政治教育平台，设计多样化模块如“互联网＋党史梳理”“互联网＋时政要闻”“互联网＋马哲原理”“互联网＋榜样引领”“互联网＋知识竞赛”“互联网＋志愿服务”等，并充分强化各模块内容上的延续和交互，通过有针对性地囊括大学生关注的学习生活、职业前景、时政剖析、校内交际、理想信念、道德培育等方方面面，来充分调动受教育主体参与网络思想政治教育时的注意力和意愿，最终达成对受教育主体更加有效的教育信息供给和沟通交流，让网络思想政治教育更加深入人心，寓教于“网”，寓教于“德”，充分强化思想政治教育活动对教育主体的吸引力。

(二)实现网络思想政治教育内化的理解环节

实现网络思想政治教育内化的第二个步骤为理解。“理解”即是人们在认知过程中渐渐做到把握事物或事物之间的联系、关系、本质和规律的活动。在心理学中，“理解”被定义为人们在注意基础之上对外部刺激的继续认识。不同的历史条件和环境条件制约和影响着理解这一活动，理解对象的个体差异也制约和影响了理解，这也决定了理解环节的多样性和同一性。可以认为，作为信息“消费者”的大学生在学校开展的网络思想政治教育活动当中所进行的理解行为，主要由理解主体、理解的信息对象、理解主体对信息的理解行为三个要素构成。由此可见，校园网络思想政治教育平台上供给的教育信息是开展理解行为的重中之重。校园网络思想政治教育平台上供给的教育信息是教育者与受教育者间进行思想传递和交流互动的信息载体，囊括着文字、影音、图片等形式的教育内容。基于不同大学生理解能力、表达能力、自身素养和学习意愿上的参差不齐，对教育信息的理解和掌握也就不尽相同。在信息消费者的学习和吸收进程里，表现出的学习方式和教育效果存在很大的差异性，部分作为信息消费者的大学生会选择快速浏览来完成信息消费,部分信息消费者会进行较浅层次的思维加工,部分信息消费者则会有对所接收信息进行分类归纳的能动意识,还会有一部分信息消费者能够自发地对所得信息进行深度的思维推理和演绎。因此,信息消费者对网络思想政治教育的内化实现并非完全由信息的内容决定,而是在很大程度上取决于其自身的理解行为,这也再度彰显了网络思想政治教育内化的理解步骤的重要程度。鉴于此,高校的思想政治教育者对网络思想政治教育内化过程的把握和优化,不可忽视受教育主体的普适性的理解能力和思维状态,因此,在传递教育信息时,应尽可能地满足不同信息消费者的需要,最终实现更为有效的内化。

(三)实现网络思想政治教育内化的接受环节

实现网络思想政治教育内化的第三个步骤为接受。"接受"为主体出于某种需要对客体的反映、理解、整合、内化以及外化实践的过程,通常意义上表达了接纳、包容而不抵触的含义。在不同的学科领域中对"接受"的定义也不尽相同。从美学的专业领域来看,接受是一种人类所特有的心理活动形式,即在作者、作品与读者三者的关系当中,读者绝不是仅仅作为被动的部分,或只能进行一种反应,与之相反,读者本身就是历史的能动构成。从哲学的专业领域来看,接受是关于思想文化客体及其体认者相互关系的范畴。它标志的是人们对以语言象征符号表征出来的思想文化客体信息的择取、解释、理解和整合,以及运用的认识论关系和实践关系。在校园网络思想政治教育实践中,信息消费者对教育信息的接受和处理,究其根本是对原有思想观念和认知结构进行互联网信息化的编译过程,就是通过对线上形式的思想政治教育信息内容的比较、分析、鉴定和接纳,最终实现对自身原有思想观念和认知结构的更新过程。接受心理是复杂和多样的,因而也就使得网络信息消费者的内化结果千差万别。高校网络思想政治教育内化过程,实际上也是校园网络平台中各种信息消费者自我学习、自我教育与自律的过程。网络思想政治教育的开展依托于两大根本实际,一是社会进步,二是大学生对自我身心提升的内生需求。高校网络思想政治教育的内化过程中,在构建各自网络思想政治教育的框架及内容时,必须着眼于内化过程的注意、理解、接受这三个环节,深入把握大学生在这三个环节中所具备的特点和规律，有效强化大学生网络思想政治教育的内化效果。

五、网络思想政治教育内化的现实困境

（一）作为内化主体的大学生互联网运用能力与网络文明素养亟待加强

近年来，思想政治教育工作者越来越重视信息技术与思想政治教育工作的结合，但整体效果还有待提高。总的来说，受传统思想政治教育工作的惯性影响，目前高校从事思想政治教育的人才在数量和质量上都不能满足网络思想政治教育创新发展的需要。一些教师固守传统，不使用新媒体和新技术，他们更习惯于面对面的教学，虽然这些形式仍然是一段时期内思想政治教育工作的主要内容，但终究忽视了信息技术对现代大学生学习和生活的重要性。有的教师技术运用的自觉性高，但流于表面，认为在思想政治工作中加入信息技术就可以了。这种形式上的运用固然有用，但同时也忽略了资源的优化组合，学生离开平台后仍然难以将思想政治素养运用到实际生活中。有的思想政治教育工作者甚至认为，基于信息技术的思想政治课教学模式与传统模式没有明显区别，虽然效果有所提高，但传统模式的思想政治课能够保证教育内容的主导性和教育效果的有效性，而基于信息技术的思想政治课则过于注重形式和趣味性，其实际效果远不如传统教学模式。从某种程度上说，思想政治教育工作者习惯于传统的教学方式，把信息技术视为“纯粹的辅助工具”，改革创新意识不强，对信息技术的地位和作用重视不够，这也是我国网络思想政治教育工作相对缺乏创新和特色的一个重要原因。

思想政治教育工作者缺乏使用信息技术的能力。思想政治课教师使用信息技术的能力可以促进教学质量的提高，现代教育理念不仅需要深厚的专业理论知识和较高的教学技能，还需要良好的网络信息素养。网络思想政治教育工作者与信息技术平台不仅是使用和应用的关系，还应该是信息技术平台的“设计者”，应该对技术平台的功能提出要求。现代教育要求网络思想政治教育工作者具备基本的信息技术技能，能够通过积极参加信息

技术技能培训，提高运用信息技术知识的能力，探索信息技术与教育相结合，将信息技术融入思想政治教育之中，推动中国思想政治工作的进步。但是，目前有些教师对思想政治教育工作与信息技术融合的重要性和必要性认识不足，不知道如何运用信息技术软件，甚至认为信息技术可有可无。有些思想政治教育工作者把增加信息技术看成是一种流行趋势，为融合而融合，为追求学习内容的丰富和多样化，过分依赖信息技术的视觉和图像功能，不利于培养和提高学生的抽象思维能力。思想政治教育工作者缺乏信息技术能力，在整合过程中，无法对网络平台上的思想政治教育内容进行很好的筛选和整理。因此，在教学过程中无法实现系统的意识形态教育，两者的整合也只是流于形式，这反映出我国思想政治教育工作者运用信息技术的能力迫切需要提高。

（二）网络思想政治教育平台的功能创新力度与实操性能亟待提升

一方面，要深化网络思想政治教育的内化规律和媒体应用研究。对网络思想政治教育内化方面与微信、微博、博客、QQ 等信息技术平台的融合方式、水平和模式等的研究很多。一些高校建立了专门的思想政治教育工作网站和博客，持续推进网络思想政治教育工作。但是，从教育内容与新技术融合的效果来看，思想政治教育工作者无法从思想政治教育现实空间与信息技术虚拟空间融合的实践经验中获得思想政治教育互联互通的规律，总是认为思想政治教育与信息技术是两个不同的学科领域，只有教育与补充的主从关系，它们之间的内在联系和规律无法从现有的融合实践中很好地概括和提炼出来。在融合过程中，虚拟的信息技术没有吸收和继承传统思想政治教育的优势，传统现实思想政治教育也没有将虚拟信息技术的特点内化为自身的优势。这两种技术的融合没有形成稳定有序的思想政治教育运行模式，反映出思想政治教育工作者对于二者关系的理解还处于实践研究的浅层次阶段，对思想政治教育工作与信息技术的内在运行规律由表及里的研究还没有实现，因此，信息技术下的思想政治教育内容只具有临时性、特殊性的特点。其结果是信息技术下的思想政治教育工作成为个别高校的行为，在技术上缺乏系统的归纳总结分析，目前也没有从思想政治教育与信息技术应用相结合的经验中得出公认的结论。

另一方面,强化网络思想政治教育信息化平台的建设。经过近半个世纪对思想政治教育工作和信息技术的实践研究,成果颇丰,为加强和改进我国新时期的网络思想政治教育工作奠定了坚实的基础。但是,在实践过程中,网络思想政治教育工作信息化平台的设计、建设、管理和维护等方面出现了许多问题。首先,在建设目的上,高校网络思想政治教育信息化平台的建设更多的是针对网络教育视频培训班,这不仅限制了信息化的适用对象,也使得信息化平台与思想政治教育工作不能及时结合,降低了信息化的效果。其次,平台的建设、推广和实施过程需要一定的成本,一些高校由于资金不足或其他原因,迟迟没有设立思想政治教育工作信息化的专项投入,能少投入就少投入,反映出一些高校对思想政治教育与信息化的融合不够重视。再次,平台设计的主题不够鲜明,特色不明显。在平台设计上,技术应用软件倾向于“大而全”,对思想政治教育工作的内容不够直观,功能相对单一,不能满足教学的需要,对于学生的影响有限。此外,在平台管理和维护方面,往往有多个平台管理员,在维护和管理工作中没有协调好职责,对可以进入平台培训的学生的发言也很少规范。有的信息技术平台甚至出现了谎言、谣言和煽动情绪的言论,对学生的思想政治教育产生了负面影响。最后,在平台创建和运营的后期,也出现了内容更新不及时,平台长期不更新、不审核的情况。

(三)网络思想政治教育的信息传递模式及内容设计层次亟待加强

第一,信息内容的单向传播现象明显。网络思想政治教育的内化不仅仅是增加教育内容和信息技术的机械结合,还应该体现以人为本的原则,综合运用数字媒体技术、移动互联网技术、大数据技术等信息技术为思想政治教育工作服务,并在此过程中实现与学生的互动,即实现“教育者—信息技术—网民”的双向互动联系。就目前信息传递的整合过程而言,从事思想政治教育工作者主要还是突出“教育者—信息技术”这一简单结合,在教育中只对学生的教育内容进行一维的单向传递,思想政治教育的相关知识通过信息化手段展现给学生。

第二,内容设计对提高网民的综合素养效果有限。实践中的网络思想政治教育工作者在设计教育内容时,应特别注意学习方法、策略和模式的创新,以培养学生的认知能力和思维能力,提高学生对国家和地方政策法规和社会现象的理解和分析能力为主,培养学生的社会认同感。目前信息化平台的内容更多体现的是思想政治教育功能,对培养学生的道德品质、心理健康、实践能力和创新能力等方面效果不佳。在具体设计上,信息化内容过分强调了思想政治教育的目的,在内容中没有足够的思想性和互动性。

第三,内化信息资源之间的互动不足。我国思想政治教育的实践研究已有20多年的发展历史,各界在推进思想政治教育工作与信息化融合的过程中总结了各自的经验,取得了可喜的成绩。但高校之间有利的融合经验没有得到有效地整合,这就使得思想政治教育工作与信息化的融合难以推广。各高校思想政治教育工作负责人也把主要精力放在学习资源库的建设上。思想政治教育工作的信息化整合,意味着通过重构不同信息平台的资源,实现学习资源的结构优化,结合不同信息技术的有益特性,实现思想政治教育效果的最大化。由于高校受自身资金、技术和人力资源的限制,不容易实现思想政治教育工作与信息技术的最佳匹配,因此,高校之间需要互相借鉴开发和建立信息技术平台的经验。

六、网络思想政治教育内化发展的创新路径

(一)网络思想政治教育内化创新的理论途径

一方面,始终坚持马克思主义的指导地位。内化理念的创新是互联网思想政治教育理论研究整体上优化创新的前提条件,只有将思想政治教育的理论研究同针对移动互联网技术的灵活运用进行充分的交融和归一,才能真正迸发出传统思想政治教育所不能达成的内化效果和创新成效。要始终坚持马克思主义理论对互联网思想政治教育内化的指导地位。马克思主义带领中国踏上了社会主义的正确道路,作为中国制度的理论基石起到了是非价值判断标尺的作用。要想实现思想政治教育的理论研究同移动互联网技术的充分交融,就必须始终坚持马克思主义科学理论和马克思主义中

国化最新成果的指导地位，真正做到思想政治教育的理论研究同移动互联网技术的深度融合。通过始终坚定马克思主义理论的科学化、系统化的指引，来实现互联网思想政治教育加强理想信念教育，培育和践行社会主义核心价值观的中心任务。要以习近平新时代中国特色社会主义思想为指导，实现马克思主义学科建设向网络思想政治教育内化实践的转化，哲学社会科学的学术话语体系向网络思想政治教育内化话语转化。新的历史时期，我们加强和改进网络思想政治教育内化工作是和民族复兴紧密结合在一起的，只有在网络思想政治教育内化过程中坚持马克思主义的指导地位，才能避免网络思想政治教育内化过程中出现形式主义、虚无主义等实践价值偏差的错误倾向。

另一方面，充分运用思想政治教育规律来推动网络思想政治教育内化创新。习近平总书记指出："要遵循思想政治工作规律，遵循教书育人规律，遵循学生成长规律，不断提高工作能力和水平。"[①]传统思想政治教育与网络思想政治教育具有共性的规律特征，延伸到网络思想政治教育实践中，就是需要遵循网络思想政治教育工作规律、教书育人规律以及网民成长规律，内化工作的改进也应当是遵循基本规律之上的创新。"三因"理念彰显了改革创新精神，也指明了新形势下加强和改进网络思想政治教育内化的方法、方位和方向，具有方法论意义。在网络思想政治教育内化的改进工作中，"因事而化"强调的是方法问题，网络思想政治教育要把准网民思想脉搏，面向不同群体不同事件不同网络采取针对性措施；"因时而进"强调的是方位问题，网络思想政治教育要在马克思主义发展史特别是思想政治教育学发展史的高度把握工作进程，不断凝练传统经验，回应时代命题；"因势而新"则强调的是方向问题，网络思想政治教育内化工作，尤其是面向广大青年的立德树人工作，必须围绕"培养什么样的人"命题进行思考和建设，并且紧扣世界新变局、社会新变革的情势变化。而网络思想政治教育的三大规律就是贯穿其中的阶段性、要素融合等方面的集中呈现，因为网络思想政治教育内化是一个连续不断地在日益复杂的认知水平上建构自我意识的过程，内化的阶段性与网民的自我意识分化、统一、转化和稳定的发展过程相一致。总

① 《习近平在全国高校思想政治工作会议上的讲话》，《人民日报》2016 年 12 月 9 日。

体而言，大学生作为受教育主体，在不同的网络思想政治教育阶段，对内化的主观期待是不同的，初步接触网络思想政治教育活动时期常见的是理想自我和现实自我的分化与统一，这推动着大学生思维和行为的主体性形成，中期阶段最主要的表现是理想与现实、内部与外部的矛盾在变化运动中不断发展，大学生以自我学习和成才为中心、以社交活动为中心、以个人的社会价值为中心的各种认知和探究活动，逐步过渡，进而在网络思想政治教育活动高级阶段实现自我意识在新的水平和方向上的协调统一。

最后，构建网络载体下的高校网络思想政治教育工作机制。国内的网络思想政治教育经过了20多年的发展历程，已经形成了较为规范的网络思想政治教育工作机制，只是在教育前瞻性、结构完整性、成效凸显性上仍有欠缺。网络思想政治教育话语体系则是在网络社会教育活动中为开展思想政治教育所架构的互联网语言系统、文本符号和言语行为。话语权是高校开展网络思想政治教育的利器和有效手段。在新媒体蓬勃发展的时代下，不断增强网络话语能力，掌握信息发布的主动权已经成为推动高校思想政治教育工作的有效着力点。然而，在实际情况中，高校网络思想政治教育话语能力还存在较多问题，如与大学生存在沟通屏障，对新媒体素养认识缺乏等。高校思想政治教育工作者要在具备坚定的马克思主义信仰基础之上，培养坚实的思想政治教育理论基础和敏锐的政治洞察力。通过多元化的网络媒介，打破传统的网络思想政治教育话语体系，明晰传统思想政治教育与网络思想政治教育之间的界限，创新教学方式，做到将信息的数字技术与传统的课堂教学形式相结合，丰富课堂内容，加强与学生之间的互动。优化网络思想政治教育要做到因势利导，高校也要把握住大学生使用网络学习、互动交流的特点，适当学习自媒体平台传播方式，通过校园网平台打造贴近学生们生活、吸引学生们兴趣的网络思想政治教育互动园地。具体来看，高校可以从以下几个方面着手构建网络载体下的网络思想政治教育工作机制。其一，在物质供给上，要做好高校互联网思想政治教育工作专项资金的使用管理，全面统筹各领域、各环节、各方面的资源和力量，强化经费投入的育人导向。其二，在规范保障上，要加快健全互联网信息安全规范性条约和法律条例。同时，高校作为针对大学生开展思想政治教育的主体单位，更要推动建立多元多层、科学有效的高校思想政治教育工作测评指标体系，将党建工作同思想政治教育工作列入学校建设成效评估、学科专业质量评价、人才项目评审、教学科研成果评比的重要指标中，健全网络思想政治教育工作推进落实机制，将网络思想政治教育作为创新思想政治教育的一大着力点，纳入到整体的发展规划当中，台账式推进并考核网络思想政治教育实效。其三，在师资队伍上，要建立高水平的教育队伍，巩固网络思想政治教育内化保障机制。网络思想政治教育内化工作是以信息技术及其深度融合为基础发展动力的，但是保持极优秀的教育工作者阵容和力量是根本核心。贯彻落实“全员全过程全方位育人”的教育理念，协同发挥育人功能，充分调动不同岗位、不同类别高校教师的积极性，建立起一支包含思想政治课教师、专职辅导员、行政管理干部、研究生导师等在内的政工队伍。各部门和单位要推进引育并举，既要花大力气做好人才引进工作，也要做好顶尖人才的培养工作，通过符合网络思想政治教育学科发展规律和学术研究特点的特定设计，不断优化保障机制，给予网络思想政治教育工作者和学者充分而持久的关怀与激励，增强这支队伍的专业素养和创新能力。

（二）网络思想政治教育内化创新的现实途径

第一，加强网络思想政治教育内化内容建设。

首先，加强对线上思想政治教育课程的构思和设计。现阶段，大学生可以通过慕课、B 站、易班优课等平台进行线上教育课程的学习，充分发挥受教育主体的主观能动性。然而，仍旧存在网络思想政治教育课程完成率偏低、学习效果偏差等问题。究其原因，是由于网络思想政治课程学习存在虚拟性特征，受教育主体隐匿于网络平台的 ID（个人昵称）之后，同思想政治教育工作者是分离的，不可避免地令学生缺少像在教室中接受传统模式教育时的真实感和获得感，此种教育形式下学习监管的弱化也大大考验了学生学习的自觉性、主动性。强化网络思想政治教育要做到因势利导，因此，高校应该加大宣传力度，丰富网络思想政治教育的载体，扩宽学生思想政治教育的途径。

其次，凸显能体现网络思想政治教育本质价值的内容。内容创新的价值导向最重要的就是要明确其本质价值和时代价值，明确网络思想政治教育工作的政治属性，其根本任务始终是围绕着“培养什么人、怎样培养人、为谁培养人"这一中心问题。因此,网络思想政治教育内容创新发展的方向必须有鲜明的政治导向性。网络思想政治教育的本质就是解决网络社会下人们的价值观问题,是在网络社会中通过提高人的思想道德素质为网络社会全面进步服务的,因此,加强和改进网络思想政治教育应当充分发挥受教育主体的主观能动性,培育社会主义核心价值观。网络思想政治教育的自身价值是以中国共产党思想政治教育的优良传统和成功经验为根本的,要服从服务于全党工作大局和中心工作,在新时代的历史方位下,围绕着全面建设社会主义现代化强国的战略部署,尤其是在网络社会中,认真贯彻执行新时代坚持和发展中国特色社会主义的基本方略。

再次,创新蕴藉网络优质文化的内容。网络育人是网络思想政治教育内化重要的实现途径,网络文化是当前文化育人的核心环节,内化工作必须高度重视网络文化建设。一段时间以来,社会、高校一直在探索将传统文化主题内容和新媒体组织优势相结合,建设网络文化品牌活动,通过移动互联网扩大文化育人产生的效应,这在宣传工作中起到了重要效果,值得坚持和进一步完善。但是网络文化建设的中心环节是内容建设,以具有时代感的方式创造符合大学生思维习惯、审美情趣的文化内容,需要进一步挖掘信息技术在高校网络文化内容创新中的潜力。高校要注重发挥多媒体的优势,以新型多媒体技术推动传统文化、主流文化的网络化演绎,如网络歌曲、微电影、微视频等作品的创造及运用新型数字媒体技术呈现文化作品,从而符合网络文化演变的趋势,丰富传播形式。网络文化内容的目标设计要关照大学生成长发展需求,增强网络思想政治教育内化主体在整个内化过程运行中的内在驱动力。

第二,拓宽网络思想政治教育内化的通道和资源。

互联网背景下的思想政治教育工作十分依赖于网络这一重要媒介的教育传导质量和功能实现程度。通过把握好移动互联网技术的特点,创新设计和搭载线上思想政治教育平台,不断推进一系列不同用途下的网络思想政治教育平台的升级迭代,为网络思想政治教育内化形成助力,最终实现对网络思想政治教育内化的通道和资源的拓宽。

其一,创新教学平台建设。移动终端的网络教学平台是推动网络思想政治教育改革的核心关键之一,目前国内以"中成智慧课堂"等为代表发展较早的思想政治理论课专用教学平台，已经为网络思想政治教育发挥了一定的带头示范作用，但此类教学平台还是不够普及，需要进行深层次的开发和推广普及的工作。网络思想政治教育内化工作应借助于移动互联网和云计算技术实现“定制式”“互动式”的智慧课堂，研制开发出的智慧课堂软件系统不但要功能强大，还要便于使用。在当前的网络时代，应该将学生手中的智能手机因势利导，用已经融入学生生活的技术去帮助广大思想政治教师克服其长期以来在传统课堂上难以或者根本无法消除的教学困境，轻松跨过本来难以逾越的鸿沟，进而提升学生中自主学习的效率。这就需要合理运用以手机等智能设备为载体的移动软件，尤其是加强在线下课堂上的运用，以此来实现有主导、有内容、有效率的全员互动、实时互动，促进网络思想政治教育的发展和进行。

其二，创新管理服务平台建设。在推进网络思想政治教育改革的同时，推动移动互联网技术与社会管理服务的深度融合，实现管理服务工作的高度信息化，借此来发挥好管理育人、服务育人的职能。例如高校科研开发、完善“一站式”工程，统筹规划新生自助报到系统、学生日常管理、学生工作信息化建设等工作，还包括对接学校教育管理、学生个人发展和用人单位需求信息，构建一体化的学生信息网络管理系统等，发挥了管理育人、服务育人的职能。同时要注重挖掘管理育人、服务育人的内容，应当通过日常生活方面的接触真正地了解学生需要什么、关心什么、喜欢什么。例如以校园官方微信、微博等社交平台作为基础性平台，通过各种与生活息息相关的方式、让师生更能接受的方式，进一步开发贴近师生心理、服务师生生活的新功能，实现管理服务的资源共享，将娱乐性平台开发为师生校园生活的好帮手。

其三，创新研究平台建设。新形势下，加快发展研究型工作机制，是加强和改进网络思想政治工作的重中之重，通过研究机制做到专人专项地加快网络思想政治教育进步的步伐，实现思想政治教育学科发展与网络思想政治教育工作实践创新之间的双向互动，更好地构建“三全”，即全方位、全领域、全要素的哲学社会科学体系。通过移动互联网建立研究平台，要提高云计算在移动互联网平台建设中的利用率，整合各个渠道背景下的学术资源，从而达成更加快速、高效、轻松的教育资源信息共享模式和平台。应当通过具有时代感的学术研究带动网络思想政治教育话语体系创新，从而提升网络思想政治教育工作感染力。此外，教育大数据产生的分析研究资源更应当通过研究性平台在学生之间相互传播，从而发挥研究成果的引导性功能，为网络思想政治教育工作带来更多的话语力量。

其四，创新党建平台建设。保证党对意识形态工作的领导权需要打造好网络阵地，建设好网络党建平台，新形势下要利用移动互联网新媒体使党建工作被更加灵活运作，更好地发挥党组织在党员和群众活动中的主导性作用。网络党建平台建设的核心问题是要发挥基层党组织战斗堡垒作用，增强党内生活的政治性、时代性和原则性。因而党建平台的建设是具有鲜明特色和特殊要求的，一是要增强党内政治生活的时代感，创新话语方式，进行马克思主义科学理论的宣传，二是推动主旋律和正能量在网络中的传播，推动社会主义核心价值观网络中的培育践行，三是运用党建平台克服基层党组织监督、考核困难等一系列现实问题，以移动互联网助力党组织实现高标准严要求，激发增强党员干部的模范带头作用，树立网络思想政治教育的榜样。

当下，人们数字化、信息化生活程度不断加深，网络信息技术的日臻成熟使得对网络思想政治教育领域的拓深和发展被摆在了越来越重要的位置上。对于大学的思想政治教育工作者来说，既需要着眼于宏观层面，通过践行立德树人的根本任务来担负起时代赋予的建设网络强国的使命，目标笃定地在迈向社会主义现代化强国的新征程中，更好地统一思想认识、坚定理想信念，将中国式现代化推向更高的发展阶段；也需要着眼于微观层面，从网络思想政治教育内化问题的载体、内容、实现过程中进行透彻地研究和阐释，在网络思想政治教育内化和外化的动态统一中实现思想政治教育的最大效用。大学生成长成才目标的达成、网络思想政治教育内容质量的提升、互联网强国建设的增进都依托于网络思想政治教育内化的优化和创新，这也正是本专题研究的意义所在。

专题五　网络人际互动视域下网络思想政治教育路径优化研究

当今信息化时代背景下,互联网社会高速发展,网络化的生存和生活方式已经成了人类生产生活新的取向和发展趋势,网络化的人类实践形态给把握人的思想意识、心理和行为轨迹带来了新的挑战。大学生这一群体作为中国广大网民的中坚力量,其依托网络媒介开展学习、交友、娱乐等活动,已成为最自然而然的选择。探究网络空间环境中的网络社会关系,加强网络思想政治教育能力建设,积极探寻新时代大学生网络思想政治教育的优化路径,占领网络思想政治教育阵地是现今网络思想政治教育研究进一步深化和拓宽的一项现实性和时代性课题。

一、网络人际互动基本理论建构

(一)人际互动与网络人际互动

社会学认为:"人际互动是人与人之间相互作用的一种形式,是个体与个体之间心理情感和行为的相互影响方式。"人际互动在现实社会生活中一般存在于某个特定的空间或环境领域,个体与个体之间的相互作用维系着空间运行和环境发展的基础和条件。人际互动的指向一般比较明确,具有特定的互动对象且互动范围有限。理论上说,一般的人际互动存在于社会互动中,对社会互动有直接或间接的影响,充分的人际互动一定程度上促进着社会变革和人们观念更新。网络人际互动囊括于信息化社会的基本关系范畴当中,是在网络社会空间环境中,存在于网民之间的网络社会关系的基本表征,是在网络社会与现实社会、网民个体与现实个体高度融合互相渗透的背景下，交往双方借助数字化、符号化信息中介系统而进行的信息、知识、精神共生共享的实践活动。网络人际互动作为一种网络社会关系的存在，随着网络环境的发展对社会生活的影响越来越深远，公共关系、活动、结构和机制等层面对社会交往形态的冲击越来越大，在信息化社会中，对网络人际互动的探索的研究已经逐渐纳入对网络思想政治教育关系探讨的一部分，在理论研究范畴，也成了网络思想政治教育研究的新视域。

（二）网络人际互动与网络思想政治教育的逻辑关系

第一，网络人际互动的视域是开展网络思想政治教育优化的内在要求。以网络人际互动作为新视域展开的思想政治教育研究，是在“从人到网络媒介再到人”的互动关系构成下进行的优化探索。网络人际互动不仅可以进一步更新迭变网络思想政治教育理论体系，还可以对人们在进行上网行为时的思想动态、行为机制、心理活动等产生的偏差进行及时的暴露、解读与把握。换而言之，在网络人际互动下产生的亟待思想政治教育去解决的问题，仍需要在网络人际互动的视域下去关注和解决。在现存的思想政治教育理论研究当中，如何应对网络的开放性和发散性、多维化和扁平化带来的传统思想政治教育方式方法与教育环境的变迁，以及如何结合网络人际互动中虚拟性、匿名性、技术性的特点切实进行网络思想政治教育的实践活动，仍需进行深入的探讨与梳理。可以说，网络人际互动的新视域既是网络思想政治教育优化的基本前提，也是网络思想政治教育优化的内在要求。第二，网络思想政治教育是网络人际互动理论的落脚点。“从人到网络媒介再到人”的网络人际互动关系，其落脚点仍然是“人”这一主体。“人”作为网络人际互动的载体，围绕“人”来进行的网络思想政治教育也必须围绕网络人际互动来进行。一方面，网络思想政治教育是数字化社会下网民依托网络载体实现提升、展现、完善自我等现实诉求的渠道。另一方面，网络人际互动理论本身也在客观上推进着网络思想政治教育的发展与优化，人们以网络为载体的社会活动的质量水平和互动层次的加强，为网络思想政治教育的优化提供了发展动能。第三，网络人际互动与网络思想政治教育互助共生、互为延展。网络人际互动作为网络思想政治教育的新视域并非空穴来风，上网行为中人与人之间所实现的信息传输、共享与交流，导致了网络社会中多元化的现象。由此可见，网络人际互动与网络思想政治教育的互助共生、互为延展是体现在以网络为媒介进行的信息交互的全过程之中的。

（三）网络人际互动视域下网络思想政治教育各个特性间的辩证统一关系

第一，人际互动下的网络思想政治教育体现了公共性与个体性的统一。在网络思想政治学术研究领域当中，公共性与个体性呈现为基于网络人际互动前提下的一对基本矛盾。究其本源，人都是统一于个体性和公共性两种身份特质之中的。郭湛曾认为，每一个独立的具备主体性的人在社会生活的互动中都是相互作用且相互依存的，进而在人际互动中形成公共性，它不仅仅是简单的个体性的集合，更是一种互动的、有机的、社会的结合，才形成了我们所说的公共性。马克思认为，正因为人是类存在物，他才是有意识的存在物，就是说，他自己的生活对他来说是对象。仅仅由于这一点，他的活动才是自由的活动。基于网络背景下的思想政治教育的特性之一便是体现在公共性与个体性的统一之中，这是基于现实背景下的思想政治教育所不具备的特殊性。现实背景下的思想政治教育活动更加突显公共性的特质，特别是高校针对大学生开展的思想政治教育，更是基于立德树人的根本任务，以及引领学生培育和践行社会主义核心价值观的重大使命下来开展的，不能涵盖个体性的、更有针对性的教育内容。在实际的思想政治教育工作当中，受制于传统思想政治教育形式、载体、内容的僵化和死板，使得学生作为教育主体所吸纳的学习成果并不全面，思想政治教育在公共精神层面的培育实效受到很大的制约和削弱，这也从侧面凸显了网络思想政治教育的公共性与个体性结合这一特质的功用所在。那么具体来看，网络思想政治教育的公共性与个体性表现在以下三方面：

第一方面，网络思想政治教育依托的新型媒介呈现了公共性同个体性的统一。移动互联网技术的高度成熟带来了极度便捷、极度廉价的接近于零门槛的技术保障。学生随时随地都可以通过各种设备和渠道进入网络平台，对网络空间和技术的运用越来越脱离了时空、地域等条件的限制，这也进一步确认了网络思想政治教育的个体性特点，任何一个应用网络的个体都可以开辟自己的网络空间。然而,网络空间不是一个个隔断的网络私域,而是全体网民所共同享有的公共的渠道和资源,这就进一步确认了网络思想政治教育的公共性特点。总的来看,网络思想政治教育的媒介运用上也同样具备公共性和个体性并行的显著特点,这样的对立统一关系也对网络运用下的思想政治教育活动产生了深远影响。其一,网络新型媒介呈现的个体性允许网络使用者自由地在互动和求教过程中随时发表意见、抒发言论、传输信息、交流资源,赋予了受教育者在传统思想政治教育过程里未曾有过的权利,这在很大程度上增加了施教主体的管控督导的权利和效果,弱化了教育者的主导作用。其二,网络新型媒介呈现的公共性要求着网络使用者增强网络文明素养,遵守网络道德守则与规范。网络思想政治教育旨在通过网络施教手段规范大学生的言行和思想,使之在满足社会基本公共道德规范的同时也能满足网络空间发展的需求。

第二方面,网络思想政治教育内容的公共性与个体对内容理解差异性的统一。基于整体性角度来考量,网络思想政治教育内容面对的是全体网民,呈现着鲜明的公平、公正、公开的特征,由此彰显了公共性;基于微观角度来考量,针对大学生的网络思想政治教育往往借由新型媒介中的文本、图片、影音等形式来开展,大学生作为受教育主体在学习文本、图片、影音等形式传递的学习信息时不可避免地受限于个体的能力素质和理解程度,由此彰显了个体性。可以说,网络思想政治教育依托的新型媒介中存在的公共性和个体性的关系,要求着思想政治教育工作者在进行内容设计时既要根植于社会公共价值导向,又必须站在满足大学生个体化需求的角度不断调整教育方法。现有的大部分研究成果都倾向于把网络思想政治教育视作纯粹的公共性的工作实践来看待。

第三方面,网络思想政治教育所依存的社会环境的公共性与环境选择的个体性的统一。人作为社会环境的产物,和社会环境天然存在着不可切割的关系,人在生活实践中改造社会环境,社会环境也同样作用于人的思想和行为当中。

其一,人际互动下的网络思想政治教育彰显了主观能动性与被动体验性的统一。近年来,移动互联网技术的不断突破强化了人际互动的模式和效能。在这种复杂深化的网络人际互动当中,当代大学生的定位和发展都呈现出了一种新的存在方式和生活方式。这种网络存在方式是一种典型的体验方式，它包含了大学生从互联网体验中获得的内心的平静和愉悦，而起支配作用的主导性则是通过教育活动将既定的概念和规范直接转化为大学生的行为，突显了实际客观世界的强大作用，强化了思想政治教育传导信息的效率。因此，网络人际互动的内部经验性和外部主导性关系构成了网络思想政治教育的基本关系。受教育主体能够在身临其境的互动过程中阅读网上思想政治教育文本。如上所述，这种通过多技术手段构建的强脚本化和灵活的多环节互动的教育文本，不仅为网络思想政治教育活动提供了新的启示，也为大学生提供了网络思想政治教育活动的个性化在线阅读体验。当然，如果大学生仅仅满足于感官刺激和浅层娱乐体验，必然会造成表面阅读在个人知识积累方面的价值缺失。事实上，大学生的网络互动体验是表达他们对互联网社会空间环境理解的一种认知活动模式，具有高度的自觉性，其中流淌着理性反思和自我反省，体验的能力是人类主体性的标志。因此，在网络思想政治教育中，大学生在线阅读和学习的过程也是一个审视自我、思想改造的过程。所以，网络思想政治教育既应该满足大学生的发展成才需求，更要贴合大学生的互联网互动行为特点，尤其是要想做好对大学生的思想指引和精神向导，就要充分发挥主旋律的引领作用。显然，网络思想政治教育的体验性和主导性不能被一分为二地割裂地看待。没有教育的体验性，主导性的有效性将被终止，没有教育的主导性，体验性将陷入迷茫。只有通过这两个部分的密切互动，才能使大学生全身心地感受到网络思想政治教育内容的重要价值，真正产生认同感和信任感，从而实现大学生道德建设的基本教育目标。

其二，人际互动下的网络思想政治教育体现了理论内容与教育实践的统一。网络人际互动是一种以多维度开展的互动方式，它直接引导和决定了网络思想政治教育的呈现形式和交流内容，具体体现在参与互动的主体之间所形成的共生关系。显然，由于参与互动的主体之间所形成的共生关系对网络思想政治教育的内容与形式产生了多层面的约束与影响，导致网络思想政治教育在内容呈现和形式选择上随着网络人际互动的改变而改变，形成了动态变化调整的状态。同样的，对于网络思想政治教育本身的理论内容和教育实践来说，教育实质内容对教育形式和手段起着决定性的作用。反而言之,教育形式和手段对教育实质内容也起着反向的作用,二者达成了动态平衡并共同构建起了网络思想政治教育专题下的基础性关系。现在,基于网络思想政治教育内化问题的探讨和阐释还普遍性地存在单薄、片面等问题,在研究方法选择上的偏颇和失误是造成这一局面的主要原因之一。

二、基于网络人际互动的网络思想政治教育现实困境

在网络人际互动机制中,主体可以归纳为有意识地创造、传播和发送网上信息的网民个体或是网络群体,客体则是在进行上网行为时阅读、获取和吸纳信息的个人或集体。基于网络的虚拟性特质,网络思想政治教育的主体与客体往往隐于各个互联网匿名账号之下,主体与客体的划分也不再泾渭分明,趋于模糊,均以数字化的形式在场。通过对网络思想政治教育的主客体的透彻把握和全面分析,进一步掌控网络阵地下对学生管理、教育、引导的主导权,从而真正发挥互联网社会下网络思想政治教育阵地的重要作用和突出地位。主客体区分的唯一标准即为能否在网络思想政治教育的人际互动里充分发挥网络思想政治教育职能。

(一)教育主体针对性不强

当下的网络思想政治教育实际中,存在着教育主体针对性缺乏,尚未形成精准的网络思想政治教育着力点的困境。相较20年前高校网络思想政治教育刚刚起步之时,当下我国的高校网络思想政治教育业跟随着网络的高速发展取得了飞速的进步,也获得了新的优化契机,但是目前仍然面临着一定的实践困境。互联网作为一个庞大的信息场,拥有着丰富的信息和教育资源,但如此庞大的信息和资源却无法被有效地进行筛选,面对着如此多且庞杂的信息,一部分大学生出现了筛取、识别优质准确信息的能力较弱等问题,这也在一定程度上导致了学生在接受教育过程中获得感不够强、体验感不够好,同时又被一些杂乱无关的信息所干扰。网络思想政治教育的内容和形式不能充分调动其主观能动性,教师只是循规蹈矩地完成规定的授课要求,这在一定程度上映射了现阶段的大学生网络思想政治教育存在教育

主体针对性缺失的实际问题。在一些体量较大的思想政治教育权威网站中，呈现的内容多数为理论性的研究，很少有针对大学生的思想和行为特点进行分类的栏目，都是面向全体网民的泛化教育，这样对新时代大学生的网络思想政治教育并无针对性的帮助。其实大学生的家庭背景、成长环境、就读专业等综合性因素都对其思想观念产生各种各样的影响，每一位学生都有特殊性，虽然也可能有一定的同一性，但是在网络思想政治教育中绝对不能放松对大学生的“针对性教育”。

（二）教育主客体互动性缺乏

新时期以来，我国高校网络思想政治教育取得了长足的发展，但相比于传统的课堂教育，网络思想政治教育在与老师的互动沟通方面仍然有不足之处，缺乏教育主客体互动性，教育作为连接二者的纽带作用并不明显。随着信息化时代的发展，学生通过手机、个人电脑等便捷渠道进行信息获取的行为越来越日常，网络空间的开放性以及信息的碎片化都加大了思想政治教育的难度。面对互联网上汹涌庞杂、真假难辨的信息时，学生往往莫衷一是。学生不具备较高的思辨能力来处理接收到的信息，这就迫切需要高校教师掌握学生的思想动态，加大对于学生价值观的引领。但部分高校教师仍对网络思想政治教育缺乏重视，仅将其看作是传统思想政治教育的辅助工具，没有利用网络平台加强与学生沟通的强度与深度。互动的多维化不仅仅是网络思想政治教育的现实需要，也是针对新时代大学生的教育需求。当下的互联网时代，大学生的学习途径被无限扩宽，可以通过互联网学习到海量知识，学生已经不满足于教师的单方面输出。与此同时，很多高校由于技术和人员的欠缺，网络思想政治教育机制和保障机制仍不够完善，无法满足大学生教育互动多维化的现实需求，这也极大地阻碍了网络思想政治教育的进程。

（三）教育介体灵活性不足

当下，高校的网络思想政治教育工作在基于网络平台的基础上，具备信息渠道丰富、平台资源充沛、师资队伍强健等突出优势，但从实际工作成效角度衡量，高校的网络思想政治教育工作仍未摆脱单一死板、缺乏灵活性的困境，由于缺乏教育介体灵活性，网络思想政治教育平台的吸引力、黏合力不够高。很多学校的教学材料仍未脱离以文字为主的传统思想政治教育形式，部分高校甚至只将教材内容进行简单概括后，罗列在网络平台供学生使用。这些严肃、枯燥、略显过时的教育手段显然会激起当代大学生的逆反心理从而生发厌烦情绪，最终无法起到良好的网络思想政治教育效果，也背离了优化思想政治教育渠道的初心。网络信息传播本身具有虚拟性以及灵活性，这与思想政治教育所独有的原则性与现实性相违背。在网络上一些内容轻松、方式新颖的视频或文章更易于传播，也更容易引起学生的注意，而相较于这些自媒体等新兴的互联网传播方式，网络思想政治教育在内容更新或表现形式等方面都具有一定的滞后性。网络思想政治教育的单一性不仅体现在教育形式的单一，同时也体现在思想政治教育所依托载体的单一。大学生的线上思想政治教育是以网络平台为载体开展的，而部分高校并没有做好网络思想政治教育平台的宣传工作，仅仅利用“两微一端”平台机械地将思想政治教育的教学内容粗暴简单地直接灌输给学生，这很难调动大学生的积极性，更难对学生产生良好的教育和正向的影响。大学生积极性调动不充分依旧是当下高校网络思想政治教育亟待解决的现实难题，所以，在坚守思想政治教育的原则性与现实性的同时，利用好网络平台灵活性的特点，从新时代大学生的兴趣入手，是对大学生积极性调动不充分问题研究的最好切入点。

（四）施教者存在的现实问题

高校中部分经验丰富的思想政治教育工作者往往对传统的思想政治教育模式把控得非常得心应手，但是在面对具备新时代特点的大学生们开展网络思想政治教育时却不能很好地理解和掌握其语言特点和心理模式，不能够充分施展对受教育主体一方的主导性作用。这一问题的成因得从以下两个方面进行剖析和反思。一方面，教育者和受教育者间的代际差异影响思想政治教育有效性。在互联网技术高度发达、社会发展速度日新月异的变革进程中，不同年龄层的人群代际差异的程度也在不断加深。部分大学的思想政治教育者受年龄差异的客观制约，在文化心理、沟通行为、施教手段上都和新生代的大学生间有着明显的差异和代沟，部分年龄偏长的高校思想政治教育队伍工作者只能运用互联网技术中最基础层面的操作来进行工作，如点击网页搜索学习培训信息、登录校内网平台收发工作邮件等，自身的互联网能力建设已经远远滞后于时代。另一方面，教育者和受教育者在沟通和学习习惯上的差异影响思想政治教育有效性。部分大学里传统思想政治教育经验丰富的教师已经适应于固化的思想政治教育模式特点。当思想政治教育的阵地发展到网络空间之后，许多人一时难以改变自己在现实的思想政治教育活动中所扮演的角色，尤其是在话语方式方面，难以适应与现实生活中的话语体系有着较大差异的网络语言。一些教师对于大学生群体中流行的网络话语常常持一种不以为然的态度，不关注、不了解、不学习，更少有人主动运用网络语言在网上和大学生交流。思想政治教育工作者如果不随时上网，不随时密切关注网络文化的变化和网络流行的热点，就很难把握住青年人网络语言的变迁，也很难融入他们所建构的文化体系之中，从而造成教育者和受教育者之间无法有效沟通，教育者的主导作用大为减弱。一些思想政治教育工作者由于受到种种因素的制约并没有及时深入到这种文化之中，不能及时掌握大学生的思维方式和文化心理，同时对大学生网络文化及其话语体系也缺乏全面了解，这种情况就会严重影响教育者和受教育者之间的深入交流，削弱思想政治教育在大学生思想发展中的主导作用。

（五）受教者存在的现实问题

尽管作为受教育主体的当代大学生在面对互联网时游刃有余，熟稔于各种教育平台和线上学习资源的应用，并且有进行网络思想政治学习的意愿基础。然而，基于互联网上信息庞杂纷繁、良莠不齐，网络可以实现的应用过于复杂等现实因素，导致学生很难专注于吸收线上的思想政治教育学习内容，影响网络思想政治教育的实效性。具体来讲，学生作为受教育主体在网络思想政治教育实际中存在的问题大致体现在以下两方面。一方面，出于对自身认同感及自身价值实现的追求，相当比例的大学生选择运用互联网来建立一种新的自我价值感和自我认同感，在虚拟的、匿名的互联网生活当中，部分在现实生活中缺乏存在感的学生，为了追求在互联网场域充当意见领袖的成就感和地位感而充当“愤青”的角色，对社会热点事件妄下论断、蔑视权威、片面偏激地看待新闻事件，隐匿在虚拟的ID下面漠视甚至诋毁主流思想和官方声音，思想政治教育的施教主体在一定程度上丧失了对受教育方的主导和把控。另一方面，采用互联网手段进行思想政治教育，可能在一定程度上加剧了学生对于网络使用的依赖程度。绝大部分的高校替学生着想，为了方便学生查找学习资料等信息源，利用线上的学习听课渠道，为学生提供了廉价易得的上网条件。此外，基于大学阶段自学为主、教师引导的学习特点，大学生有了充沛的精力和充足的自由，学校或家长很难管控与干涉他们的上网时间和上网用途。自我控制能力较差的学生可能会加重对互联网的沉迷程度。许多对互联网产生依赖的学生无法抑制自己频频上网的行为，把互联网当作释放压力、不满等消极因素的唯一渠道。基于大学生所处的年龄段及其成长规律，以上几方面认识大学生网络依赖的共性成因及动机，也制约了运用互联网手段进行思想政治教育的实效。

三、基于网络人际互动的网络思想政治教育路径优化

当下，增进大学生的网络文明素养，加强其在网络思想政治学习中的获得感，已经成为高校网络思想政治教育工作发展的新的指向。要想进一步通过网络媒介达成立德树人、铸魂育人的目的，就要从机制创新、阵地建设、队伍培养、制度完善这四个方面切入，真正使高校思想政治教育因时而进、因事而化、因势而新。

（一）拓展网络交互下的高校网络思想政治教育渠道

搭建和设计新颖有效的网络思想政治教育平台，能够进一步促进大学生通过网络媒介抒发真实想法与意见，激发大学生展现真实自我和自主应用丰沛的网络资源学习。精心搭建的网络教育平台同样也是高校教育工作者走近学生、观察施教的“直通车”，让老师和学生之间少了一层空间上的隔阂。提升高校互联网平台管理效果和质量水平，需要加强和提升高校思想政治主题教育网站、自媒体官方账号的校园文化影响力。加快高校网络思想政治教育特色品牌的建设，是进一步开拓高校网络思想政治教育渠道，增强高校思想政治教育育人实效的保障之一。更重要的是高校应注重运用网

络媒介加强家校育人在思想政治教育层面上的合力，实现高校、家庭、社会三方合作育人，紧密联系的新格局，巧妙借力互联网沟通交互上的便捷性、及时性的特点，达到思想政治教育效果上的优化。网络思想政治教育内容与形式的关系能够获得基础性的地位，一方面得益于网络思想政治教育内容与实现形式自身魅力的展示，另一方面也是网络思想政治教育活动内在的本质要求，因为没有内容支撑的网络思想政治教育是苍白空洞、没有说服力的，而失去了形式表征的网络思想政治教育则是盲目枯燥、乏味不堪的。展开来讲，网络思想政治教育之所以可能，是因为它同时内含了教育的内容与实现形式；网络思想政治教育实现并优化目标之所以可能，也是因为它有机整合了教育的内容和实现形式。特别值得说明的是，由于互联网的信息超载，大学生这一教育主体的思想认同与价值取向等因素的一致性作用，教育信息的选择在事实上已经转向大学生这一受教育主体的手中，这就决定了网络思想政治教育的内容与实现形式必须与大学生的实际发展需求相结合，而不是闭门造车凭空制造网络思想政治教育的内容与实现形式，但当下，关于这一问题的学术研究领域，恰恰尚未基于此提出更具备针对性的建设思路。

（二）加强网络环境下的高校网络思想政治教育阵地管理

网络环境有宏观环境和微观环境之分，就网络思想政治教育阵地而言，所指的网络环境一般是信息化资源和网络平台发生作用的地点，囊括了网络思想政治教育的氛围建设、网络思想政治教育平台的监管，等等。当前，高校面临的网络环境存在诸多潜在舆论风险和舆论危机，凡是在现实生活中存在的问题事件都有可能转化为网络环境下发酵的网络舆情事件。社会舆论往往代表着民众群体性的意见和倾向，这赋予了舆论十分关键的社会影响力，特别是在移动互联网中形成的网络舆论，更是成了许多重大社会事件的发酵、施策、解决、优化机制链条上的关键一环。基于网络舆论的重大影响力，它不再是纯粹独立的客观民众意见，而是被现实社会和网络社会中交错的各方力量所引导或利用，如自媒体或广告商等。虽然舆论归根到底是社会系统中有意见表达能力的社会成员对社会总体或者某些人或事的看法，但是，人们怎样自由地抒发和表达意见，却和社会的信息传播环境直接相关。媒介是人的延伸。新型的大众公共媒介,特别是广播电台、智能电视的产生,大大增进了人们信息互动传播的时效性和覆盖面,使现代生活中的人们远程互动、感受舆论的能力大大加强,而个人智能手机等人际互动交流的新型媒介的发展,则使得人与人之间传递信息、表达看法的手段和方法发生了颠覆性的变革,社会成员间不必借助官方等主流媒体来进行信息交互和沟通,变得快捷而高效。移动网络信息技术的日益普及,尤其是和人们日常生活越来越紧密地交融结合,使得互联网空间摇身成为人们感受舆论、表达意见的一个重要平台,麦克卢汉曾认为,作为一种最新的媒体形态,它整合了此前的各种所有媒体的功能和特点,并具有自己独特的优势。它的革命性主要体现在个体对网络信息获取和人际传播的高度自主性。互联网因此被认为是一种赋权的媒介技术或环境。正是这种网络环境的发展,造成了社会舆论形态的重大变化。在信息化、数字化的社会大环境下,网络上暗潮涌动、激烈反复的舆论态势密切反馈着现实社会中各个领域的危机事件。当下高校的网络思想政治教育业已把社会公共事件下的网络舆论作为重点教育内容,通过线上渠道来实现对学生的思想动态和价值观念的引领和培育。为此,针对新时代大学生的网络思想政治教育的优化必须要加强阵地意识,动员一切可以动员的力量,整合并优化网络资源,将大学生在网络上获取的信息源转化为优质信息源,将信息库打造成可靠信息库,牢牢占领网络意识形态高地。

(三)构建网络载体下的高校网络思想政治教育工作机制

话语权是高校开展网络思想政治教育的利器和有效手段。在新媒体蓬勃发展的时代下,不断增强网络话语能力,掌握信息发布的主动权已经成为推动高校网络思想政治教育工作的有效着力点。然而,在实际情况中,高校网络话语能力还存在较大的提升空间,与大学生存在沟通屏障,对新媒体素养认识缺乏等问题也亟待解决。高校思想政治教育工作者要在具备坚定马克思主义信仰的基础之上,培养坚实的思想政治教育理论基础和敏锐的政治洞察力。通过多元化的网络媒介,打破传统的网络思想政治教育话语体系,明晰传统思想政治教育与网络思想政治教育之间的界限,创新教学方式,做到将信息的数字技术与传统的课堂教学形式相结合,丰富课堂内容,加强与学生之间的互动。优化网络思想政治教育要做到因势利导，高校也要把握住大学生使用网络学习、互动交流的特点，适当学习自媒体平台传播方式，通过校园网平台打造贴近学生生活、符合学生兴趣的网络思想政治教育互动园地。因此，高校应该加大宣传力度，丰富网络思想政治教育的载体，扩宽学生思想政治教育的途径。具体来看，高校可以从以下几个方面着手构建网络载体下的网络思想政治教育工作机制。

第一，架设互联网信息筛选监控机制。在基于网络舆论的危机事件中，网络舆论在危机事件的全生命周期中起到了重要作用。目前，由于网络匿名性的存在，导致网络信息真假难辨，网络舆论趋向非理性。如果要准确对危机事件预警，并提前降低风险，就必须形成一个对网络信息进行全时监控、对网络舆论进行分析综合、对有害信息及时处理的监控处置机制。对此，高校要坚持技术与人工手段并重的对策，一方面，通过技术系统对校园网上各类信息服务的设置、运行状况进行经常性的扫描巡查，严格执行用户上网的实名认证和信息审计，采用关键字过滤、重点版面先审后发等环节，控制特定信息。另一方面，专人专岗设立网监室，按重大事件、敏感时期、日常状态实行分级监控值班，按网站、内容、栏目实行分类监控跟踪。高校网络技术部门应当建立校园网用户管理体系，以统一身份认证系统和用户资料数据库为基础，集成用户账号管理、上网权限管理、IP 地址管理、网络端口管理、网络登录控制、端口认证、计费管理和信息查询等功能，将技术与一系列网络管理规定相配套。这样在危机事件过程中，不仅可以对有害信息及时处理，并且可以追究违法者的法律责任。

第二，建立互联网舆论管理引导机制。针对如微博等网络舆论热度颇高的互联网平台，学校务必要加强对学生舆论的重点管理。同时，学校也要积极地转变工作思路和方法，将学校宣传类的、意识形态管理类的职能部门搭建的官方网站的信息权优势转化为互联网舆论引导的优势，加大对网络思想政治教育阵地的舆论管理引导机制。一是要大力弘扬主旋律。学校宣传类的、意识形态管理类的职能部门建立的官方网站是弘扬校园健康互联网文化和国家主旋律的主阵地。学校要对三微一端渠道进行统一的规划和领导，对不同网站给予针对性定位，逐步打造成分层次、分类别的互联网阵地格局。学校要把网站的宣传教育主动性转化为互联网舆论的主导性，坚持学生思想政治教育活动以线上和线下相结合的形式同策划同部署,形成互联网舆论与互联网活动的良性互动局面。二是要吸引注意力。面向广大学生的互联网阵地,如果单纯以正面官方的形象展示给学生,只采用单向灌输的形式加强思想政治教育的话,很难吸引注意力、增强教育实效。要想解决学生面对思想政治教育学习时的注意力问题,就要从满足学生互联网生活的切实需求出发,充分利用学校的互联网资源加强与广大学生生活学习密切相关的信息服务,从而把学生在互联网方向的注意力吸引到学校主导的网络思想政治教育主阵地上来。在学校主导的网络思想政治教育主阵地得到广大学生的关注和认可之后,就可以进一步打造理性沟通、平等交流的和谐氛围,从而逐步实现学校在互联网上的思想舆论主导地位。三是要提高可读性。各种舆论引导文章切忌说官话,要用新时代大学生感兴趣的主题和形式来展现生活,引导学生提高对真、善、美的认知和追求。而对于重大的社会热点事件,要充分发挥学校信息的权威性,提供充足背景材料和相关评论。同时要主动发现互联网中积极正面的形象,例如擅长“网言网语”的大学生,鼓励他们通过朋辈力量在学校主导的网络思想政治教育主阵地上加强对同辈学生们的示范和榜样作用。

(四)完善网络传播特点下的大学生网络素养培育的内容体系

基于网络思想政治教育的个性化趋向,高校思想政治教育工作者要始终坚持普遍性教育和特殊性教育相统一的理念原则,更新思想教育的方式、手段和技巧。开展教育的目的是在满足个体、改造个体的同时实现对整体诉求的达成。然而,高校思想政治教育一直以来更加偏向于大众化的整体教育,缺乏针对学生个体的针对性教育。网络思想政治教育具有公共性、整体性的特点,只有做到以人为本,遵循每个学生自身的成长规律,不忽略学生的个体价值,才能激发起学生的内在动力,真正完成对于学生的思想改造。信息化时代的网络传播具有大众化的特点,有利于信息的广泛传播。所以在实施网络思想政治教育时教育者不能忽略其在普遍性的泛化教育上所具有的优势。虽然大学生的家庭背景以及成长经历等方面存在差异,但他们面临同样的社会问题,不可避免会产生相同的困扰,而针对这一方面网络思想政治教育因其所受空间与时间的限制小,并且具有传播内容与对象的广泛性与同一性特点,更容易被学生所接受。网络人际互动下的教育信息传导特性使得网络思想政治教育拥有了更加灵活、多元、及时的特点,大大增强了网络思想政治教育的针对性。当下,高校在展开网络思想政治教育的进程中,不仅要遵循网络人际互动的特点,更要把握新时代大学生的成长规律、遵循网络发展的规律、贴合互联网思想政治教育发展的诉求。网络人际互动下的思想政治教育可以让高校思想政治教育工作者从社会关系的角度更全面地了解每一位学生,把握网络思想政治教育主体与客体间的关系,从大学生日常的喜好、关心的热点事件、关注的重点方向着手,进一步提高思想政治层面教育的针对性,促进教育主体的个性化发展。总的来说,高校思想政治教育的目的就是给国家和社会培育全面全方位发展的高素质人才,就是为了坚定大学生的社会主义核心价值观,就是为了促进社会关系的优化发展和互联网强国战略的建设。所以,针对大学生的网络思想政治教育需要更加注重"因材施教",进一步打造契合网络人际互动探究成果的网络思想政治教育话语体系。相应地,当代高校的思想政治教育施教一方要继续强化和学生平等交流的程度,通过朋辈切入来发挥榜样教育的力量,熟稔应用潮流的网络语言和沟通技巧来教育引导学生,借助互联网的特点和优势从单向的灌输型教育转化为多角度发散化的教育互动,进而帮助大学生树立网络信息化时代背景下的正确价值观念,增进并拓宽对大学生网络思想政治教育路径的优化,增强思想政治教育实效。

(五)进行高素质的网络思想政治教育师资队伍建设

第一,提升网络运用能力。当下网络思想政治教育工作实际中,之所以会存在受教育主体和教育主体间的话语鸿沟,最基本的原因在于高校的思想政治教育工作者尚不具备运用网络技术进行知识传授的能力,对新的思想政治教育形式缺乏适应性和强烈的意愿。要想进一步提升网络化教育思维,更好地适应全新的网络化教育环境,高校的思想政治教育队伍的教师们首先必须加强自身学习,从最基础的网络入门级别操作开始,不断精进互联网技术的应用能力,真正拥抱互联网时代给教育带来的便利。其次,高校的思想政治教育工作者需要在日常的事务性工作、教育教学工作、理论研究工作以及日常的学习生活中发挥主观能动性,多多利用网络,了解网络,真正融入新时代大学生的互联网生活当中，让他们做好新时代合格“网民”。再次，对于高校的思想政治教育工作者来说，最重要的是要培养其自身自觉参与高校网络文化生活的意识，加强与大学生进行网络人际互动的主动性，真正地融入互联网生活，真切地去感受新兴的、充满活力的互联网文化，体验作为受教育主体的大学生，在互联网场域下的互动交往、线上学习、娱乐休闲方式以及思想、心理、行为的发展变化，真正做到与大学生共情交流、真诚互动。

第二，实现有效教育沟通。话语鸿沟产生的一个直接原因是互联网话语与传统的思想政治教育话语之间存在差异，影响了教育内容的有效传递。互联网话语具有自身独特的特点，教育者如果不学习和掌握其特点和规律，固于传统的话语方式与大学生开展沟通交流，势必无法有效达到教育效果，不但无法被认同还可能引发逆反心理，从而失去网络阵地的主动权。基于此，高校的思想政治教育工作者只有了解大学生的互联网话语习惯，真正适应大学生的线上交流模式，才能够更准确地捕捉大学生的真实想法和思想动机，真正掌握大学生的思想动态和行为规律的发展变化。另一方面，教育者只有很好地掌握互联网话语这一新型沟通媒介，才能够真正与大学生展开思想交流和对话沟通，用他们所喜闻乐见的语言表达方式及时有效地传递教育内容，取得教育的实际效果。当下的思想政治教育工作当中，高校教育者充分重视互联网新型媒介对提升大学生学习兴趣和学习接受度，增进学习效率和开展教育的便捷程度，密切关注网络文化的发展变化，努力学习运用网络话语实现与大学生的有效沟通交流。

第三，改进线上教育理念。网络环境下思想政治教育话语鸿沟的产生不仅仅是由于话语本身，其实质上体现了教育观念转变过程中所面临的冲突和矛盾。高校的思想政治教育工作者习惯了以主导者的身份强势地向受教育主体进行思想改造和教育内容的灌输，二者间地位的不平等性是显而易见的。在互联网社会条件下，教育者要在教育活动中转变教育观念，创新教育方式，充分重视与大学生的平等交流和沟通，积极引导大学生发挥自主性和创造性，在切实跟进学校导向性教育和自我思想认知教育的结合中发展进步，从校园网络文化发展变革的层面上，站在更高的视角上解决网络思想政治教育话语鸿沟的现象。

第四,加强德育理论研究。在当下,数字化信息化的社会处于方兴未艾的建构环节当中,互联网的发展迭代对人们生活产生的深刻影响仍在不断变化。对于行在社会前列、对互联网强国建设有重大使命的高校来说,更要利用好互联网技术给新时代思想政治教育带来的便利,立足教育教学实际,不断拓深和强化对思想政治教育理论的研究和创新。线上形式的思想政治教育方式是持续创新和发展下的互联网文化给当代思想政治教育工作者带来的新的挑战和机遇,也给思想政治教育研究领域带来了更加新颖的课题。高校的思想政治教育队伍不但要跨越网络话语的鸿沟,而且要快步踏入互联网社会的大潮中,在教育工作实际中不断深化理论研究,提高前瞻性、掌控主动权,不断提高和优化网络思想政治教育方式方法,增强网络思想政治教育实效性。只有这样才能在互联网社会这一新的时代背景下教育引领大学生,为把我国建设成为互联网强国贡献力量。

专题六　高校辅导员网络思想政治教育工作室建设研究

互联网时代下，新兴媒体飞速发展，人们获取各类信息的渠道和载体飞速增加迭代，新时代大学生的思想政治教育面临着崭新的态势，对高校工作者提出了更高的要求和标准。辅导员作为高校思想政治工作的“排头兵”，要充分利用网络思想政治教育工作室这一平台，牢牢占据网络这一意识形态工作阵地，强化新时代大学生思想政治教育的实效。本专题从工作室成立初衷、运营模式、建设路径等方面，对新时代高校辅导员网络思想政治教育工作室的优化进行了阐释和探究。

一、高校辅导员网络思想政治教育工作室的概述

（一）高校辅导员网络思想政治教育工作室的性质与意义

第一，高校辅导员。1952 年，国家提出要在高校设立政治辅导员，切实有效地对高校学生进行辅导管理以及教育工作。自此，辅导员在全国高校纷纷涌现，并成为高校组织机构不可或缺的重要部分。《教育部关于加强高等学校辅导员班主任队伍建设的意见》明确，高校辅导员向职业化、专家化的方向发展，从此拉开了高校辅导员工作职业化、专家化的发展序幕。随着社会经济与高等教育管理体系的发展变化，高校辅导员的内涵与实质也在不断丰富和深化，高校辅导员也发挥着越来越重要的作用。国家于 2004 年 3 月颁布文件明确定义高校辅导员为高校教师的组成部分，并且同时具有干部身份。自此，辅导员在高校思想政治教育工作中发挥着不可替代的作用。辅导员作为高校教师队伍的重要组成部分，承担高校思想政治教育的重要

工作,担负着为国家培养建设者和接班人的重要使命。故建设一支合格可靠的辅导员教师队伍,对于高校思想文化建设和社会主义核心价值观的弘扬及正确的思想政治引领等诸多方面具有十分深刻的意义。

第二,网络思想政治教育。网络思想政治教育这一概念在学术范畴有多种表述方式。从载体和活动属性的两个角度上主要存在两种观点,刘梅认为,网络思想政治教育是根据传播学原理以及思想宣传的理论,利用计算机网络所进行的思想政治教育。韦吉峰则认为,网络思想政治教育就是指网络教育工作者抓住网络的本质,针对网络的影响,充分利用网络,有目的、有计划、有组织地对受教育者(网民)施加思想政治品德和信息素养的影响的网络双向互动的虚拟活动。综上,网络思想政治教育是以党的方针政策为基石,结合现代信息技术发展新局面,以互联网等现代数字化传媒技术为手段,科学系统而有效地向受教育者传授思想政治教育信息,开展高效便捷的思想教育活动,在此基础上与受教育者进行信息互动,切实有效地传播教育内容,教育者与受教育者之间双向联动,实现思想政治教育工作在创新性发展中进一步拓展延伸的高校思想政治教育形式。

第三,高校辅导员网络思想政治教育工作室。高校日常管理和学生思想政治教育对辅导员的工作要求及职业标准的不断提高,以及高校辅导员队伍发展完善提升的现实必要性,让人们开始了对高校辅导员网络思想政治教育工作室这一工作形态的研究、培育、建设、评估、考核等方面的实践摸索。工作室作为高校思想政治教育的重要平台,承担着辅导员日常工作交流研讨、案例分析、理论研究等多项内容,一系列的研究成果指出,高校辅导员网络思想政治教育工作室能够有效地凝聚师资力量、整合教育资源、提炼辅导特色、精准解决难题、有效互动交流,不仅有力推动了辅导员个体的能力提升,辅导员队伍的素质建设,辅导员队伍的综合能力,辅导员队伍职业化、专业化进程,还深化了辅导员在大学生日常生活和学习中的“良师益友”的引领作用。

(二)高校辅导员网络思想政治教育工作室的要素与类型

第一,高校辅导员网络思想政治教育工作室的要素。

其一,高校辅导员网络思想政治教育工作室的核心价值。高校辅导员网络思想政治教育工作室的核心要义,是以立德树人为根本开展的高校思想政治教育的创新尝试。必须要以学生的思想政治教育为主线,毫不动摇地坚持立德树人的基本导向。新形势下要求高校辅导员要主动占领网络思想政治教育新阵地,充分利用网络传播特点,积极开展网络思想政治教育工作。同时,工作室要牢牢抓住对大学生进行健康的、切实有效的思想政治观念引领为主线不偏移。坚持以培养社会主义合格建设者和可靠接班人为根本目的。高校辅导员网络思想政治教育工作室的首要目的是在新的形势下,为学生提供系统化、专业化的个体辅导,围绕立德树人、以人为本的工作理念,解决学生中切实需要解决的实际问题,满足学生在发展中的个性化、独特化需求,有针对性地给予大学生思想引领和价值指导,切实做好高校思想政治教育工作。同时,工作室面向全校学生提供辅导与服务,打破原有的较为封闭的管理框架,扩大学生受益面,扩大工作室的影响力和辐射范围。在互联网新媒体的加持下,充分利用互联网的传播优势,把握新媒体的特点,丰富思想政治教育的内容和形式,开展多种多样的思想政治教育活动,以线上、线下结合的方式全方位开展高校思想政治教育。

其二,高校辅导员网络思想政治教育工作室的平台建设。教育者可根据学校特色和工作室特点,整合现有资源,组织开展形式多样、内容丰富的思想政治教育活动,坚持立德树人的根本,坚定以引导学生正确价值观念为原则。充分利用网络媒体高效性、即时性、便捷性的传播特点,结合线下开展各类思想政治教育活动,提升思想政治教育工作的实效性。通过工作室的纵深运行,不断总结活动经验,开展理论研究和探讨交流,提炼活动内涵,加强思想政治教育实效性。在价值引领、就业创新、心理教育、能力提升等方面创建特色品牌,以专题讲座、沙龙活动、报告会等形式开展特色品牌活动。结合网络思想政治教育的优势,以线上、线下相结合的方式,开展丰富的思想政治教育内容,逐渐以特色活动为载体,形成工作室品牌优势,着力推进思想政治教育工作落深落实。高校辅导员网络思想政治教育工作室要在信息化、数字化的大数据时代背景下,为当代高校思想政治教育提供更多可能,将当代大学生思想政治教育工作与现代科学技术手段有机融合,创新高校思想政治教育方法和内容,深入挖掘活动的展开形式、创新工作成果的展现形式。根据网络背景下学生新特点,因时而进,积极探索网络思想政治教育新模式，开辟新的工作阵地，积极歌唱主旋律，充分利用微信、微博等新媒体新平台的传播特点，创新组织形式，提供更加丰富的教育内容，用学生喜闻乐见的形式开展思想政治教育，引领学生视听，搭建学生与辅导员工作室之间的有力桥梁。

其三，高校辅导员网络思想政治教育工作室的队伍组织。工作室的生命力是其发展和延续的重要决定因素。在工作室组建与运作过程中，可以根据发挥作用的不同，将参与人员进行分工。根据成员特点，统筹协调成员优势，促进成员间协同合作，如根据成员水平、成员的自身特点和工作经历，参考高校组织管理条例，将成员按照其发挥作用的方向与层次，分为协调、策划和指导三大工作类别。结合成员特点，对特定课题展开有针对性的研究探讨工作。协调人员应当由有经验、有能力、责任心强且广受学生与同事尊敬的优秀辅导员担任。作为领导核心的协调者负责组建研究团队，有效地统筹资源，协调各方工作。策划人员应当熟练保障工作室健康运行的各项事务，为工作室开展理论研究工作提供基础保障，能够对相关资源进行全方位综合考量，做出科学的统筹规划，开展各类相关活动。指导人员是工作室中有大量丰富经验的专家，他们具有深厚的学术素养与理论研究功底，发挥智库作用，及时提出有效的指导意见和改进方案，为团队的理论研究提供理论保障，指导和督促其他成员的工作。通过分工协作，优势互补，形成强力高效的工作团队，最大限度地发挥工作室的核心价值，提升团队研究能力，保障辅导员工作室的健康发展和生命延续。

其四，高校辅导员网络思想政治教育工作室的机制章程。工作室的机制章程是其存在发展的基本框架。因此，从前期选拔，到日常事务的运行与保障及事后的考核等各个方面都应有严密的机制章程与之相配套，以此确保工作室平稳有序运行。

选拔机制：在前期选拔中，重点考虑团队成员的适配性。团队主体以一线辅导员为主，要求辅导员具备多年一线学生工作经验，具备较高的专业素质和职业能力，如有较强的心理辅导能力、创新创业指导能力、应用研究能力等多方面技能。综合考量人才的背景及资源，吸纳专业能力突出的专家型人才。在此基础上，综合衡量预期建设成果。高校辅导员网络思想政治教育工作室在实际建设进程中，成员管理是相对而言难以解决的棘手问题，涉及成员选拔、成员分工、成员间协同合作等众多问题，要求协调人员与策划人员具有较强的应变能力。工作室管理中亟待解决的问题主要包括：领导者在对成员的管理上缺乏足够的行政约束力；工作室在建设发展进程中，对团队成员职业发展需求的满足受限；在辅导员日常工作与辅导员工作室任务相冲突时任务难以达成。与此相对应，建立以协调人员统合为中心，以策划人员落实组织为基础，以专家人员提议为保障的管理模式，深化团队协作互补、和谐共进的工作模式，建立辅导员工作室的新型机制 。

考核机制：辅导员工作室的考核机制，理应多方征求意见，结合各高校特点以及辅导员的实际工作情况设立科学的考核指标。一套严密、科学的考核指标应具体体现在以下四方面：学生权益的实现情况，个体辅导工作的进展情况，工作室建设方案的完善程度，工作室科研工作与成果的落实程度。工作室应当设立合理的评估与考核制度，重视过程评价，整体把握工作室的建设进度和成效，并相应予以调整改进。确立完善的考核机制不仅能够推进工作室的整体建设水平，还可以更好地激励辅导员提升个人专业知识素养，促进辅导员能力的进一步提升。

保障机制：高校辅导员网络思想政治教育工作室是提升辅导员教师的整体素质、促进辅导员工作专业化发展的创新实践，也是对辅导员队伍建设的创新探索与尝试。辅导员工作室的建设还处于探索阶段，需要各方面的大力支持。因此，需给予充足的人力、物力保障，助力工作室打好基础，以便纵深、全方位开展工作。此项工作还需要国家以及高校提供大力支持保障。

第二，高校辅导员网络思想政治教育工作室的类型。

根据高校辅导员网络思想政治教育工作室的功能和具体内容，将其划分为世界观教育工作室、价值观教育工作室、人生观教育工作室、道德观教育工作室、法制观教育工作室等。以上划分并非绝对的，每个部分均有所侧重。根据高校辅导员网络思想政治教育工作室所发挥功效的对象，将其划分为促进辅导员自身发展的辅导员工作室和促进学生成长发展的工作室。根据高校辅导员网络思想政治教育工作室的发展阶段，将其划分为初创期工作室、建设与发展期工作室和成熟期工作室。

(三)高校辅导员网络思想政治教育工作室的功能

第一,高校辅导员网络思想政治教育工作室具有对辅导员专业能力提升的功能。

其一,高校辅导员网络思想政治教育工作室有助于促进辅导员的职业化和专家化,提升辅导员的科学研究能力。目前,大多数高校辅导员难以耗费大量的时间和精力进行科学研究,不能将丰富的工作经验总结为理论成果。高校辅导员在日常工作中承担高校大学生日常管理和思想政治教育工作,工作压力繁重,并且高校辅导员通常缺少交流研讨平台,在实践工作中积累的丰富工作经验难以进行有效的交流,加之繁重的工作内容,高校辅导员难以有效地总结与回顾自身工作成果实现自我能力的提升与加强,难以实现辅导员队伍的职业化、专家化建设。辅导员网络思想政治教育工作室能为辅导员搭建起科学研究的平台,帮助辅导员提升职业技能,促进辅导员开展工作交流。针对日常学生思想政治教育工作中遇到的问题及难点,辅导员可以进行头脑风暴交流研究,可以就实际工作案例展开探讨,从多种维度寻求最佳解决方案,进而做出归纳总结,将探讨出的结果以科学成果的形式加以呈现,从而更好地指导思想政治教育工作实践。除此之外,辅导员可以以网络思想政治教育工作室为依托,以新媒体技术为手段,在互联网技术蓬勃发展的大背景下,积极探索网络思想政治教育的创新内容,在提升自身科研能力的同时进一步加强高校大学生思想政治教育的实效性。

其二,高校辅导员网络思想政治教育工作室有助于凝聚辅导员力量,实现资源整合、模式创新,提升辅导员工作效能感。与学科任教教师相比,辅导员是与大学生群体沟通频次最密集的老师,辅导员作为高校大学生的人生导师和知心朋友,见证着大学生的每一步成长,是开展高校大学生日常思想政治教育的主要力量,担负着引导学生人生方向的重要责任,这就要求辅导员具有较高的综合素质和职业能力。互联网技术的蓬勃发展,让当代大学生积极地参与到互联网中,新媒体平台更为丰富多样的传播形式也为高校思想政治教育提供了新的机遇和挑战。在新媒体时代日新月异发展的今天,充分利用新媒体平台开展各类网络思想政治教育活动已成为必然趋势,高校辅导员网络思想政治教育工作室的建设能够进一步明确辅导员发展目标，聚焦网络思想政治教育这一焦点问题，积极利用互联网，凝聚辅导员力量，细化辅导员工作内容，进而提高辅导员工作的针对性和艺术性，以专业化发展促进辅导员业务能力的提升，促进辅导员队伍的职业化和专业化建设。此外，针对工作链条上的各个环节中的要点内容，对工作策略进行相应的调整和灵活的运用，加强工作的落实成效，以便能够更好地体现辅导员工作的创造性和实效性，从而提升辅导员的工作效能感、幸福感、获得感，提升辅导员的职业认同感和满意感。

第二，高校辅导员网络思想政治教育工作室对学生成长成才的功能。

其一，高校辅导员网络思想政治教育工作室助推了思想政治教育工作的精准落实。高校辅导员思想政治教育工作涵盖大学生的世界观、人生观、价值观、道德观、法制观等诸多方面的内容，涉猎范围十分广泛，内容十分复杂，对当代大学生具有十分重要的引导作用。在这种情况下，辅导员难以在短时间内针对某一特定问题给予学生精准、系统、全面的指导。辅导员在面对这种复杂工作中，由于缺乏总结和研讨，很难突破自我，实现能力的提升。由此，为促进高校思想政治教育精准落实，建设高校网络思想政治教育工作室势在必行。通过网络思想政治教育工作室建设，打造信息化服务平台，以大数据分析等手段，让辅导员更加有针对性地帮助学生解决实际问题。工作室则能够在相当程度上坚持以学生为主体，积极帮助学生解决实际问题，以网络为载体，充分利用信息化手段达到思想政治教育踏实落地的效果，依托平台优势，多方发力，以“三全育人”为指导，实现全方位育人。同时借助信息技术，利用分析软件将辅导效果进行量化分析，为大学生提供高效能、科学化、精准化、针对性高的辅导，促进大学生健康地进行生活学习活动，成为国家需要的合格人才。

其二，高校辅导员网络思想政治教育工作室为学生的具体化管理与服务提供了可能性。高校辅导员工作任务重，工作边界模糊，涉及高校大学生在校期间全过程教育和引导。为学生提供精确细致的指导帮助需要庞大的人力物力成本。这让大多数辅导员很难有大量的时间和精力总结实践工作经验、开展理论学习和深入研究。辅导员长期处于高压工作下，难以提升自身素质和能力，不利于辅导员队伍专业化、职业化建设。而高校辅导员网络思想政治教育工作室可以充分发挥信息技术的优势，帮助辅导员搭建信息平台,根据辅导员的专长和优势划分工作职责,细化内容,合理分配工作,使得成员间能够充分交流工作经验、总结工作方法、开展理论研究与学习,依托信息化技术为大学生思想政治教育提供点面俱全的统筹规划,提升思想政治教育实效性,精准解决大学生在生活学习中的诸多困惑,促进学生在健康中发展。而辅导员在不断的思想碰撞和探讨交流中进一步提升自身管理与服务的综合能力,同时,在网络平台的加持下,辅导员可以更加精准地开展工作任务,在减轻工作压力的同时让辅导员在后续工作中更好地完成管理与服务。

二、高校辅导员网络思想政治教育工作室建设现状及面临的挑战

(一)高校辅导员网络思想政治教育工作室建设现状

第一,当前高校辅导员网络思想政治教育工作室取得了一些成就。高校辅导员网络思想政治教育工作室是辅导员队伍及辅导员思想政治教育工作的创新模式和有效载体,是高校辅导员开展工作探讨和理论研究的重要平台,在高校思想政治教育工作中发挥重要作用。目前在国内多个省市的高校里,均有类型丰富、代表性强的辅导员工作室。2009 年“赵强工作室”作为全国第一个辅导员工作室在复旦大学成立,2012 年“包涵工作室”和“洪汉英工作室”作为上海第一批辅导员工作室分别在复旦大学和上海中医药大学成立,2013 年“李敏工作室”作为广州第一个辅导员工作室在广州大学成立,同年,教育部高校辅导员培训和研修基地(山东大学)在全省范围内组建辅导员工作室七个。全国越来越多的高校开始针对辅导员工作室这一团队模式的积极效用进行探索和实践,通过组建团队,搭建平台等方式开展辅导员相关工作的探索与实践,众多前辈为高校辅导员工作室的建设提供了丰富经验和指导。辅导员工作室通过团队合力,思想政治教育呈现出很多成果并在地区和全国范围内得到推广和应用,部分地区针对高校辅导员工作室的培养制度、组织机制和资金保障等方面已经形成稳定的政策支持。随着辅导员工作室建设的日趋完善,各工作室产出了大量的理论成果和科

研内容。网络思想政治教育是新时代高校思想政治教育的创新途径，对提升高校辅导员开展网络思想政治教育的综合能力具有重要意义，通过积极开展交流研讨，让辅导员在思想碰撞中实现理论创新与升华，帮助辅导员实现自身综合素质与职业能力的提升。通过网络思想政治教育工作室的建设，进一步推进高校网络思想政治教育理论研究工作，推动网络思想政治教育进步，切实加强高校思想政治教育的实效性。

其一，内容丰富重点突出，目标导向明确。教育部2014年出台的《高等学校辅导员职业能力标准（暂行）》和2017年出台的《普通高等学校辅导员队伍建设规定》中，对高校辅导员的工作职责进行了明确与要求。而各地区各高校所建立的辅导员工作室，也是在上述规定内容中，围绕学生成长成才过程中的难题，结合高校思想政治教育工作的时代要求，从服务、管理、科研、实践、网络、文化、心理和组织育人等多个维度开展了线上线下相结合及有针对性和具体化的探索与研究。例如云南首批高校辅导员名师工作室“朱丹工作室”、湖南省高校辅导员名师工作室项目“防范‘灰犀牛’辅导员名师工作室”、延安大学“‘学长导航’辅导员工作室”、陕西首批普通高校辅导员工作室“李萌工作室”、江西理工大学“发哥辅导员工作室”、赣南师范大学“黄晖劳模创新工作室”、华中农业大学“祝鑫工作室”，黑龙江大学“E +”辅导员网络思政工作室、哈尔滨师范大学“新时代 新青年 新担当辅导员工作室”等，在高校辅导员工作室建设和发展方面都发挥了较好的示范引领带动作用。众多成功案例为后续的高校辅导员工作室建设提供丰富的理论参考，结合不同视角下的高校辅导员工作室的发展方向，可以更好地帮助学生解决成长成才过程中的各种问题。新时代，通过信息化手段的加持，辅导员工作室可以充分利用新媒体平台，开展更加有针对性的探索和研究。

其二，凝聚共识发展合力，形成交流平台。从目前已经建立的高校辅导员工作室的构成要素和组织结构来看，首先应具备一定数量的团队骨干，其次要形成合理的人才梯队。在此基础上，通过开放性的原则，吸纳接收校内外思想政治教育工作队伍中的优秀人才和典型榜样以及一线普通辅导员等，通过阶梯化结构发展，确保辅导员工作室的传承递进式成长。合理的构成要素和组织形式是辅导员工作室健康循环发展的必要条件，通过信息交流、经验沟通和知识共享，能够把握互联网概念、“大数据”分析等元素，把握好网上舆论宣传引导的时、度、效，提升网上舆情发现力、研判力、处置力，使得高校辅导员工作室充分发挥新时代特性，凸显网络思想政治教育的准确识变、科学应变、主动求变的优势，进一步增强思想政治教育实效。例如广东财经大学的“张丹丹工作室”，团队由思想政治理论方面有影响力的专家、教授和学生工作经验丰富的基层辅导员组建而成，在与其他高校辅导员工作的交流学习中，建设成为机制健全、特色鲜明、资源共享的大学生思想政治教育理论与实践基地。广东技术师范学院“陈小花工作室”，团队成员涵盖省内十余所高校的辅导员教师，发挥资源优势，将工作室团队作为研究的大平台，助力学生就业创业成长成才，推动辅导员就业创业工作团队精深纵化发展。

第二，当前高校辅导员网络思想政治教育工作室存在的问题。其一，辅导员时间精力有限，对工作室积极性不高。进入21世纪以来，高等教育事业的发展呈现出鲜明的时代特点，随着高等教育普及化，不再是千军万马过独木桥，而是在普及化中注重综合素质和能力的全面化发展，注重培养能够为社会主义现代化建设贡献力量的高素质的“四有”青年。高校大学生是国家储备人才，高校肩负着培养又红又专、德才兼备的建设者和接班人的重要使命。大学是他们正确三观形成的关键时期，辅导员作为高校队伍中不可或缺的组成部分，肩负着引导学生树立正确价值观念，实现“四个正确认识”的重要责任，这也在一定程度上加重了辅导员们肩上的负担。同时，除了要随时关注学生们的身心健康、学习情况和思想动态等日常方面的管理外，辅导们还要兼职各种学校和学院行政工作，缺少时间和精力投入到辅导员工作室的建设当中，很难有较高的积极性投入到思想政治教育理论研究和实践当中。思想政治教育是辅导员最基本的义务，涉及日常生活中的各个方面，所以对于网络思想政治教育工作室而言，辅导员个体存在着因时间与精力难以兼顾和平衡而导致普遍的积极性不高的情况。

其二，高校重视程度不够，统一规范化仍需加强。目前高校辅导员网络思想政治教育工作室的开展正处于发展创新阶段，组织建设、管理制度、工作体系等还处于日渐发展、逐步完善的过程中，但部分地区和高校对其意义上的界定，还停留在“各个学院的辅导员聚在一起开展思想政治教育工作的地方”的片面认知上。实则不然，它是一个集合了思想政治领域内的理论专家和辅导员优秀代表以及基层一线辅导员老师及其思想和政治教育等基本要素在内的媒介和平台的有机结合体,是集合了平台搭建、理论研究、实践探讨等多种职能的综合发展平台。截至目前,我们可以从各大新闻和文件中了解到各高校辅导员工作室建设已经逐步进入发展和提升阶段,部分辅导员工作室组建已日趋完善,相继都具有了一定的规模,甚至一些工作室已经在国内崭露头角。但目前还没有出台明确的政策文件作为辅导员工作室发展的保障性支持,辅导员工作室的建设缺乏明确的制度保障,各省各高校还都只是停留在形式上的默认,大多是通过开展“思想政治工作精品项目”“示范基地”等形式给予支持,界定相对模糊。一个运转高效、双向育人的高校辅导员网络思想政治教育工作室发展的关键就在于能严格、清楚、有规划地进行组织和运行,有明确的组织建设模式和制度管理体系。面对如今高校辅导员工作室逐渐发展和进步的情况,明确高校辅导员工作室定位,制定规范化、制度化的工作要求是辅导员工作室健康发展的必要制度保障。

其三,国家缺少政策支持,地区资源配置不均衡。目前,我国还未正式颁布有关高校辅导员网络思想政治教育工作室应该如何建设的具体文件,辅导员工作室的建设缺少政策性的支持。从2009年我国第一个地方高校辅导员工作室正式成立到现在,我国高校辅导员工作室发展的时间还相对较短。高校辅导员担负着培养高素质接班人的重要使命,提升辅导员职业能力和综合素质,打造优秀的辅导员工作室是新时代辅导员队伍职业化、专业化建设的必然趋势,随着国家的发展和进步,也会一直需要有理想、有担当的青少年为社会主义事业建设做贡献,因此,国家的政策支持显得尤为重要。随着辅导员工作室的发展,其组织机构形式、管理制度建设等方面均需政策支持。现在,国家更需要一批为高校思想政治教育工作做出正确指引的教育工作者,来保障和促进高校思想政治教育工作的顺利开展,进一步推进辅导员工作室高速发展和全面建设。由于地方社会经济重心的不同,各个地区高校的资源配置也会出现相对不均衡的现象,像北上广深等一些综合实力较强的地区,大学生的教育水平就会相对来说更高一些,资源匹配更加丰富,辅导员们可以凭借个人能力、知名平台和优越的地方资源配置,在一定时间内取得成果,因此,高校辅导员网络思想政治教育工作室在技术设备和师资力量等方面较为成熟。而在较偏远的地区,受限于其地缘特点以及资源配置情况，高校辅导员网络思想政治教育工作室的整体建设则呈现出与北上广深等地较为不同的发展景象。因为不同地区对各高校的投资力度不同，导致各地区对于辅导员工作室建设支持差异较大，对辅导员网络思想政治教育工作室发放的建设资金和支持力度也不一样，所以各地区高校辅导员网络思想政治教育工作室发展的速度参差不齐，高校辅导员网络思想政治教育工作室发展水平差异较大。

（二）高校辅导员网络思想政治教育工作室面临的挑战

第一，新媒体对辅导员开展工作提出新思考。新媒体时代的大背景下，网络信息日新月异，新媒体的信息传播具有高效性、即时性、复杂性等特点。大学生作为互联网用户的重要组成部分，大学生的学习、生活已经和互联网难以分割。但现在看来，仍有一部分辅导员不能很好地适应新媒体信息化，有的辅导员保持传统的思维定式，不能把内容与新媒体网络紧密契合，只是机械地发布和传达信息，使得思想政治教育难以满足时代需求。还有部分高校辅导员运用新媒体手段不得力，不善于以网络语言、网络文字、网络形象等形式表达自己，在引导时不能做到有思想，内容和形式不能贴近学生，严重影响当代高校思想政治教育的实效性，很难发挥网络在引导青年思想，树立正确价值观念，弘扬主旋律等方面的重要作用。在新媒体时代，辅导员工作的平台要随着学生而不断变化，思想政治教育工作不再局限于传统工作模式，在“三全育人”视角下，要求辅导员在开展日常思想政治工作中，充分利用网络思想政治教育新阵地。开展网络思想政治教育工作，就必须牢牢把握新媒体的特点，创新工作方法和工作思维，积极利用互联网平台的传播优势，紧跟时事热点，从而达到对学生思想价值引领的目的，以学生喜闻乐见的方式和内容，拉近彼此间距离，从而达到对学生思想和价值导向正向引导的目的。要充分利用互联网高效传播的特点，积极打造服务平台，加强与学生的互动交流，高效解决学生的实际问题。这牵连的一系列变化不得不引起辅导员对开展工作的新思考，同时也对辅导员传统的工作模式提出了新的挑战。

第二，新时代对高校思想政治教育工作提出新要求。新时代高校加强并改进思想政治教育工作，关键就是提升思想政治教育亲和力，把握好理论与实践的结合，构建互动网络交流平台，用多重互动和及时反馈的形式增强受众的黏性，从而提升思想政治教育工作的质量，推动学生身心健康发展，确保高校思想政治教育的实际效果。互联网时代的到来，对如今的高校思想政治教育工作提出了新的挑战。推动互联网平台建设，通过线上、线下相结合的方式为高校思想政治教育工作提供更多可能，丰富思想政治教育的手段，拉近辅导员与学生间的距离，加强彼此间的互动与反馈，提升高校思想政治教育工作的实效性。近年来国家颁布的一系列的重大决策部署使全国各地高校对思想政治教育工作的认识不断增强，网络思想政治教育工作进一步发展。培养新时代中国特色社会主义事业建设者和接班人是一项循序渐进的大工程，高校作为党和国家思想政治工作的前沿阵地，做好高校青年思想政治教育工作是高校学生工作的必然要求。进入新时代必须旗帜鲜明地实施思想政治教育，传播主流价值观，弘扬社会主义“主旋律”。时代越是发展，知识和人才就愈发重要。新时代，高校思想政治教育应正确引导学生实现“四个正确认识”，引导学生对主流价值观念的认可。

第三，新形式对思想政治教育工作提出新标准。一场突如其来的新冠肺炎疫情，使得全球教育在教授传导形式上产生了巨大改变。在新冠肺炎疫情防控的总体要求下，传统的教学模式为适应疫情防控的要求也在不断创新变化。传统思维中的“上课”带有标准意义，但疫情当下推行的网络教学为教育变革带来了创新源泉，重新定义“上课”，而思想政治教育的模式，也在此契机下进入了一个全新的领域。在互联网高速发展的大背景下，在疫情防控总体要求下，高等教育由传统线下教学模式向线上多媒体教学模式转化，在“三全育人”的大背景下更多地以“全环境育人”角度为切入点，主动抢占网络育人阵地。面对严峻的疫情，大学生们面对的不仅是病毒，更多是自身心理作用的重大挑战。这场突如其来的疫情给大学生的日常生活和学习带来了巨大改变。在新形势下，高校辅导员更要在思想政治教育中结合实际情况发挥创新性，运用好网络思想政治教育工作室这个创新模式和载体，把战疫事件当成教材，充分发挥网络思想政治教育在这个特殊时期的重要作用，以现代化信息技术为手段，在宣传防疫知识，破解谣言信息等工作中发挥作用。引导学生思想，弘扬主流价值观，宣传疫情防控知识，加强日常管理，严禁形式主义，树立用户思维，增强“问需解惑”效能。构建网络

“问、访”双向机制，加强网络思想政治教育平台互动传播实效，发挥网络信息的搜集、整合能力，基于当前无人不网、无时不网、无事不网的新媒体环境，积极利用媒体的传播优势，丰富思想政治教育内容，及时了解学生思想动态和需求困惑，加强辅导员与学生间互动交流，有效帮助学生解决实际困难和问题。

三、高校辅导员网络思想政治教育工作室建设中的理论应用

（一）灰色系统理论在工作室建设中的应用

灰色系统是介于白色系统和黑箱系统之间的过渡系统，它的具体的含义包括：若某一系统的全部信息为白色系统，全部未知信息为黑箱系统，剩余的这一信息不完全的系统即为灰色系统。信息不完全有着多重含义，它既包括组成系统的各个要素的不完全的情况，也包括组成系统的各个要素在结构形式上的不完全清晰、具体，还包括由组成系统的各个要素整体所呈现出的所指模糊的情况。理论上，社会系统、经济系统、生态系统都属于灰色系统这一概念的外延，是灰色系统在实际中的具体表现形式。值得注意的是，不同于模糊数学，灰色系统理论着重于对“外延明确，内涵不明确”的对象的研究。

在网络技术取得极大进步的当今时代，利用新媒体开展有效的思想政治教育工作是当代辅导员教师面临的重大课题。在互联网技术高速发展的今天，大学生对网络的应用十分活跃，充分利用网络媒体的传播优势，主动占领网络思想政治教育新阵地，成了当今高校思想政治教育工作的必然发展趋势。尽管已经有大量的一线工作者对这一课题从多个角度做出了详细的总结和分析，但从指导思想到工作方法等方面来看，从其面临的复杂的教育对象来看，从当前日新月异的网络环境来看，高校辅导员网络思想政治教育都具有很强的不确定性。网络技术的高速进步和新媒体传播模式如春笋般快速发展致使网络思想政治教育工作室建设面临着一定的复杂性、变化性。因此，在工作室建设过程中，要求教育者牢牢把握思想引领的主旨，向

不同的网络手段借力，充分利用互联网的传播优势，通过网络舆论的扩散作用，拓展高校思想政治教育的阵地。同时，在整合现有资源的基础上，教育者还应积极探索，从具体到一般，归纳总结符合国情的切实可行的高校网络思想政治教育工作室建设模式方案，再从一般到具体，实现新方案的新一轮经验积累、理论突破。

（二）非正式组织理论在工作室建设中的应用

一般认为，非正式组织是正式组织的对立面，是在共同的工作过程中自然而然形成的一种区别于正式的有集体形式的相对宽松的群体。在这种组织形式内，个体成员通过彼此往来、相互沟通、互相了解而形成，成员内部之间的相互关系、权利义务和职责范围取决于成员之间长期以来约定俗成、共同认可的工作习惯，在这种前提下，成员间彼此更加了解，彼此往来更加亲密，从心理上更加认同整体，非正式组织成员间需要有共同的认知，此种“共同性”将成员紧密团结在一起，彼此间产生认同感。相应地，非正式组织的存在具有逻辑必然性和内部约束机制，其逻辑必然性主要体现为哲学视域的伦理观，具体表现为人们在群体中相互依赖的心理倾向性，此处不做过多展开。其内部约束机制体现为具体的奖惩机制，如激励机制及惩罚机制，表现为赢得尊重、被认可、得到赞许、被奚落、受排斥等。

工作室的每项工作都应首先将学生看作“社会人”而非“经济人”，成员在其特有的社会交往中，彼此间互动往来而形成非正式组织。人的社会性离不开交往，交往离不开一定的情境，情境则需依托活动创设。但是从独立角度看，单一个体的能量有限，于是需要结合成团体组织，在团体中互相协助，取得进一步发展。在当代高校学生工作中，充分利用网络平台，多方发力，多管齐下，开展思想政治教育是势在必行的。要充分尊重学生感受，重视学生体验，发挥网络平台即时、灵活的优势，循循善诱，巧于引导，使思想政治教育真正做到入脑入心，而非强加灌输。同时，注重学生参与，将工作室日常管理工作留给学生，给他们提供参与管理的机会，并给予其一定的身份，向他们提供简单辅导工作的职位，进而让学生在实践中增益，将学生作为工作室非正式组织中的“个体”形式纳入“整体”，从实践中影响学生。在利用网络进行思想政治教育时，离不开一定的行为规则，要从受教育者的共同利益、情感需求出发，建立明确的行为准则，形成学生能自觉遵守的约束力。

（三）共同体视角理论在工作室建设中的应用

“共同体”是由多个个体构成的有机整体，整体中的每个个体均是整体中的一部分，服从于整体分配，个体间实现资源共享、优势互补、协同发展的目的。每个个体都保持自身的独立性，能够在工作室各项工作中充分发挥自身主观能动作用。个体的独立程度取决于群体的组织程度。整体的组织性越好，内在一致性越高，个体的能动作用发挥得就越充分。整体的组织性与内在一致性离不开每一个成员的共同维护，成员间协同发展、优势互补、共同提升，促进着整体的健康发展。思想政治教育共同体的维系需要共同体内部的所有成员相互理解、相互需要。值得注意的是，共同体的作用并非总是积极的，当共同体的协调性以成员一致性的错误取向或观点为基础时，共同体就处于危险境地，个体间负面引导，偏离正确轨道，甚至面临解体风险，这并不能说明共同体机制本身存在根本性的问题，它只反映了共同体内部的自我修正机制的缺失或暂时失效。这就要求在“共同体”中要明确基础框架，个体间要在基础框架内实现一致性，从而达到健康有序循环发展的目的。

高校辅导员思想政治教育工作室作为一个共同体存在，成员有着共同的理想追求、目标任务，其组织性、协调性均十分灵活，因而，它体现出明显的整体效应。建设过程中，应坚持以我国目前的主流价值取向为指引，以社会主义科学理论为指导，以党的系列方针政策为抓手，以高校思想政治教育工作条例为开展工作的具体依据，有方向、有条理地开展各项工作。每一个成员，应首先怀着这样的目标聚集到一起，在一致的实践方略与科学理论指导下，共同维护这个共同体的存在。只有在一定的范围内开展活动，才能切实维护工作室共同体的存在。这就要求，在工作室建设中，构建涵盖选拔、培训、管理、考核的全方位的规范体系。思想政治教育的具体性决定了实践的重要性。重视实践的同时，要避免两种倾向，一是研究至上，唯理论、教条化，二是经验至上，唯实践论、零碎化。思想政治教育共同体应坚持实践与研究相辅相成，进而形成一套完整的创新体系。

四、高校辅导员网络思想政治教育工作室建设路径

(一)立足顶层设计,加强规范管理

《关于进一步加强和改进大学生思想政治教育的意见》及其他有关高校辅导员相关政策文件的陆续出台,为辅导员的队伍建设奠定了政治高度,同时也提供了思想指导。辅导员作为开展高校大学生思想政治教育的骨干力量,作为开展高校大学生日常思想政治教育的组织者、实施者和指导者,应当具有较高的专业水平和职业能力。而辅导员工作室模式的出现和不断创新发展,不仅仅是与辅导员个人的自身发展相关,更对整个学校的学生工作影响深远。因此,辅导员工作室在确定成立方向以及实际运行过程中,必须要坚持科学部署,立足顶层设计,从学校发展全局的视角下进行系统规划和统筹设计,针对实际情况制定辅导员工作室的相关政策文件,使工作室发展目标明确,结构合理完整,功能协调互助,不断地朝着良性运转方向发展。在开展工作中,时刻将意识形态的领导权放在首位,以马克思主义为指导,不断深入思考和探索运用互联网技术和新媒体平台开展思想政治教育工作的方式方法,将传统思想政治教育工作模式与网络思想政治教育融会贯通,取长补短,相互结合,充分体现"三全育人"在高校思想政治教育中的指导性作用,进一步提升思想政治教育的实效性,努力实现当代高校大学生全面发展。与此同时,辅导员工作室从申报、建立、发展到成熟等阶段,要在学校整体统一的基础上建立灵活完善的运行机制,以共同的研究方向和研究兴趣组建团队,从而形成知识结构多元化、专业资源互补化、经验结构丰富化的团队模式,充分实现团队专业化、人员全面化、资源共享化的建设框架。要为工作室成员提供定期的、系统性的学习和培训机会,调动和提升辅导员个体的学习积极性与科研能力,工作室内部也要建立与自身发展匹配的规章制度,制定内部考核办法和激励机制,确保辅导员工作室建设过程中,有完善的制度保障和规则指引。学校要对工作室的建立背景、目标宗旨、人员配比、分工内容、发展前景等方面进行明晰指导,从而保障辅导员工作室工作的正常开展和有效运行;学校出台辅导员工作室考核办法,根据工作室的工

作状态、工作成效、受众反馈、科研水平等实际运行情况进行不定期抽检，结合考核情况对于成绩突出的团体及个人在经费扶持、评优评先、选聘提拔等方面给予政策支持和优先考虑，促进工作室队伍的和谐稳定，形成良性发展，从而达到通过辅导员工作室建设进一步推动高校辅导员团队专业化、职业化建设的根本目的。

（二）突出工作特色，注重个性指导

随着国内外形势的不断发展衍化，当前高校学生无论是面对的外部环境，还是自我的身心发展都与以往呈现出截然不同的特点。多元文化与多重思想的网络时代大环境，使高校大学生思想政治教育工作的开展面临许多新的挑战，同时带来很多新的契机，各类新媒体平台竞相绽放，极大程度上丰富了当代高校大学生获取信息的途径与方法。互联网传播的信息内容纷繁复杂，大学生缺乏鉴别能力，容易受到腐朽文化侵蚀。辅导员在实际工作中，要积极开展思想引领，帮助学生提升鉴别能力，要始终坚持以学生为中心，更加贴近当代高校大学生的特点，充分利用网络思想政治教育的优势，将解决工作问题和解决思想问题合二为一，从而使服务学生的针对性更加明确，陪伴成长的时效性更加凸显，通过积极占领网络思想政治教育阵地，更加有效地提升高校大学生思想政治教育实效性。按照这一思路应运而生的辅导员工作室，更是要以坚持立德树人理念，服务学生健康成长为核心，将辅导员个人能力、职业能力进行凝聚整合，并在团队中升华和加强。从学生实际存在的内在和发展的需要作为落脚点，以学生迫切需要的服务为基本内容，高效、迅速地帮助学生解决实际问题。通过专业性和系统性的指导与辅导从而更好助力学生成长成才。辅导员工作室这一团队模式的推广，使日常管理工作中，个体辅导员“千条线从一根针上穿”的面面俱到的状态，转变为针对学生实际发展中某一方面的困惑与需求，进行深入解决和个性辅导的“按需提供”的状态，帮助辅导员在特定领域深入研究，着重于辅导员专业能力的提升与培养，使高校学生思想政治工作由原来的一人对多人转变为多人对个体，从而实现多维化、纵深化、全员化和全面化的开展。

（三）整合优质资源，发挥团队优势

辅导员工作的性质和特点决定了其不可避免的重复性、流程化及面对突发性内容与问题，这就要求辅导员具备较高的综合素质与应变能力。在实际工作中，绝大部分辅导员都处于依靠个人经验，循环重复地开展周期性工作的状态。久而久之，辅导员往往容易出现对自身工作的经验缺乏总结和思考，对于自身能力的提高缺少积极性和创新性，与其他辅导员之间缺少沟通和交流等情况，这些情况显然不利于辅导员队伍建设以及辅导员队伍的综合素质培养与能力提升。辅导员工作室，是在共同职业发展目标，服务学生成长成才和提升辅导员自身专业能力的共同愿景下，具有一定内部规范和准则的团队组织。依托于辅导员工作室建设，可以更好地帮助辅导员总结和思考个人工作经验，在团队中积极开展交流研讨，促进工作创新与能力提升。在团队模式里，依托于共同目标和发展愿景的向心引导力，辅导员可以在沟通交流学习讨论中，使自身的优势和潜能得到更加充分地挖掘与激发，提升自身职业化业务水平，实现个体在团队效能中的成长与发展。同时，辅导员工作室要依托团队建设，积极寻求和搭建学习分享的平台，为辅导员向专家型辅导员转化提供智力支持和理论支撑。同时，工作室内部在建设和运行过程中，要营造积极钻研、勤于思考、凝聚创新的团体氛围，使辅导员将个人工作经验和对实际问题的思考自觉自动地转化为理论层面的探索和研究，并与团队成员思想碰撞形成经验升华理论，以理论指导实践落实推广的工作室运行模式，从而带动辅导员队伍更加职业化和专业化，促进辅导员队伍建设良性循环发展。

（四）树立名师标杆，打造品牌特色

辅导员工作室应作为辅导员名师的孕育摇篮，要为树立模范榜样和典型人物发挥积极作用，坚持“三全育人”的根本，充分发挥辅导员的育人职责。一是坚持以辅导员职业能力大赛、辅导员年度人物评选、最美辅导员等赛事为抓手，在提升业务能力和理论水平的同时，培养辅导员名师和典范，以赛带练，全面提升辅导员的综合能力和职业素质。二是通过参与专题培训研讨和相关领域的学术交流等契机，将实践中的共性问题上升为理论研

究与指导，成为思想政治教育工作中的某一领域专家和名师团队。通过研讨和交流，积极融会贯通，以达到思想碰撞的目的，充分将理论与实践工作相互结合，推动辅导员工作良性循环发展。三是通过培养一批辅导员名师团队，产生辐射影响作用，为整体辅导员队伍提供前进力量，指引前进方向，通过理论学习、研究创新和实践推广，在思想引领、学业指导、班团建设、心理辅导、少数民族等方面打造特色项目和品牌，以优秀辅导员多年积累的丰富经验为指导，结合年轻辅导员的创新思维，推动辅导员整体队伍发展。此外，辅导员工作室要强化"品牌"概念和建设，针对工作职责中某一特定领域开展深入探索和研究，在理论中升华。在实践中思考，将理论与实践相结合，以理论武装头脑，促进实践工作创新发展，进一步形成具有独创性和专业性的工作"名片"，从而加大工作室的辐射面和影响力，推动工作室向规范化和品牌化发展，提升其内涵力和可持续发展力。

专题七 新媒体时代校园网络文化建设研究

互联网从产生之初到蓬勃发展，一直以来都影响着人们的生活，现如今高校内的学生大多为“00后”，“00后”学生具备思维活跃、思想开放的特点。互联网的蓬勃发展带来了文化的繁荣，形成了网络文化这一独特的文化形态。网络文化是一种新兴的文化，正在深刻影响着当代大学生的身心健康。学生所处的校园本身存在着独属于自身的校园文化，校园文化是学校人文精神的体现。校园网络文化是校园文化的扩展，是学校开展思想政治教育的重要手段，是学校开展思想政治教育工作的关键，能够潜移默化地引领大学生的行为习惯。网络在为大学生提供便捷化的信息获取渠道与多样性的知识资源的同时，也因为包含过度泛滥的低俗信息而对学生的精神世界产生了冲击，使得校园网络文化建设面临着严峻的挑战。因此，我们必须加强校园网络文化建设的路径研究，创新校园网络文化的治理对策，尤其现在社会处于自媒体时代，校园网络文化已经成了校园文化的重要组成部分，并以各类网络平台作为载体，通过网络突破地域和时间的限制，对平台受众产生直接影响，进而辐射整个社会。建设校园网络文化需要我们创新工作意识，在制度建设、内容建设、队伍建设上不断完善优化，创新工作方式方法，研究探索校园网络文化建设新路径，从而使校园网络文化发挥好育人功能。

互联网从1969年产生开始便一直影响着人们的生活，20世纪80年代，互联网在我国发展起来，至此经历了40多年的时间。从2012年“互联网+”概念产生开始，互联网的应用与发展便越来越深入。2015年7月4日，国务院印发《国务院关于积极推进“互联网+”行动的指导意见》。2020年5月22日，在发布的2020年国务院政府工作报告中，国务院总理李克强提出，全面推进“互联网+”，打造数字经济新优势。而高校网络文化是“互联网+”背景下最广泛的阵地存在，是“互联网+”重要的构成部分。我国高校是国家培养德智体美劳全面发展的人才的主要阵地，是思想政治教育工作最需要的地方。高校网络文化是高校思想政治教育的最新发展形势，也是主要组成部分。高校网络文化有自己的特点，如空间分布广、地域非现实、多元丰富等，与以往的高校思想政治培养大为不同，是突破空间、时间限制的“虚拟校园”。[①] 大学生是应用互联网最广泛的群体之一，大学生具有思想进步、易于接受新鲜事物、想法多元、思路跳跃等特点，是互联网中最活跃的内容制造者与传播者。网络已经成为新时代大学生必不可少的重要学习工具与社交媒介、娱乐媒介，是大学生获取知识、学习技能，拓宽视野的平台。而网络本身是虚实混杂、包罗万象的，必定会给大学生造成一定的消极影响。[②] 大学生群体容易在网络中迷失自我，陷入“娱乐至死”的漩涡之中无法自拔，给高校思想政治教育工作带来了严峻挑战。正确运用网络来引导大学生群体始终保持向上向美的精神面貌，实现高校培养人才的目标，全面了解校园网络文化的发展现状以及现实存在的问题，是摆在高校思想政治教育工作者面前的重大考验。而通过多种路径实现校园网络文化的有效建设，是高校思想政治教育工作者的首要目标与任务。

一、校园网络文化建设的必要与关键

（一）网络文化是校园文化的补充与发展

校园文化是一种具有高校本身特色的实体文化与精神文化的结合体。实体文化主要包括校园标志景观、整体环境风格、园林、基建、校容校貌等实质性物体或物质存在。精神文化主要包括校史校情、校风学风、院风班风、学生组织的文化、不同渠道的信息文化、师生精神面貌等。实体文化是大学生学习与生活的物质条件和基础，从而形成影响学生思想情感、行为道德的

① 王倩：《“自我同一性”理论视阈下高校校园网络文化建设路径探究》，《江苏高教》2020年第5期。

② 宋仕平、武坦：《地方高校校园网络文化建设：现状分析与路径选择——以周口师范学院为例》，《三峡大学学报（人文社会科学版）》2016年第3期。

重要实体力量。精神文化是直接作用于学生德智体美劳全面发展的重要因素。

校园网络文化是校园文化的外延性发展,它属于广义的高校校园文化,是根植于互联网的校园文化。在新时代,高校网络文化已经成为高校校园文化的重要组成部分,微信、微博、抖音、快手等平台占据着学生日常生活娱乐的半壁江山,B 站等互联网视频平台也成为学生学习与娱乐的重要途径。因此,及时在网络上占领思想政治教育阵地是高校网络文化建设的必要手段。与时俱进地运用网络发展校园文化,是新时代思想政治教育工作者首先应该掌握的重要技能。现如今,尤其在新冠肺炎疫情期间,不管什么活动,都离不开网络的参与,面对鱼龙混杂的互联网生态环境,高校思想政治教育应发挥应有作用,武装青年大学生的头脑和强健其精神体魄。

(二)新时代中国特色社会主义背景下的高校网络文化建设

我党历来重视文化建设,习近平总书记在文艺工作座谈会上发表重要讲话,指出:“中华优秀传统文化是中华民族的精神命脉,是涵养社会主义核心价值观的重要源泉,也是我们在世界文化激荡中站稳脚跟的坚实根基。增强文化自觉和文化自信,是坚定道路自信、理论自信、制度自信的题中应有之义。”[①]而建设高校网络文化,首先应做到文化自信,即对我们自身的中国优秀传统文化与中国特色社会主义文化有信心,只有传递高校自身声音,方能做到高校网络文化建设的持之以恒。

在新时代,高校网络文化建设需要将传统文化与思想政治教育结合起来,中华民族的传统文化是思想政治教育工作最宝贵的财富,用传统文化讲述高校故事,必将深受学生喜爱与追捧。高校在运用好中国传统文化的同时,还应该加强社会主义核心价值观的教育,用社会主义核心价值观武装当代大学生的头脑,讲好社会主义先进文化,从当今生活中的身边事出发,从点滴出发,发挥网络思想政治教育的实效,将中国故事讲活、讲好、讲精彩。

① 《习近平总书记在文艺工作座谈会上的重要讲话公开发表》,《人民日报》2015 年 10 月 15 日。

二、新时代校园网络文化的基本内容

(一)校园网络文化的基本内涵

正如前文所述,校园网络文化是互联网与高校校园文化相互融合发展的崭新形式,是高校校园文化的外延扩充。高校师生运用校园网进行学习、工作、选课、传递信息、休闲娱乐,依托校园网进行沟通、交流、讨论。正因如此,高校网络文化既有网络本身存在的虚拟性的特点,也包含了校园文化实体性的内容,是二者的有机结合体。因此,要想充分认识高校网络文化,就要从网络与高校校园文化两个角度进行考量。①

(二)校园网络文化建设的积极作用

第一,思想塑造作用。校园网络文化建设应着重于传播正能量内容,用一种学生喜爱并能广泛参与的形式进行思想政治教育,做到将教育落到实处,润物细无声。互联网本身具有信息传播速度快、交互快、渗透强的特点,大学生是网络信息的积极接收者,学生可以在网络中实现言论的自由表达。高校网络一般由各高校的官网、内网、微信公众平台、视频号、易班、今日校园等构成。内网之间的信息传递是高校网络的基础构成,但现在学生更多是在微信朋友圈、微博、抖音、快手等平台进行言论的发布与传播。网络本身具有私密性的特点,大学生在网络中往往想说就说,不计后果地发表言论,其中,某些言论可能只是一般性的宣泄,但往往其中夹杂着一些影响甚至扰乱社会公共利益与秩序的不恰当言论。大学生本身思想活跃,往往容易受到不良信息的影响从而产生负面情绪,此时正需要高校网络发挥正面引导作用,对大学生进行积极正能量的引导与教育,培养大学生合理表达的良好习惯,树立正确的互联网冲浪心态。在大学生运用高校网络进行交流沟通的同时,高校网络也是高校教师了解学生群体所思所想、生活状态、学习状态、心理状态的平台,在此平台上,高校教师可以对学生进行潜移默化

① 杜哲、刘轶:《新形势下推动高校网络文化建设的思考》,《文化创新比较研究》2020 年第 27 期。

的爱国主义教育与思想政治教育，有针对性地对学生的学业、就业、心理和生活中遇到的问题进行正面引导并加以解决，帮助大学生树立正确的思想体系。

第二，规范引领作用。网络文化本身就存在良莠不齐、传播自由的特点，大学生在面对海量的网络信息时，必然会产生某些负面情绪，从而导致行为的失态，引发成长道路上的多种问题。针对此种负面情绪甚至由此产生的不恰当行为，高校教师需要对大学生进行行为规范的引领，而高校网络本身就是绝佳的思想政治教育平台。高校在创造、制造网络文化的初始阶段时，应严格做好把关与审核工作，通过文化这把软武器，春风细雨般地将行为规范教育做到学生内心深处。高校网络文化创作者应通过网络平台树立大学生中的模范典型，通过宣传优秀学生代表以及先进模范事迹，发挥榜样示范引领作用，为大学生树立行为规范的典范标准，帮助大学生实现自我行为的重新塑造，激活学生进步的内生动力；还应该通过高校学生管理规定以及一些班规班约对学生的日常行为进行规范与培养，约束学生从正向阳光的角度进行大学生活中的沟通、交流等社交活动，引导学生合理合法地表达诉求；更应通过高校网络文化本身的自我纠正功能，在师生言行不符合规范要求时，通过文化育人的功能，实现自我修复与完善，创建文明和谐的校园网络文化环境，构造清朗美丽的校园网络文化空间。

第三，全方位育人作用。校园文化本身包含实体文化与精神文化两部分，不管是实体文化还是精神文化，都能够在学生修养与道德品行的培养上发挥至关重要的作用，每个高校的学生都有其自身的特性与品质，而这些都是由校园文化决定的，高校网络文化能够将实体文化与精神文化做到有机的结合，焕发新的文化活力。高校网络文化与校园文化通过虚实结合的方式可以将育人的作用发挥到最大量级，如创建数字校史馆、录制优质课程等方式可以将实体文化搬到网络，让文化传播速度加倍。文明、和谐、清朗的校园网络文化环境能够起到绝佳的育人作用，只有积极、阳光、正面的网络文化空间，才能让大学生在其中吸取到互联网中有价值的网络信息，为大学生提高思想境界提供空间。与此同时，高校网络文化是传承与创新中华民族优秀传统文化的主要阵地，中华民族优秀传统文化是高校校园文化取之不尽用之不竭的源泉，只有继承好传统文化的精神，才能良好发挥文化育人功能。高校网络文化应该紧跟时代发展的脉搏，打破空间与时间的限制，运用多种网络平台宣传弘扬传统文化，不再局限于原有的课本与线下课堂，运用高科技方式发挥互联网的实际作用，做到真正的“互联网＋”，打造校园文化品牌活动，突出传统文化内在价值，实现校园网络文化的飞跃发展；调动学生的积极性，引导学生自觉主动地学习传统文化，传承学校优秀校园文化，强化学生爱校荣校理念，掌握文化育人的主动性；创新传统文化表征形式，激发传统文化的内在活力，焕发传统文化的新魅力。高校网络文化要实现多角度、全方位的育人作用，只有深深扎根中国本土，传承、创新、弘扬好传统文化，才能在网络这片汪洋大海中不迷失方向，才能真正发挥好育人作用，全方位培养社会主义合格建设者和可靠接班人。

三、校园网络文化建设与思想政治教育工作的联系

互联网兴起之后形成的网络文化，是一种存在于特定话语含义下的文化，很多网络流行语从字面意思理解往往都不能真正了解其本意，而需要从其特定的话语体系下才能知悉。在网络文化兴起之后，大学生由原来单一的纸质阅读的传统模式和普通的信息查询方式转变为电子阅读的新型阅读模式和运用大数据进行信息检索的新型查询方式。由于网络文化潜移默化地影响，学生已经普遍易于接受互联网的阅览方式，相比长篇的文章，更愿意看简短的微信推送，相比文字，更喜欢看图片，相比静态呆板的纯图片，更喜欢动态直观的影音。高校的思想政治教育工作倘若还是只停留在照本宣科地讲授课本知识，还停留在文章与纸质材料上，那么其在学生当中传播的速度与起到教育的效率同网络思想政治教育相比较，必定不是一个量级。举例来说，一份纸质版文章或一本书，需要每个人依次翻阅浏览，往往在传播的时候，只能是小范围的；而一篇推送、一张图片的传播是大范围的，一分钟可能被上百人同时阅读查看。

高校思想政治教育工作在互联网时代背景下，要想达到“立德树人”的根本目的，就要融入网络文化之中，并在网络文化中占据主导地位。高校的校园网络文化建设与高校的思想政治教育是相辅相成、互为促进的关系，网络文化的建设是高校思想政治教育工作的关键一环。高校思想政治教育工

作是教育学生、武装学生、服务学生的工作，学生是思想政治教育的受教育者。高校的思想政治教育工作要发挥教育的实质作用，就要站在受教育者的角度进行考量，从思维习惯与逻辑角度着手，用学生喜闻乐见的方式进行思想政治教育，将思想政治教育做到学生心坎里。在新时代“互联网 +”背景下，高校思想政治教育工作要融合到“互联网 +”潮流中，运用互联网思维分析互联网时代下大学生的行为习惯与思考模式，用学生能接受、看得真、感受切的互联网新型形式开展思想政治教育，借助网络开展活泼丰富、生动有趣的思想政治教育活动，用网络文化的活力带动思想政治教育的跳跃性发展，让学生能够被其感染吸引，化被动教育为主动教育，掌控网络文化传播的话语权。

高校思想政治教育工作所处的网络环境日新月异、复杂变化，受到多种因素的影响，高校思想政治教育工作者务必要做到与时俱进，做到与学生同呼吸、共命运，方能适应变化与革新，主动学习网络文化的最新内容，寻找学生对于网络文化的主流、热门话题的痛点、痒点。通过创立高校网络思想政治教育平台，构建积极有效的沟通、对话机制，形成良好的思想政治教育生态环境，为高校网络文化的长久发展搭建通道，形成互通有无的崭新格局。

四、负面网络文化对学生的影响与冲击

高校的校园网络文化建设目前还处于初级发展阶段，一些负面的网络文化信息包围着学生，使他们容易丧失自我分辨、自我梳理的能力，非常不利于高校达到“立德树人”的目标，对培养德智体美劳全面发展的中国特色社会主义事业的合格建设者和可靠接班人没有益处。“立德树人”是一项长久工程，是关乎民生福祉的一项根本工程，高校校园网络文化的建设是立德树人教育的根本一环，是其重要组成部分。现如今，校园网络文化还处于信息复杂混乱的状态，校园网络文化对学生的思想、心理、生活、学习、人际交往都存在着冲击与影响。

（一）负面网络文化对学生的理想信念存在的冲击

理想信念培育的关键时期正是大学时代，此时学生的人生观、价值观、

世界观的系统尚未形成,正是立德树人的绝佳时机。网络文化本身具备多样的思想政治内容和教育资源,能够在传统课堂之外形成“第二课堂”,帮助大学生塑造正确的理想信念,通过富有吸引力、亲和力的优质信息,扩展传统理想信念教育的深度、广度,为学生的思想引领教育提供全新方案和手段。但网络本身多元、虚拟、隐秘的特征使得大学生容易沉溺其中,造成大学生理想信念的弱化,甚至扭曲。网络上存在非常多娱乐内容,比如游戏、动漫、偶像剧、音乐,这些丰富多彩的内容会分散学生的精力,浪费学生宝贵的学习时间,在一定程度上会造成对主流意识形态的疏忽。大学生自我把控能力弱,不具备较强的自我保护意识,容易使得某些夹杂着境外意识形态内容的信息伺机侵入,冲击主流意识形态,对大学生的三观造成影响。互联网中机遇与挑战并存,互联网极大开放,但另一方面不法活动盛行,例如网络诈骗、非法刷单、黑客,在缺乏道德自我约束和法律监管的条件下,大学生容易误入歧途,走上违法犯罪的道路。同时,非实名制本身是互联网虚拟性、隐蔽性的体现,这在最初是网络最大的亮点与特色,但现在这种隐蔽性、虚拟性则造成了网络不当言论横生,网络已然不是一片净土,任何人都可以在上面发表言论,不管是否正确。而唯阅读量、点赞量为主的模式,使得大学生无法分辨信息的真假,这对大学生的价值观念、理想信念的培养具有很大的负面影响。

(二)网络文化对学生的理想信念存在的冲击

目前高校大学生多为“00后”,且大部分都为成年人,但现如今大学生群体多为独生子女,从小受到父母的疼爱,心智发展尚不成熟,身体发育与心理发育不在同一梯度,抗压能力、抗击打能力弱,没有受到过挫折。大学阶段是从学校迈向社会的关键时期,是步入完全理智成年人的过渡期,也是塑造完全成熟人格的时期。处于大学阶段的学生面临着身体的快速成长与心理还处于孩童时期的自我矛盾中,一方面年龄上已达法定成人年龄,但心智上尚且还为孩子,另一方面高中的父母管控式的教育模式使得学生具有极大的依赖性,在步入大学后,父母管教的短暂缺位,使得学生无法适应,加之高中的严格管控使得学生在大学期间产生报复性娱乐的心态,沉迷网络的现象频发。同时大学阶段的学生还面临着自身发展与社会竞争的矛盾,在高中阶段，所有学生的目标都是考一所好大学，而步入大学以后，失去高考目标的学生便整天无所事事，有的学生参加竞赛、文体活动、学生干部、社团组织，全方位发展，证书、奖学金等荣誉源源不断，有的学生大学四年每天都是与游戏、抖音、偶像剧做伴，到最后就业时期简历空白，尤其现如今就业前置，学生提前了解了社会竞争压力，部分学生无法接受自己的“碌碌无为”，其中的落差使得学生产生自我矛盾，产生压力。这些压力逼着学生想要逃避现实社会，希望借网络寻求自我安慰与心灵释放，但不良网络信息以及不科学的网络使用习惯并没有为学生的心理调适起到促进作用，反而会加深学生负面心理情绪的产生，例如焦虑、恐慌、压抑、抑郁、孤独等心理问题，这也是现如今大学生群体出现的几大重点问题。

（三）网络文化对学生的理想信念存在的冲击

前文提到，不良的网络信息充斥在学生周围，同时加之上网习惯的不合理，使得网络成瘾问题凸显，影响学习生活。大学生的主业是学习，大学是学生学习生活中至关重要的阶段，是了解社会、学习技能知识的黄金时间。而不良的上网习惯占据了学生的大部分时间，网络成瘾的学生甚至将全部的时间都花费在网络上，这非常不利于学生学业的进步，同时网络的随时参与性使得学生常常日夜颠倒，影响学生的睡眠质量，许多学生经常熬夜上网，间接助长了逃课行为的发生，同时网络及手机的高度发达，使得考试作弊等违纪行为屡禁不止。大学生思想开放，部分学生在互联网上冲浪的时间占据了个人时间的绝大部分，对待新鲜有趣的互联网信息，常常会沉溺其中，产生网络上瘾的状态，影响身心健康，不利于德智体美劳的全方位发展。在互联网上最活跃的群体便是大学生，大学生群体思维活跃，但对各方面信息的鉴定能力不足，往往最容易受到不良信息的危害，为网络暴力的侵入提供了便利。大学生喜欢发表意见，对热点话题发表言论往往不考虑实际情况，容易成为网络暴力的实际参与者，同时网络中“键盘侠”居多，所有人都不能独善其身，有时候学生的发言容易成为众矢之的，受到网络暴力的实际伤害，变为受害者，影响学生性格的健康发展，甚至诱发犯罪。网络贷款问题的产生源于网络购物的上瘾，有些学生在面对网络上呈现的丰富多样的商品时，容易产生消费冲动，同时步入大学后，同学们之间的相互攀比使得学生产生不健康的消费观念,再加之为游戏充钱,普通家庭给学生的一个月的生活费往往不够学生的开销,消费观念的扭曲使得网络贷款乘虚而入,网络贷款规避掉了传统贷款复杂的审核环节,贷款时间短,但这往往容易造成学生的个人信息泄露,同时也会产生高额的利息,导致无法及时偿债,影响个人征信记录。

五、目前校园网络文化建设的实际困境

在互联网时代,网络信息呈现出覆盖广、快速交互传播、内容个性化、共享速度便捷、体量巨大等特点,且网络信息的原始数据存在无差别植入网络的特点,网络信息的纷繁复杂是网络文化的发展,尤其是校园网络文化建设的一个严峻挑战。高校学生在互联网时代广泛接受网络,通过网络获取信息,相比于传统的阅读模式,在面对纷繁复杂的网络信息时,容易迷失自我。此时如何发挥网络文化建设的正面育人作用,用好网络这把亦好亦恶的工具,创作并推广出丰富多彩、形式多样、活泼生动的网络文化内容,是摆在我们面前值得思考的实际问题。

校园网络文化是网络文化在校园的分支与延展,是传统校园文化的拓展,是基于高校网络平台而形成的一种崭新的文化展现形式,借助微信公众平台、易班、今日校园、微博、抖音等APP载体进行传播。在高校网络文化的建设发展过程中,首要目的是营造和谐、自由的校园网络文化氛围,抢占校园网络阵地,掌握话语主动权,制作正能量内容,为学生的人生观、世界观、价值观的培养与塑造创造良好的基础。由于学生群体本身对于内容的选择、甄别、喜恶存在差别化,因此高校网络文化的建设发展并不是一帆风顺的,而是螺旋发展、不断进步的。

(一)掌握话语主动权程度不够

部分高校自身的网络阵地平台,如微信公众号、官方微博、官方抖音,运营团队多为老师带领的学生,这存在着运营力度不够、内容质量参差不齐的问题,无法形成高校网络平台的阵地矩阵,也无法充分发挥媒体联动的效应。现在是人人都可成为自媒体的时代,学生当中不乏存在“大V”,而自媒

体的兴起使得原有的互联网信息共享平台受到巨大冲击，自媒体的普遍化使得发布信息更加自由平等，也使得信息呈现出更加多元的状态。新型自媒体平台上的用户既是信息发布者，又是信息接收者，他们可以将看到的新闻或者热点问题随时上传网络，并使其迅速传播开，这给校园网络文化的建设造成巨大“隐患”，如何发挥学生“大V”的宣传作用，从而形成校园网络文化宣传矩阵，是掌握网络话语主动权的前提与关键。高校对于自身网络平台若没有形成统一的管理，就无法进行有针对性的信息传播，也会导致高校对于自身不同的网络媒体平台的特点无法精准把握，那么，在进行网络文化作品创作、交流互动时就会显得力不从心。若是如此，高校网络官方平台便无法成为师生及其他关注者首选的信息获取平台，从而影响高校网络官方平台的关注量、浏览量、影响力。

（二）内容创新引导力度不够

部分高校网络媒体平台的内容多为互相转发的同一篇稿子，内容高度重合，缺乏时效性、新颖性，作品内容缺乏创新，无法对学生的三观进行充分的培养和培育。部分高校的网络媒体平台所创作的网络文化作品内容形式固定单一，并没有良好的适应目前新媒体的特点，无法针对新颖的热点问题进行回应，还存在着灌输式的内容创作模式，缺少丰富性，无法发挥媒体平台的实质作用，满足不了受众的需求，形成不了媒体平台矩阵的宣传合力，对受众的舆论观点引导力度明显不足，无法有效地培育新时代大学生的思想品德修养。

另外互联网的高度发展以及技术的变革，让校园网络文化建设更需要懂新媒体的专业人才，让专业人才来及时发现网络热点问题，抓取学生中时兴的话题，及学生的兴趣痒点、浏览痛点，进行专业研判，从而及时创作高质量的校园网络文化产品。校园网络文化建设队伍中的专业人才需要通过一定时期内的不断学习，逐渐掌握专业的互联网技能和网络文化的特点，并在该领域逐步获得相应的专业地位。目前从整体上看，我国高校的校园网络文化建设还处于初级发展阶段，有很大的空间可以提升，部分高校还没有实现创建一支专业的校园网络文化建设队伍。校园网络文化建设是一项极其复杂的系统工程，需要校园网络文化建设者具备扎实的媒体专业知识、文学专业知识、新闻专业知识，更要深谙网络思想政治教育的本领与技能。但如今，部分高校对于校园网络文化建设的重要性还缺乏科学、合理的认识，没有真正将宣传工作列入学校重点工作，对待校园网络文化建设队伍缺少必要的关注与重视。部分高校存在网络文化建设人员短缺的问题，往往是一人身兼数职，校园自身的网站运营和微信平台运营只是其工作的一部分，远远没有达到专业的程度，对于网络文化阵地的建设无法形成规模体系。因此，校园网络文化的建设，要在巩固现有思想宣传成果的同时，还要在自媒体阵地上付出更多的精力，投入更大的力量。

在工作层面上，宣传的力度需要大大加强，宣传的形式与载体也需要不断创新，需要形成工作事事有宣传，部门之间、各学院之间、各战线之间要形成统一的宣传路线，摒弃单打独斗的传统方式，发展互相配合、互相协作的工作新模式，形成信息资源的共享，加强协同联动机制作用的发挥，构建及时响应的工作体系，在校园网络文化建设阵地上投入更多的力量，形成网络思想政治大宣传的工作架构，运用网络为校园文化建设提供思路与借鉴，不单单只是觉得宣传了就好，而要做到宣传到位、宣传入心，真正形成特有的良好校园网络文化体系。

（三）网络舆情疏导力度不够

在互联网时代，互联网的发展对于高校来说既是机遇又是挑战，对意识形态工作的引导、受众心理特征的变化都存在影响，高校思想政治教育工作是维持高校稳定的常态工作，然而网络的快速发展与高校思想政治教育的方式和内容创新的步伐是不相协调的。传统媒体的信息传播是单向的，信息的发布需要经过非常严格的审核把关，需要发布具有高度可信性的信息，在这个时期，学校能够充分建设校园文化，吸引和影响学生，塑造优良学风。而自媒体时代，人人都能拿起“麦克风”，人人都是发布者，这使得信息的传递和发布呈现出日益复杂的状态，自媒体时代下，信息一经发布便裂变传播，此时给学校管理造成了极大的困扰，影响校园文化的建设。作为网络中最活跃的群体，大学生受众群体参与网络的积极性最高，互联网为高校学生提供了自由发表言论的途径，同时大学生可以通过网络接触多元的文化。但是目前的网络文化中会出现不同的声音，面对一个热点话题，会涌现不同的观点和态度，其中可能夹杂着大量的负面垃圾信息，而大学生群体直接接触互联网，容易受到多元文化的冲击，影响其自身的思想动态甚至行为变化，负面垃圾信息对大学生的心理产生误导，造成学生的行为失范，使得大学生丧失自我约束和管控，在成长中出现问题，甚至产生负面的网络舆情。部分高校在面对网络舆情的时候往往采用封堵的方法，采取互联网实时信息监测进行舆论管控，对待负面舆情只封不疏，针对正面舆情无法正确引导和运用，没有在学生群体中起到舆论的主导作用。久而久之，使得高校始终处于一种被动防御的状态，不能变被动为主动，无法形成良性循环，学生群体与高校之间始终存在信息差，不能很好地进行信息互通，导致校园网络文化的不匹配性与自我封闭性，无法形成开放包容、健康向上的校园网络文化氛围。高校应该摒弃这种封堵的办法，在大学生思想引领和价值塑造上真正发挥指引作用，将网络文化的建设与社会主义核心价值观教育进行融合，实践结合理论，开诚布公地与学生交流，引导学生正确发言，同时提供反馈负面情绪的平台，引导大学生主动学习社会主流文化、思潮，了解主流文化内涵，从而让高校听到学生群体的声音，真正做到决策源于学生、用于学生，从源头疏导舆情。

高校校园的网络文化受众主体是高校的师生，也有社会中不定向的群众。目前大学生受众群体是“00后”，是和互联网一起成长发展的一代，对网络有很强的依赖性，相较于线下，更喜欢通过网络进行信息传递和交流。当今社会发展越来越开放、包容，各种思想浪潮呈现多元化趋势，网络信息复杂多样，延伸到校园网络文化，校园网络文化也呈现出多元的特点。高校作为思想政治教育的重要阵地，立德树人是其根本任务，高校网络文化作为高校宣传思想政治工作的主要媒介，要想在多元的网络文化中脱颖而出，创立具有高校本身文化特色的文化品牌，需要不断加强其自身核心竞争力，加强文化作品吸引力，从而实现对青年学生的价值引导和观念养成。在通过对互联网平台对比考察分析后，少数高校已经能够形成品牌效应，有自己的特色，但大部分高校的校园网络文化建设更多是流于形式、疲于应付，部分高校更多的是通过线下和官方网站进行宣传教育，而其他具有微博、微信平台等公众平台的部分高校仍停留在发布学校的新闻事件报道、工作通知和转发主流平台的推送的初级阶段，自身创新建设不够，没有很好地融入价值、塑造内容，无法深入学生、走进生活，内容创造不接地气，发布的内容中理论性内容占据绝大篇幅，无法真正地在平台建设中彰显自身网络文化的特点和优势，无法引起学生的共鸣，不能很好地让学生理解内容的实质，也无法实现学生对内容的转发欲望与热情，对正处于身心健康发展关键时期的学生的价值观、世界观、人生观的培养缺少正面引导作用，从而无法很好地发挥校园网络媒体平台的实际作用，影响校园网络文化的发展与长久进步。同时内容的分散化对高校自身校园网络文化建设形成品牌特色并无益处，不利于文化创新以及做好网络思想政治教育。[①]

（四）校园网络文化的影响力和服务功能有待加强

近几年，人们普遍开始重视自媒体平台，而高校也在诸如微信、微博、抖音开通了自媒体平台官方账号。从这些自媒体平台被关注的数量来说，每个高校都有极大的粉丝数量，基数远远大于在校生数量，许多毕业生、社会人士也会选择关注高校的自媒体平台，了解最新高校信息，获取高校科研资讯。高校利用这些平台来进行宣传推介，辐射平台受众，引导师生在平台上实现正能量的交流互动。高校的自媒体平台是毕业生寄托情感的媒介，是高校连接毕业生的重要渠道，毕业生通过学校的官方平台关注学校的发展，同时学校也需要借助官方平台来吸纳源源不断的校友力量，形成校友文化。

高校的校园网络文化建设是以大学生群体为依托，这里不光指在校大学生，还包括已经毕业的学生。自媒体平台的发展在能够便利高校学生及时了解各种学校信息的同时，也给校园网络文化带来了风险，过多的关注势必会造成高校“草木皆兵”的局面。社会中自媒体平台过度的娱乐化使得学生将更多的精力放在泛娱乐的内容中，同时自媒体也成了引导消费的工具，各种植入广告影响着学生的消费观念，偶像剧的情节影响学生的择偶观、婚姻观、爱情观，而自媒体平台中所呈现的“纸醉金迷”的高消费生活则深刻影响着学生的择业观。

---

① 李虎成、王雪梅：《自媒体视阙下高校校园网络文化建设路径研究》，《长春师范大学学报》2021 年第 5 期。

高校的校园网络自媒体平台是学校对在校生甚至毕业生继续实现宣传和教育的有效途径,通过自媒体平台能够很好地面向受众宣传校园文化,发挥文化软实力的作用,同时也是塑造学校校风、学风的重要手段。高校自媒体平台能够通过创作高质量内容在短时间内达到加强学校的影响力、发挥高校事业单位属性、实现社会服务的基本职能。就高校自媒体平台的作用来说,其可以实现精准推送,将受众群体普遍感兴趣、想了解的内容推送出去,发挥高校自媒体本身关注量庞大的优势。然而事实上,部分高校自媒体平台关注量与个体推送、作品的点赞量、阅读量不成正比,甚至转发量寥寥无几,高校官方自媒体平台的内容多为学校的相关政策通知、新闻推送,这些内容影响力低,传统思想政治观主导的教育模式使得校园网络文化建设逐步陷入一种无话可说的尴尬境地,从而导致校园网络文化对大学生的吸引力与影响力逐渐降低。这在很大程度上制约了校园网络文化的建设,没有很好地发挥自媒体平台的功能性价值,也不利于作为事业单位的高校实现服务社会的职能。

(五)校园网络文化建设的社会协同参与度有待加强

高校的思想政治教育是至关重要的工作,高校作为意识形态工作前沿阵地,应时刻警惕境外的渗透,在校园网络文化建设过程中坚守住高校这片净土,做到守土有责、守土尽责,发挥文化育人的作用,挖掘本校文化特色,并不断创新,打造校园网络文化特色品牌,弘扬社会主义核心价值观,激发青春磅礴力量。但在自媒体平台盛行的时代,校园网络文化的建设也不再是高校自身内部的事情,它需要社会力量的参与,单靠高校内部是无法形成产业效应的,尤其在资源、技术、平台建设和运营方面,需要社会力量的不断支撑,开门搞建设,加强与其他高校官方平台、官媒等自媒体平台的沟通交流,形成联动效应,通过线上线下相结合、文化与教育相融合的方式,得到在校师生的广泛好评,做到 $1+1>2$ 的效果,产生文化聚变。

对于校园网络文化建设来说,提高网络文化建设水平,关键是增强协同性,然而部分高校的校园网络文化建设协同性不够。一方面,在高校的校园网络文化建设队伍内部,负责建设的成员之间各自为战,缺乏交流、沟通、协调,每个人都只负责自己分内的一部分工作,且工作之间相互独立,缺少联系协同，这些工作内容之间因为分散，无法有效地整合到一起，校园网络文化建设的内容体系没有形成，内容之间的协同效力无法有效发挥。另一方面，部分高校的校园网络文化内容存在高度重合性。高校是中国特色社会主义事业建设的重要组成部分，各高校之间在校园网络文化建设上的目标、定位是基本一致的，但个别高校的校园网络文化内容缺乏特色，同时一些高校在校园网络文化建设中仍处于单打独斗的局面，高校之间无法形成文化的联动与互动，文化育人功能的发挥没有起到实际效果。导致这两方面情况的原因更多的是部分高校校园网络文化建设的顶层设计缺乏整体意识，无法精准把握协同性发展的真正含义，没有将校园网络文化的建设纳入高校整体工作布局中，没有掌握发展的主动权，部分高校网络文化建设步入了误区，从而不能向更高层次发展。①

六、校园网络文化建设的路径选择

（一）校园网络文化建设应以习近平新时代中国特色社会主义思想为理论指导，加强顶层设计，优化工作作风

只有以习近平新时代中国特色社会主义思想为理论指导，校园网络文化的建设才能够做到风清气正，才能够保证校园网络文化时刻保持清朗的氛围。校园网络文化建设是一项持久性的工程，高校应将校园网络文化建设纳入学校顶层设计中去，制定系统的建设方案。长久以来，权责不清、管理松懈是校园网络文化建设一直存在的问题。校园网络文化建设管理部门应树立网络文化建设主体意识，建立健全组织架构，及时学习研读各级各部门相关文件政策内容。在顶层设计上，校园网络文化建设者应始终坚持政治方向正确、舆论方向正确、价值取向正确，始终牢牢把握住主动权，优化工作模式、工作理念，创新校园网络文化平台建设的创作方式、传播方式，始终把实践摆在第一位，做到理论与实践相结合，制定好年度计划与年度总结，及时研判网络文化发展趋势，深入到学生群体中去，走进学生的内心，将学

① 商应美、魏宇静：《高校网络文化建设的现实考察与策略选择———基于教育部试点高校的分析》，《中国青年社会科学》2019 年第 5 期。

生身边事作为校园网络文化取之不尽的素材来源，以校园生活作为基础，校内与校外联动，打造校园网络文化特色品牌，动员师生积极参与，提高校园网络文化的认同度，创作阳光健康的校园网络文化，确保校园网络文化的长久进步与学校的整体发展有效融合在一起。

（二）校园网络文化建设应坚持弘扬培育社会主义核心价值观，始终同思想政治教育相融合并建立专业化建设队伍

弘扬、培育、践行社会主义核心价值观，是高校思想政治工作的重要组成部分，是推进落实立德树人根本任务的核心动力，能够引导学生坚持走中国特色社会主义发展道路、坚定中国特色社会主义理想信念，激发学生内在的爱校荣校、家国情怀，促进学生自身成长成才。习近平总书记在党的十九大报告中明确指出："要以培养担当民族复兴大任的时代新人为着眼点，强化教育引导、实践养成、制度保障，发挥社会主义核心价值观对国民教育、精神文明创建、精神文化产品创作生产传播的引领作用，把社会主义核心价值观融入社会发展各方面，转化为人们的情感认同和行为习惯。"①校园网络文化建设应始终将社会主义核心价值观作为创作内容的理论支撑，以立德树人为目标，营造健康向上的网络文化氛围，以社会主义核心价值观引导青年学生远离网络文化中的含有低级趣味的内容，树立正确的用网习惯，提高学生对于信息的鉴别能力，弘扬网络正能量，动用校内校外力量，为学生创作积极阳光的高质量文化作品，通过文化的软作用潜移默化地影响学生的思维习惯与生活方式，培养社会主义合格建设者和可靠接班人，在促进个人的全面发展与社会的全面进步基础上，培育能够肩负起实现中华民族伟大复兴的时代新人。

校园网络文化建设离不开高校的思想政治工作，只有始终将思想政治工作作为校园网络文化的建设之本，才能做到校园网络文化永不过时，永葆活力。现在是互联网时代，校园网络文化建设者要学习先进的互联网新媒

---

① 习近平：《决胜全面建成小康社会 夺取新时代中国特色社会主义伟大胜利——在中国共产党第十九次全国代表大会上的报告》，2017 年 10 月 27 日，中华人民共和国中央人民政府网：http://www.gov.cn/zhuanti/2017-10/27/content_5234876.htm.

体技术和技能，创新工作模式。“要运用新媒体新技术使工作活起来，推动思想政治工作传统优势同信息技术高度融合，增强时代感和吸引力。”[①]习近平总书记在全国高校思想政治工作会议上的重要讲话，突出强调了新媒体新技术在加强和改进高校思想政治工作中的重要作用。这对新时代高校开展思想政治工作具有重要意义，我们应始终将思想政治工作作为校园网络文化建设的生命线，用校园网络文化保障好学校立德树人的根本任务。校园网络文化建设应注重建设队伍的专业化发展与学习，要打造一支理论功底过硬、综合素质过硬、专业业务过硬、专业能力过硬的校园网络文化建设队伍。建设队伍成员要做到讲政治、善宣传、会管理、懂技术，要能够甘于奉献，吃苦在前、享受在后。在个人层面，这要求成员应首先了解互联网特点，熟练掌握互联网技术，能够有效运营网络平台，保障网络平台的正常运作，能够及时解决网络平台突发的问题；其次还要掌握思想政治教育的理论功底，知晓心理学知识，能够了解大学生思想行为特点，能够及时发现问题、解决问题，能够做到始终在大是大非问题面前保持头脑的高度清醒，旗帜鲜明地支持党和国家的教育事业。在学校层面，一方面要配齐、配强校园网络文化建设队伍，另一方面要动员全校力量建设“大宣传”体系，校园网络文化建设从来都不是宣传部自己一家的工作，校园网络文化建设要想真正做大、做强、做好，需要校内各个战线、各个单位通力协作，配合发力，做到扁平化管理，形成网格化工作监管模式，形成高校校园网络文化建设工作矩阵，建设队伍要包含专职工作人员，也要配足兼职工作人员，同时二级单位应设置联络员、信息员，形成信息沟通与交流的体系。学校要精心培养懂得自媒体技术的专业人才，同时要组织好高校思想政治工作队伍的培训，将思想政治工作者培养成为新媒体技术的行家里手。网络文化信息传播的日益多样化使得传统信息传播方式无法满足学生的需求，这倒逼着校园网络文化建设队伍要不断做到技术创新，运用多种方式相结合，如图片、视频、VR 技术等，做到以学生为本，用自媒体技术激发传统思想政治教育的新活力，以学生喜闻乐见的方式创作出学生喜爱的优质校园网络文化内容，尽快补齐建设队伍中存在的专业空白，掌握校园网络文化建设的主动权。在建立专业建设队

① 《习近平在全国高校思想政治工作会议上的讲话》，《人民日报》2016 年 12 月 9 日。

伍的同时应注重发挥学生团队的作用。学生群体本身思维活跃、思想开放，在建设校园网络文化，尤其是建设自媒体平台，需要学生群体的广泛参与，为教师团队提供创意，形成以专业教师队伍为主、学生团队为辅的工作模式。

（三）校园网络文化建设应以学校实际出发，完善优化网络监管体系

规范管理，制度先行。制度建设是事关大局的重要工作，校园网络文化建设应首先完善制度规范，让制度建设贯穿于网络文化建设始终。近年来，国家有关部门出台了一系列法律法规文件，规范网络行为，净化思想政治教育的网络空间。高校作为网络文化活跃的独立社群，更要制定和完善制度规范，规范师生的校园网络文化行为，保障校园网络文化的健康发展，实现文化育人的目标。校园网络文化建设要十分注重制度建设，只有条例清晰、分工明确、奖惩分明的校园网络文化建设制度，才能打造团结凝聚的素质能力强的建设队伍。完善的制度体系能够为创作优质文化内容提供保障与支持。在完善制度的同时还需要在制度创新上多投入精力，以学校实际为出发点，优化制度建构，做到系统化、规范化、人性化，为校园网络文化建设提供良好的制度保障，通过顶层制度设计的科学性，有效防范校园网络文化建设中存在的风险点。在互联网高速发展的时代，网游、手游、短视频、直播、AI 等资源极大丰富，而学生往往是最缺乏自制力和约束力的群体，经不住诱惑，容易沉迷互联网，影响学业。学校应该建立相应的制度规范，约束学生在互联网中的思想和行为，引导学生关注现实，关注自身，远离虚拟世界，关注身边人和身边事。通过完善优化制度规范，鼓励师生积极主动地参与校园网络文化建设，自主创作网络文化作品，对师生的网络文化作品进行评选，对于质量好、创新强的作品，学校还应对其进行二次创作与加工，并大力推广。对师生的网络行为要实行奖惩制度，对积极投身网络文化建设的要予以表彰奖励，对破坏校园网络文化的要予以违纪处分。对从事网络思想政治教育的教师要认定其工作量，进行奖励，要对教师和学生的网络文化作品计算稿酬，单独计算教师的工作量，师生的优秀网络文化作品还应当在教师职称评聘、学生评奖评优中予以重点考量。校园网络文化建设在立足学

校立德树人目标的同时，要以思想政治教育作为关键，打造“坐标图”式的工作体系，横轴上，各二级单位之间要确保信息沟通畅通，制度与政策保持一致，实现资源信息共享，竖轴上，学校党委要做到齐抓共管，二级单位要和学校党委共同参与，同时由党委牵头形成有效的监管监督体系，真正净化网络空间，积极构建健康的校园网络文化生态体系，为校园文化建设提供更好的服务，将现实的校园生活与网络文化有机结合，做到互相补足。

规范管理，监管为本。校园网络文化建设应在制度建构的基础上完善网络监管体系，优化监管工作方式，筑牢监控防线。自媒体平台的广泛发展给校园网络文化建设带来了新的挑战和影响，校园网络文化在自媒体时代，需要依靠严格的监管体系发挥作用，只有加强网络环境的监管治理，才能保证校园网络秩序的有序发展，才能为网络文化建设提供一个开放、包容、有序的生态环境。加强高校的校园网络监管，是营造健康网络文化氛围的首要前提，只有真正做到有效监管，筑牢监管工作这个校园网络文化建设中的首要防线，才能发挥网络育人的实质作用，才能持续有效的创作优质作品。网络文化的多样性导致高校应做到教育前置，通过监管与防控，将网络中消极颓废、暴力色情等内容拒之门外，通过主动筛查、主动规避的方式帮助学生浏览正能量的文化内容，引导学生自觉提高信息辨别能力。学生不光是校园网络文化的参与者，同时也是校园网络文化的建设者和监督者，互联网的发展经验提醒我们，只有建构行之有效的监管体系，才能确保校园网络文化的合理、有序运行。学生在参与校园网络文化建设时，应积极举报校园网络文化中存在的不良信息，学校应建立保密的不良信息举报系统，通过学生群体之间的互相监督，约束学生的互联网言行、品行，传播积极正能量内容。

(四)校园网络文化建设应加强内容建设，掌握话语主动权

2016 年 4 月 19 日，习近平总书记在网络安全和信息化工作座谈会上的讲话指出：“我们要本着对社会负责、对人民负责的态度，依法加强网络空间治理，加强网络内容建设，做强网上正面宣传，培育积极健康、向上向善的网络文化，用社会主义核心价值观和人类优秀文明成果滋养人心、滋养社会，做到正能量充沛、主旋律高昂，为广大网民特别是青少年营造一个风清气正

的网络空间。"①

校园网络文化建设应注重内容建设，深入挖掘师生生活中的真实故事作为内容素材，充分调研学生的文化需求，以学生的身边事作为内容支撑，不脱节于师生的现实校园生活，多些烟火气，少些高大上，创作深受学生喜闻乐见的又包含社会主义核心价值观等思想政治内容的校园网络文化作品，作品风格与内容要接地气，符合学生的日常生活使用习惯，唯有如此，才能抓住师生眼球，激发师生关注的兴趣，取得共鸣，发布热点话题也要结合学校实际。与此同时，还有动员全校力量，集中优势创建具有学校本土特色的品牌栏目，分周期打造品牌作品，做到个个爆款。校园网络文化不光指精神文化，它还包括物质文化。精神文化更多地表现在人文精神，物质文化则体现在制度建设。物质文化为精神文化的发展提供基础保障。校园网络文化的受众主体是学生，任何内容的创作与展示都应以学生的兴趣爱好和需求作为根本，脱离学生，必然不会成功，只有走近学生，才能获取源源不断的信息，从而产生内驱动力，实现校园网络文化建设的跳跃式发展。通过开展富有趣味性的校园网络文化活动，引导师生自觉参与校园网络文化建设，注重以文化人、以文育人，将趣味性与知识性融合、自媒体与现实生活结合，着力打造品牌文化活动，线上与线下齐头并进，让学生真正品尝到美味的精神食粮，充分发挥学生的主观能动性，形成平台与师生的联动。自媒体大背景下，简单的文字已然不是最有效的文化传播方式，只有图文并茂、可交互性强的内容才能激发学生兴趣。校园网络文化建设应注重新媒体技术的应用，通过虚实结合的方式让师生群体能够在线上、线下均感受网络文化带来的充实感，校园新媒体平台要积极制作高阅读量、高点赞量的文章或者短视频，迅速提升关注度，增加受众群体，真正提升文化育人效果。短视频的制作不是一朝一夕的事情，需要花费很多的人力物力，因此不能贪图多而不注重质量，应做到每一个作品的发布都能引起巨大讨论，采取少而精的思路，提高相关视频、相关推送的等级和影响力，积极组织短视频大赛，引导学生主动制作、发布以社会主义核心价值观为主体内容，蕴含思想政治教育要素

① 习近平：《在网络安全和信息化工作座谈会上的讲话》，2016 年 4 月 25 日，中华人民共和国中央人民政府网：http://www.gov.cn/xinwen/2016-04/25/content_5067705.htm.

的短视频内容，从而真正做到引导学生积极乐观的面对生活，培育学生良好的生活态度，提高学生的辨别力，提升工作的针对性和有效性。校园网络文化建设要做到每一个文化作品都要配一个好的标题，有好的标题，文化作品就成功了一半，尤其是在自媒体时代，新颖的标题能够提高点击率，吸引受众眼球，从而增加点赞量、阅读量和关注量。但不能为了博关注而失去内容的价值，要注重文化作品的内在价值，要创作有内涵、有深度、有质量的精品内容，可以制作一些高质量的小网剧、小视频，用学生感兴趣的方式将思想政治教育落到实处，整合各二级单位的优质资源，将其充分融合，形成资源内容的共享与联动，建设融媒体中心，建设优势栏目和精品内容，提高信息的传播力、引导力、影响力，确保文化内容的公信力。

校园网络文化建设应加强新媒体技术的运用，校园网络文化建设者应紧跟互联网的时事热点，建立各类新媒体平台的官方账号，确保学生群体活跃在哪，学校的网络文化建设就活跃在哪，要积极运用自媒体技术为网络平台的建设锦上添花，运用短视频平台为网络文化建设提供新的思路，做到贴近学生、服务学生，通过各类网络平台的协同联动，吸引师生主动关注校园最新热点，了解学校的最新发展动态，潜移默化地做好思想政治教育。然而新媒体平台较多势必会造成流量的分散，学校应采取集中力量办大事的思路，重点打造精品的新媒体官方平台账号，提高官方平台账号的知名度和影响力，靠优质作品吸引社会群众的积极关注。校园网络文化建设需要学校真正做到将师生的文化需求作为建设的立足点，将思想政治教育作为建设的活跃点，真正做到文化建设的有效性。

校园网络文化建设应增强文化建设意识，建立健全制度建设体系，完善网络文化管理制度，规范学生的网络行为，配强、配齐网络文化建设队伍，提升网络文化建设的综合能力，创新文化传播形式，整合校内外资源，建设特色品牌栏目，积极占领网络文化的阵地，建设好校园网络文化，扩大网络文化育人成效，重点关注校园网络文化的实时动态，做好监管监控，坚实保障网络文化安全，牢牢把握时代脉搏，有效利用网络新媒体技术，不断开创网络文化建设新局面，确保校园网络文化建设真正走进学生心里，发挥文化育人的实质作用，为培养德智体美劳的全方位人才贡献力量。

专题八　大学生网络行为及其心理机制研究

随着互联网时代的到来，网络成了我们生活中不可或缺的重要部分。它不仅是现代社会人生活、工作和学习的重要工具，于当代大学生而言，更是能满足自身成长成才需要的必备信息来源。根据第46次《中国互联网络发展状况统计报告》中，关于中国互联网使用的年龄结构与职业构成的综合数据分析结果来看，大学生在当前网络使用中的占比较大，导致其在网络空间中的行为表现程度参差不齐，这直接影响了大学生的思想素质养成和网络空间的健康有序发展。

一、大学生网络行为的相关概念界定

大学生网络行为的相关概念界定首先从最基本的“行为”的概念着手，宏观把握“行为”的核心要义，在此基础上再进一步界定“网络行为”和“大学生网络行为”的有关概念，经过层层剖析来科学把握大学生网络行为的基本内涵。

（一）行为

行为是指人体或动物在生活中所体现出的生活态度和具体的生活方式，同时也是在特定的环境条件下，由不同的个人、动物或人群，所表现出的根本特征，以及对内外环境条件刺激而做出的能动反应。有关行为的概念界定，目前各学科都对其进行了深入研究，使其呈现出相对成熟的状态。首先，从语义学的角度，行为是指受思想支配而表现出来的活动。这一界定表明了行动并不是盲目的，是受思想支配的，同时是表现于外，与表现于内的活动相区别。其次,从组织行为学的角度,行为是表现在外的,并能够被外在所观察和记录的活动总和。这一界定将行为与个体结合起来,更清楚地表达了行为是个体表现于外的活动。第三,从马克思主义伦理学的角度,行为是受到现实社会条件制约的活动,是有意识的、有目的的自觉活动。这一界定表明了行为发生的条件和行为的特点。第四,从决策学的视角,行为指的是人的社会行动,是人在意愿力直观支配下形成的有意识的举动。这一界定,明确了行为的发生主体是人。综上所述,当前学界对行为的概念研究已相对成熟,主要围绕“有目的”“有意识”“受思想/意识支配”等内容展开阐述。基于此,笔者认为,行为是人体现为意志以外的有目标的、有意识的自觉社会活动的总和。

因此,正确把握行为的科学概念,重点可以从以下两个方面加深理解:第一,行为的发生主体是人。这一点把人的行为和动物的活动区分开,强调人类活动是人有意识的活动,而意识则是生物世界中发育到特定阶段后的产物,是人脑特殊的活动机制,而动物则没有意识,他们的活动大多是本能需要,而不是意识支配,因此行为的发生主体只能是人。第二,行为是人表现于外的活动总和。人的活动一般分为外在活动和内在活动,外在活动是可以被看到、被记录下来的活动,如拿取物件、走路散步等,而内在活动则是表现于内,一般是指心理活动。本专题对行为的研究范围就特指表现于外的活动总和,即人的外在活动。

(二)网络行为

随着网络的快速发展,越来越多的人熟悉网络和使用网络,在网络空间中发生的行为也受到了广泛关注,学者从不同的角度对网络行为的概念展开了研究。从互联网活动的发生与场所角度,网络行为是指互联网主体运用网络资源并利用特定的互联网信息技术在互联网中进行活动的所有动作和手段,包括对消息的搜寻索取、文件的传递与接收、对互联网中信息内容的客观评价,及其所使用的各种网络语词等。[①] 这一界定,将活动发生过程

---

① 参见曾静平、项仲平、詹成大等编著:《网络文化概论》,陕西师范大学出版总社有限公司 2013 年版。

中需要用到网络的行为都称为网络行为。从网络行为产生影响的视角来看,网络行为分为广义和狭义。广义的网络行为就是人们在互联网环境下的各种行为,包含了网上行为与线下行为。网上行为是指人们充分利用网络所开展的活动,包括人们充分利用网络访问信息,利用网络搜索,利用网络进行聊天等,而线下行为则与网上行为完全不同,不直接利用网络,只是与网络相关,如网友之间见面聚餐,沉迷网络产生的逃学、诈骗、暴力等不良行为。狭义的网络行为,则是单指上网行为。[①] 从互联网活动的经济社会环境角度来看,网络行为则是出现于网络空间这一特定的社会场景中,以对互联网环境与人类上网行为认知为基本,主要涉及网络媒介的应用、互联网资讯的交流、与互联网社区的互动、网络游戏、网络娱乐、网上购物、互联网交易等社会活动。[②] 这一界定再次强调了网络行为的发生场所,举例说明了网络行为具体有哪些。从以上不同角度的概念界定中可以看出,学者对网络行为的发生场所大多达成共识,即发生在网络空间中,但从不同的角度,对网络行为的具体内容存在不同意见。

基于以上不同角度对网络行为概念的界定,从网络行为发生的场所和网络行为产生影响两个角度出发,结合网络空间中出现的新问题和新现象,笔者认为,网络行为是指发生在网络空间中和利用网络才能实现的活动,同时还包括由于网络使用不当而产生的不良行为,如网络侵犯、网络色情等。从网络行为的定义中可以发现,网络行为存在着虚拟性、多样性和自由性三种特性。其主要表现在:

第一,网络行为具有高度虚拟性。互联网行为的虚拟功能,主要体现在网络空间本身的虚拟化、使用主体的身份虚拟化两方面。网络空间的虚拟性功能,是指在互联网中创建出一个虚幻的环境,给人以一个现实的感觉与体验。[③] 使用主体的虚拟性一方面是指行为主体可以隐蔽自己的真实身份,在网络空间中开展一系列活动,另一方面是指,通过网络技术开发出具有人的某些特征的智能助手,既可以与现实人正常进行网络交流,又可以独立开

① 张再兴等:《网络思想政治教育研究》,经济科学出版社 2009 年版。

② 参见黄少华:《网络空间的社会行为——青少年网络行为研究》,人民出版社 2008 年版。

③ 李红梅:《网络虚拟性对人的全面发展的阻抗》,《兰州学刊》2009 年第 11 期。

展某些活动。

第二,网络行为具有多样性。网络行为的多样性,主要体现在网络行为的分类标准多样,由此表现的具体行为多样。按其行为目的可分为网络学习行为、网络交流行为、网络娱乐行为等;按其行为主体不同可分为青少年网络行为、中年网络行为和老年网络行为等;按其行为身份不同可分为学生网络行为、领导干部网络行为等。

第三,网络行为具有自由性。网络行为的自由性特征主要表现在时间自由、地点自由和身份自由。网络是一个全时空在线的空间环境,利用网络进行活动可以实现随时随地、随时随刻,表现出网络行为的时间自由和地点自由。由于网络的特殊性,活动在网络中的主体身份主要靠简短的网名和网址来表示,而网名和网址并非独一无二、不可改变,相反,是可以随时随地切换网名和修改网址,表现出高度的身份自由。

(三)大学生网络行为

基于行为和网络行为的概念界定,并结合学界有关大学生网络行为概念的研究成果,本部分重点探讨大学生网络行为"是什么"的问题。据调查表明,目前理论界对于大学生网络行为的范畴划分主要从两方面入手,一是从研究大学生在网络空间中的活动特性的视角入手,一般认为大学生网络行为主要是指大学生在网络空间中或利用网络空间和互联网技术所实施的活动,可将之分成亲社会行为与反社会行为。① 这一界定着重从行为发生的场所对大学生网络行为的性质进行了界定。二是从大学生利用互联网的主要目的与具体表现的角度来看,目前存在着两种看法,其一认为,所谓大学生的网络行为,是指大学生为了成为独立个人,而进行的信息查阅与查找、互动和聊天、商务与娱乐等网络活动,有像一般普通使用者所参与的日常上网活动,如管理和应用,也有网上教学与研讨等活动,还有利用网络开展的其他活动。② 其二认为,大学生网络行为是指在校大学生利用互联网开展的娱乐休闲、通信交友、获取信息等活动。以上两种观点在大学生网络行为的

① 石娟:《大学生网络行为的多元理论分析》,《科教导刊》2016 年第 31 期。

② 王珩:《高校网络文化建设现状及对策》,《当代青年研究》2011 年第 7 期。

具体内容方面都涵盖了大学生使用网络进行的信息、通信、交友和娱乐等活动,而二者的不同之处则在于前者较之后者所包含的内容更为丰富,界定的行为主体也更为广泛,前者的主体是大学生,而后者的主体则是在校大学生。综上所述,目前学界对于大学生网络行为的概念界定角度多元,并未达成共识。基于此,笔者认为,大学生网络行为指的是在校大学生利用网络开展的学习提升、信息获取、交流互动以及休闲娱乐等活动的总称,其中还应包含由于在校大学生使用网络不当而引起的其他行为,如网络抄袭、网络侵犯等。由此,要把握本部分对于大学生网络行为的概念界定,应着重注意以下几点:

第一,大学生网络行为的行为主体必须是在校大学生。所谓在校大学生,指的是当时正在接受良好高等教育的人。我们的研究对象就是在校大学生。

第二,大学生网络行为要遵守相关规定。大学生网络行为发生的场所是网络空间,并不代表大学生的网络行为就可以随心所欲、不受约束。网络空间并非法外之地,同样要求大学生的网络行为不仅仅要符合社会主义法律和社会主义道德的要求,更要符合网络法律法规和网络伦理道德的规定。

第三,大学生网络行为具有网络行为的基本特征。大学生网络行为作为网络行为的重要组成部分,同样具备了网络行为的基本特征,即虚拟性、多样性和自由性。在此需要重点说明的是,大学生网络行为的自由性,是相对自由性。由于大学生的主要任务是学习,多数时间是用在上课和完成课程任务,用来发生网络行为的时间有限,因此大学生网络行为具有相对自由性。大学生网络行为概念的清楚界定,是本部分需要着重解决的问题,对于后续的深入研究至关重要,但有关大学生网络行为的研究不能仅仅局限于概念界定,还需要进一步明确其基本特征和基本类型,以清楚认识大学生网络行为相较于其他主体的网络行为有何不同、有哪些具体表现形式等,因此这就需要展开进一步的思考与研究。

二、大学生网络行为基本特征及基本类型

（一）大学生网络行为基本特征

当前网络的开放性、自由性和便捷性等特点，使得网民的网络行为具有了虚拟性和自由性的基本特征，而大学生网络行为作为网络行为的重要组成部分，它不仅具备了网络行为的基本特征，更是拥有其特有的个性特征，主要表现为具有虚拟性、自由性、互动性和新颖性。

第一，虚拟性。大学生网络行为的虚拟性主要体现在身份的虚拟性和事发地点的虚拟性两个方面。首先，身份的虚拟性。一方面，是由于网络行为主体自带的虚拟性。正是由于网络空间中本来就有较强的虚拟性，使得在网络空间中，代替行为主体身份的是一个个毫无联系的数字，是一串串数字和字母相混合的IP地址，没有人知道正在发生网络行为的主体是谁，也难以确认其真实身份。另一方面，是由于网络行为主体主观上不愿透露个人身份而导致的虚拟性。这是因为网络的自由、开放使其对网络使用者高度包容，大学生在进入网络空间时，可以使用非真实的姓名、年龄、样貌等身份信息，用虚假身份来开展网络活动。其次，事件发生场所的高度虚拟性。针对中国大学生的上网活动来说，其实际发生地点就是互联网世界，是属于以数字代码与相关软硬件所构成的模拟真实世界，该模拟真实世界中的所有一切都是由数字代码组成，正因如此，也就使得网络主体能够更好地实现身份隐藏，加剧了大学生网络行为出现问题的概率。

第二，自由性。大学生网络行为的自由性是建立在其虚拟性基础之上的，主要表现为行为发生条件的自由和行为选择的自由。首先，行为发生条件的自由即实现了行为发生的时间、地点、要求等方面的自由。一方面，由于移动终端的快速发展，大学生的上网设备多种多样，如手机、电脑等，上网场所也可随意选择，如网吧、寝室、图书馆等，真正实现了可以随时随地上网、随时随地发生网络行为的美好愿望。另一方面，由于网络使用的门槛较低，普及度较高，由此使得人人都可以使用网络，而相较于现实世界中强有力的监管和社会条件的限制，在网络世界里却缺乏完善的监管体系和条件

限制，致使大学生网络行为的发生自我性较强、自由程度较高。其次，行为选择的自由即大学生可以根据自身意愿自由选择想要进行的网络行为。伴随着当前各类软件的快速发展，大学生可以基于自己的所思所想、兴趣爱好等，自由地利用各类软件为自己的学习、工作和生活服务。比如需要学习的时候，可以打卡单词、浏览学习强国等，需要放松的时候，可以玩游戏、听音乐等，需要购物的时候，可以逛淘宝、搜攻略等，充分实现了网络行为选择的自主自由。

第三，互动性。互动，是指相互作用，相互联系的过程。大学生网络行为的互动性，即大学生的某一网络行为希望得到更多网民的回应和反馈，主要表现在人人互动。当代大学生主要为“00 后”，与“90 后”“95 后”大学生具有较大的区别，且大学生中个体意识较浓厚、自主性较强、网络参与感较高，在投入和参与网络活动时，希望得到及时的回应和良好的反馈。当前网络直播互动，视频弹幕互动，社交网站的评论、点赞等都成了大学生网络行为进行人人互动的方式。“00 后”大学生追求互动的这一行为表现主要是由其自身群体特征所决定的。在校大学生寻求独立的意识强烈，迫切想要独当一面，想得到社会的认可和他人的肯定，而在现实社会中，他们的一言一行并不能完全按照自己的想法来，无法完全由自己做主，而由于网络的虚拟、自由、开放、共享，使得大学生在网络空间可以真实表达自我想法，独立进行自我选择。大学生网络行为的互动性，在日常的朋友圈动态、QQ 动态、微博更新以及各大论坛中的个人观点表达中表现得尤为明显，希望得到其他网民的点赞、评论和认可，热衷于反复查看动态实况，时刻关注互动情况，渴望在网络空间中得到自我认可和网民肯定。

第四，新颖性。大学生网络行为的新颖性主要体现在语言表达的新颖和观点表达的新颖两方面。首先，语言表达的新颖，主要指大学生的语言表达与其他网络主体相比，更加追求与众不同，这一点在网络流行语上表现得尤为明显。网络流行语是在互联网应用过程中流行的现象，以年轻人为主要的互联网人在聊天时会频繁运用的“键盘语言”。① 网络流行语的产生离不开现实社会焦点、热点事件，在社会焦点、热点事件的推动下，与之相关的

① 郑丹娘：《“网络流行语”与青少年“自说自话”》，《中国青年研究》2001 年第 4 期。

流行语得到大多数网民的关注,并得到广泛传播和运用。由于大学生思维活跃、适应新鲜事物能力强,使其成了网络流行语的主导者,他们会在现有流行语的基础上,结合自己的日常生活实际,不断推出新的流行语,如“鸭梨山大”“蓝瘦香菇”等。其次,观点表达的新颖,主要是由于中国大学生是受教育程度较高、政治思想活动比较活跃、看待问题角度独特的代表,是网络空间中积极发表言论的主要群体,其强烈的自我意识、丰富的内心想法和思考问题的独特角度,都使其对于社会热点事件的看法与社会大众不同,同时为了得到更多的关注,也使得他们在表达观点时,表现得更为犀利、直白和敏锐。

(二)大学生网络行为基本类型

大学生网络行为的分类,是本部分研究的重点内容之一。经研究发现,当前学界对于大学生网络行为的分类多是基于网络行为的分类展开,由此可见,网络行为的分类是大学生网络行为分类的前提和基础。因此,研究大学生网络行为的分类就需要先对网络行为的分类进行简要阐述,从而更好地厘清大学生网络行为的分类。具体而言,第一,从网络传播学的角度[①],部分学者将网络行为分为了娱乐消遣、通信联络、张贴言论、互相交流和主动交流五种方式。第二,从行为学的角度,有的学者将网络行为分为了工具性的网络行为和情感性的网络行为两种基本类型。第三,从心理学的角度[②],有的学者则将网络行为分为交互式行为与非交互式行为两类。第四,从上网的目的和内容的角度,部分学者将网络行为划分为信息类行为、交往类行为、休闲类行为、服务类行为和管理类行为等不同类型。[③] 第五,从行为是否符合社会规范的角度,有的学者将网络行为分为合规的行为和失范的行为。由此可见,有关网络行为的分类,学者们从不同的学科角度出发,进行了非常细致的划分,虽尚未形成统一的观点,但不同角度的分类都有其自身的合理性,都为大学生网络行为的分类提供了重要参考。因此,基于学界有关网

① 参见屠忠俊、吴廷俊:《网络新闻传播导论》,华中科技大学出版社2002年版。

② 周林:《大学生网络行为偏好研究》,上海师范大学硕士学位论文,2005年。

③ 李一:《网络行为:一个网络社会学概念的简要分析》,《兰州大学学报(社会科学版)》2006年第5期。

络行为分类的阐述，当前大学生网络行为的分类主要有以下几个方面。一是从网络行为类型角度，将大学生网络行为分为娱乐、交流、放松和搜索。[①]二是从网络伦理行为角度，将大学生网络行为分成了网络赌博、网络成瘾和传播非法信息、网络色情等。三是从网络行为性质角度，将大学生网络行为分为积极向上的网络行为（如在线学习）和消极伤害的网络行为（如黑客）。四是根据实践调研数据，将大学生的网络行为分为学习行为、信息行为、交流行为、娱乐行为、消费行为以及侵犯行为。[②] 综合以上相关研究，笔者认为大学生网络行为的基本类型包括：网络学习行为、网络信息行为、网络社交行为、网络娱乐行为和网络消费行为。

第一，网络学习行为。网络教学活动是指在由学习者通过利用网络媒介，以及利用传统计算机信息技术和现代信息传输技术所组成的全方位、多信道、互动的教育环境下所实施的自主学习活动。与传统学习方法比较，网上教学的优点在于，一是内容更加丰富，可以跨越时空的界限，实现各大平台共享、全球共享；二是形式更加多样，可以通过视频教学、直播课程等，能充分实现实时互动；三是场所更加自由，不局限于传统的教学场所，可以选择多种多样的教学场所和教学方式。但与此同时，在网络无限开放和高度自由的前提下，网络学习更要求学习主体有较强的自制力和自觉性，同时还要掌握一定的网络技术和网络知识。

第二，网络信息行为。网络信息行为是指互联网使用者在知识思想直接支配下对外部要求所做出的反应，是指建立在内容需要与思想动机基石上，运用互联网所创造的内容产品与信息技术，实现的内容传达、信息检索、内容筛选、内容贮存、内容吸纳和运用，包括内容加工、内容交换等社会活动。与传统的信息行为相比，网络信息行为的优势在于，一是获取时间高度同步，信息的发布和信息的接收基本保持同步，其发生可以以分秒计算；二是获取渠道形式多样，不仅有专门的新闻类网站、软件、APP，如央视新闻、央视影音、学习强国等，也有分门别类的专业性网站、APP，包括军事类、经济

① 宋小尊：《新媒体时代下思想政治教育对大学生网络行为的引领路径研究》，《科教文汇》2020 年第 8 期。

② 游颖异、周正柱、杨梅：《大学生网络失范行为现状、原因与对策建议》，《高教学刊》2021 年第 2 期。

类、文化类等，还有专门提供娱乐资讯的微博、抖音、腾讯新闻等；三是信息交流与反馈具有极强实时性和互动性，网络主体可以随时随地发表观点，点赞、评论等也能够同步更新，便于及时了解网络信息、得到信息反馈。

第三，网络社交行为。网络社交行为是指人通过网络平台中介，进行信息传播与情感交流，形成网络化人际关系和社会人际交往的活动，①是指人借助互联网，实现信息传播与情感沟通的过程。互联网社会利用互联网的特殊优势，使自己和传统社会一样，产生了信息即时性、匿名技术、平等性等显著优点。首先，互联网社会的即时性信息主要体现在，它冲破了时间与地点的约束，信息传递与转发的速度较快，人们可以随时实现情感沟通和交互；其次，互联网社会的匿名技术主要表现在，通过社交软件的网友们能够在隐瞒自己的真实名字、实际身份等个人信息的基础上，和活动于互联网中的陌生人进行社交活动；最后，互联网社会的平等性主要体现在，不同族群、不同国度、不同地域、不同身份、不同年龄的网民都可以实现社交活动，这在现实社会中是无法轻易实现的。

第四，网络娱乐行为。网络娱乐行为是指网民利用网络开展的身心愉悦、放松自我的网络活动的总称。具有多样性、愉悦性等基本特征。首先，网络娱乐行为的多样性主要体现在其形式多样，网上观影、听音乐、玩游戏等活动都是网络娱乐行为的表现形式；其次，网络娱乐行为的愉悦性主要表现在其具有放松身心、缓解压力的作用，能够帮助大学生在重重压力之下适当放松身心，感受生活里美好与快乐，产生正面的积极情绪。

第五，网络消费行为。网络消费行为是指用网络的便利和迅捷获取有形或无形的商品，以满足自身需要的过程。主要的行为方式有网络购物、网上开店、网络旅游等。② 第一，网络购物是消费者在互联网上搜索想购买的商品信息，在与商家沟通确认商品属性后，通过电子订单发出购物请求并进行在线支付，最后商家通过一定的方式将商品送货上门的购物模式。③ 第

---

① 刘斌志、周海镁：《21 世纪我国青少年网络社交研究的回顾与前瞻》，《重庆第二师范学院学报》2019 年第 2 期。

② 参见王贤卿：《道德是否可以虚拟——大学生网络行为的道德研究》，复旦大学出版社 2011 年版。

③ 李富强：《大学生网络购物行为研究》，《经济纵横》2020 年第 4 期。

二，网上开店简称“网店”，是消费者在一些提供网上交易空间和服务的网站上进行商品交易，具有成本低廉、地点自由和时间自由的优势。第三，所谓网络旅行，是指游客可以通过互联网和旅游网站取得沟通，在网上设置好你的旅行路线，并提供所需要的交通工具方案以及食宿要求等，之后再由网站根据你的需求设置好具体的旅程。在整个流程中，游客们不再有传统的导游陪同，而是直接通过互联网与旅游网站取得联系，随时随地获得旅游网站为不同的旅游者提供的“个性化”服务。

（三）大学生网络失范行为

如今，互联网已经给大学生的学习、生活、娱乐等各方面都创造了丰富的自由空间，将这个空间从“另类”转为“日常化”，作为一种生活习惯和生存方法，构成了大学生自身现实性行动空间的延续与扩展。然而，互联网在为人们提供了许多方便的同时也产生了网络道德问题，如部分大学生沉迷于网游，严重影响正常学习，导致言行失范，个人信息环境被污染，乱用滥发，甚至还有网上黑客、网站盗窃等。针对这种种言行失范和有关社会伦理的现实问题，人们必须提高警惕，并做出积极的反思。从更深层上来说，造成年轻人中诸多上网现状与道德失范现状的原因有由互联网本身内部作用所造成的个人思想道德认同与道德能力弱化因素，同样也有社会大环境的因素，甚至更有对年轻人这一特定人群固有心理特点的负面影响因素。

三、新时代大学生网络行为的心理特点

从互联网进入人们日常生活开始，改变的不仅是人的生存方式，人的心态也在悄悄变化着。在网络环境下，人的心灵的各种改变，受到了学者们的广泛重视。

（一）心理理论回顾

心理活动是人的一类特殊的文化精神现象。只要出现人体活动，就会伴随着形成人的心理。人们的活动范围有多广，心灵状态形成的范畴就会有多广。心理状况并不神秘。如果希望科学地了解网络心理状况，就要先

从对心理学的最初认识开始。[①]

第一,何谓心理学。心理现象是一种复杂多变的社会系统,具备开放性、动感性,既与头脑等人的生理学原因和心理活动方式相关,更与周围环境、社会影响等社会心理因素相关。社会心理学的基本问题无论怎样复杂化,但其研究的主要任务一直是为了发现人类心理学的基本事实、规律、机制与本质。

发现事实:社会心理学研究中最起码的一个实际工作,就是从质上和数量上确定人类心灵生存的具体实际。如对感官心灵的探究,人们首先要明确每一个具体化的感官现象,并对之做数量上和质上的规范。而每一个心灵状态,都可以从质和数量的方面来说明。

揭示心理规律性:科学并不只是对心理事实的说明,而是对现象的描述进而探究其规律性。如从感知科学研究中,探讨感受性的基础规律性与感知作用的基础规律性,从记忆研究中,探讨识记的基础规律性、遗忘的基础规律性。

揭示心理机制:即探究心理现象所产生的神经机理。如视觉的生理机制研究、听力的生理机制研究、记忆的生理机制研究、情感的生理机制研究。

揭示人类心理产生的本质:即用心理学的观念来研究人类。如人的基本特征中有哪些是由遗传因素所决定的,由环境影响因素所造成的又有哪些。如果人的基本特征是由遗传质和环境影响相互作用的结果,相互作用的方法又是什么样的。

第二,心理现象的三大范畴。科学研究人员一般将人的心理现象分成三个范畴[②],心灵学习过程、个性、心理状态。

其一,心灵学习过程。人的心理现象过程具有鲜明的动态性,如记忆,从记到忆是一个动态过程。而有些心理现象则是静态(稳态)特性明显,如性格,一经形成就相当稳定。心理过程包括认识、情绪、意志三个方面,简称知、情、意。它几乎涵盖了人的心理动态的各个方面的认知过程。在人们理

① 崔丽娟、张高产:《积极心理学研究综述——心理学研究的一个新思潮》,《心理科学》2005年第2期。

② 付伟男、郝加虎:《青少年网络成瘾与精神障碍研究现状》,《中国学校卫生》2019年第4期。

解事情的过程中,必定会产生感受、认识、记忆、想象、思考等心理活动。同样,人也必须通过这一类心灵活动,来实现认知事物的目的。而这种和认知过程紧密相关的心理现象,在心理学上叫作认知过程。情感过程是人对客观事件能否符合自己需要和欲望,所形成的心态上的感受。情绪和情感作为一个主体标志,它都是对现实世界的反应。人在意识活动的基础上,会对人、对己、对事、对物等持有相对应的心态(接纳、抗拒),并在内心形成相对应的感受(愉悦、憎恨等),而这些心态感受都是和情感活动紧密相关的,在心理学上就叫作情感过程。每个人都有自己的情感世界,而情感世界则是由喜、怒、悲、乐、爱、憎、恐惧等共同的情感过程所组成的。意志力是人在心理活动中,有意识地明确目标并据以计划行为、克服困难的心智步骤。当遇到更复杂的状况时,你就需要决断;遇到重大阻碍,你不得不排除;遇到激烈的情感,你不得不抑制。凡此种种心灵状况,都是意志过程的体现。这些能够反映主体能动性的心理现象,唯有人才能拥有。

其二,个性。个性指的是人的整体的心智形象,以便将自身在心智上的稳定性和其他人区分出来。个性不同于心灵活动,个性所体现的是人类心理现象的静态特征。在个性产生的整个过程中,既有生物学心理因素的影响,也有人类社会心理因素的影响,而个性作为整体则主要由社会心理因素所决定。个人心理可区分为三个子系统,个性倾向、个性心理特征和自我意识。个性倾向是指一个内在的决定了人对待事情的态度与行为的动力系统。在人们的日常生活中,选择与放弃什么、倾向与避免什么、追求与拒绝什么,都决定了人具有怎样的个性倾向。而个性倾向由要求、基本动机、兴趣爱好、志向、信仰、人格价值观等构成。人们都知道,人是需求者,每个人都有自身的基本需求,如生活需求、健康需要、社交需求、尊重需求、自我实现需求等,而人又是行动者,其行为都是由基本动机所引导的结果。人又是人格价值观的拥有者,人们可以通过自己的人格价值观来衡量事情的主次、轻重和好坏。个性心理特征是人在心灵活动方面经常显示出的稳定性特征。而这种稳定性特征在表现形式上又是有所不同的,他们中有些属于气氛,有些属于个人,有的则是属于力量。在人的心灵活动的动力方面所表现出来的稳定性特点也叫作气氛,如人的言谈总是敏捷,人的举止总是迟缓等,这是气氛上的差异。人在对现实的态度和行动方式等方面表现出来的稳定性特点叫作性格。又如有些人待人处事丝毫不苟,而有的人待人处事则不拘小节,这是个人上的差异。人的直接工作效率方面所表现出来的稳定性特点也叫作力量。综上所述,人和人之间在个性心理特征上的差异,表现出人的文化气质、个人和学习能力等方面的差异,即自我意识。自我意识,是指个人的自我调节体系。人性之所以高明是因为人性的自我意识可以进行自主调节,因此可以调整个人的心理素质与行为。自我意识可以分为自我认知、自我体验、自我调控三方面。自我观察、自我概念、自我评估、个体认同等,都是常用的感知意识世界的表现形式,自尊、自卑、自豪、自责等,是最常用的心理自主感知表现形式,自强、独立、自主、自律,是常用的心理自律调控表现形式。凡是关于人的各种心理现象,都能够借助自我意识世界这个体系进行调控。

其三,心理状态。心理状态是指人心灵活动中在一段时间内发生的相对固定的持续状况。它既具备人心灵活动的临时性、可变性的特征,也具备人个性的相对持续、比较稳定的特征。所以,心理学上将心理状态看成是介于二者之间的中间状态。人的心理活动和表达方式,都是在特定的心理状态的基础上形成的,而心理状态正是人活动和表达方式的心理背景。“人逢喜事精神爽”正是人心理状态的写照。心理状态的表现是多方面的,它可能体现在知、情、意的任何一个重要方面,比如好奇、困惑、思考等,这是认知领域方面的基本状态,淡泊、不安、渴望,这是人类情感方面的基本状态,抑制、迟疑、镇定,这是人类意志力方面的基本状态。

(二)大学生网络行为的自我意识特点

自我意识,表现为理想自我与现实自我冲突、自律与放任心理冲突的特点。理想自我与现实自我总是会有一定的差距。当这种差距超过一定限度,就会发生心理的冲突。这种冲突在网络心理领域有时可能更为剧烈一些。因为有些网民在现实的客观世界不被他人重视,希望通过网络世界表现自己的才能,摆脱世俗的偏见,恢复自信,找回失去的自我,实现理想自我。这些人往往期望值比较高,心理压力反而比较大,在网上如果表现不尽如人意的话,可能会进一步加深这种心理冲突。自律与放任心理冲突,表现在网络道德方面最为明显。美德心理状态通常包括以下三个层面:最低层级是担忧自我会因不道德品行而遭到社区惩罚，社会自律的水平程度与被惩罚的可行性水平程度成反比例。如果被社区发觉的可行性越大，被惩罚的可行性水平程度也大，对自我的社区制约就越大，社会自律水平程度也高。第二层面则是担忧自我的不道德品行被社会关注并惩罚。社会自律的水平程度与社区所关注的监管水平程度成反比例。社会监督越完善，社会自律水平程度也高。最高层面则是自觉。自己的道德品质完全出于自觉自愿，基于对社会道德规范的发自内心的高度认同。不但能够“吾日三省吾身”，“见贤思齐，见不贤而内省”，而且能够“君子慎其独也”。互联网美德也是普通社会道德的延伸。但由于互联网的大环境不同于普通社区，所以，人们在道德问题上的态度也会出现一定改变。因为在互联网中人与人之间的交往都是不直观的暗箱式运作，被人揭发的概率很低，而且互联网社区舆论监督的力量不足，人的自制力心态可能减弱，而放任心就容易膨胀。

（三）大学生网络行为的情绪特点

大学生网络行为的情绪具备稳定性与波动性并存、外显性与内隐性并存、丰富性与复杂性并存三大特点，这些在上网过程中产生的情绪变化一定程度上影响着大学生的心态乃至行为。

其一，稳定性与波动性并存。网民的情绪在时间的保持上有一定的延续性，对自己的情绪变化，也有一定的控制能力。在大多数情形下，大多数网民都能够维持理性的思维，并具有相应的情感管理与自我调节能力。而大多数网友的心态稳定性，是整个互联网世界维持相当程度稳定性的重要基石。不过，网民的心态同样也有着波动性的特点。即便中老年也不例外。一些本来并不为网友所关注的消息，一旦人们在互联网上做出了一番刻意的炒作之后，部分网友就会受到互联网氛围的影响，心态出现波动。随着这些情绪的逐步扩散，会让整个互联网世界产生化学反应，从而把这些情绪带入客观的真实世界当中，影响网友们在真实世界中的学习、工作与生活。某大学博士生公寓附近建筑施工，对他们的日常生活带来了一定的影响。起初大家虽然有一点不悦，但觉得这是难以避免的事情，于是情绪相对平和。有一个博士在公寓算一些数据，外面的噪声让他时不时地分心，计算结果总是错误，他的精神状态很不好，便在互联网上进行了一通感叹，认为校方不注重博士生,连一个安静的科研环境都保证不到,大学难道除了教授就没有人才了吗?正是通过他的这番上纲上线的言论,另一部分人也出现了情绪波动。一个意义不大的事情,却引起了一场网络大讨论,甚至于找学校评理。

其二,外显性与内隐性并存。青年网民一般对外界刺激反应迅速。在通常情况下,情绪呈现外显性特点。但是,在表达某些问题时,由情绪引起的内心变化与在网络上外显的情绪表现往往并不完全一致,有时表现得含蓄、内隐。这种不一致性其实是很正常的现象。这是人的生理机制中的第二信号系统对第一信号系统控制、支配的结果,也是意识对情绪的调节的结果,表现出理智掩饰内心世界的真实感情的现象。

其三,丰富性与复杂性并存。由于网络功能的复杂化,对人心灵的冲击与危害也是多种多样和深层次的。具体表现在情感方面,反映了人类情感的丰富多彩性。人借助互联网能够更畅快地表达自己的感情,将自身的矛盾心态调节至平衡状态。但是,就网民来说,因为大家的年纪、性别、性格、生活经验等的差异,个人的情感表达方式差别也较大,饱经风霜者可以表达出成长感、稳定感、沧桑感,而初出茅庐者则可以表达出新奇感、兴奋感、憧憬感。因此互联网上的情感呈现了复杂性特征。

四、大学生网络行为现存问题及心理透视

在处理知识与信息方面,大学生网络行为表现为独立与从众心理并存、求知与猎奇心理并存的特点。互联网虽然有许多功能,目前最主要的功能是消息传播功能。在怎样看待获取信息的问题上,一种态度是独立心态。持有这种心态的人,通常都能冷静看待网络消息,以研究的心态判断对消息的取舍。在目前互联网信息鱼目混珠的现实下,这个态度是合理而有效的。而另一种则是从众心理。从众心理是一个很普遍的社会心态。人云亦云的事情,网络上也是经常出现。某院校的一学生在校园网 BBS 发文,称“电视台报道,有一食品厂出产的不健康的低劣食物曾经流入我们学院的餐厅,出于健康,大伙应该团结一致,用罢餐的行动来抵制伪劣食物”。消息一出,群情激愤,部分学校的校园网中立即出现了许多措辞过激的诉求。学校也十

分重视,很快成立专项调查工作组。经查,学校餐厅的食品卫生已达到标准。而所谓电视的新闻消息,事实上是被人误读了的,该生把“某某市场”误听为“某某餐厅”而进行了发布。该生自知闯了大祸,就赶紧在网络发表声明,说自己在听新闻时,因为没有在意,错把校园附近的“市场”听成了该校的“餐厅”,特辟谣,并向餐厅的老师们表达了歉意。这场风波最后总算平定了。但从众心理让事情有了一个推波助澜者。由此可见,从众心理有时不但会影响到个人的知识水准,同时也可以造成事端,影响大家的正常生活。求知和猎奇本来是同一个孪生兄弟,所以利用网络实现求知和猎奇的心理活动是再通常不过的。但是,猎奇也要有一定尺寸,看黄散黄、传播计算机病毒、侵害别人隐私权、造谣中伤,这些行为都不要用猎奇心态来给自己开脱,因为这种行为已违反了国家法制,是必须要受法律制裁的。

(一)大学生网络行为与闹剧心理

所谓闹剧心理,实质是抱着对自己的言行的后果不负责任的放任态度,用不实的资料制造“轰动效应”,以达到戏弄别人、满足自己的某种需要的心理。[①] 互联网也好,思想也好,主导它的都是人,这也便是常说的所谓主体。而人和人在互联网中有自身的主体特性,这便是人利用对互联网的掌控能力来体现自身的主体价值。互联网上很多光怪陆离的故事和荒唐的表演,都和互联网人的主体性有关。很多年轻人为了体验、完成自身的主体性,常常从抱有闹剧的心理状态出发,但最后却可能造成了无法挽回的大错。

表现欲是人们的群体机能特点之一。而怀着闹剧心理的随心所欲的表现欲则是现代思想激进的青年人最热衷的。互联网世界是一种变动性、隐蔽性特别强烈的领域,而现有的法律法规显然对互联网世界来说并没有决定性的意义。网上的社会价值观和现实中的社会观念一样,更富有感情的颜色。在网上,大学生们个个都像是演说家、大学者,宏论滔滔,而他们在互联网上的这样强大的表达欲,促使他们形成了所谓的“闹剧”心理。因为这种闹剧心理作祟,在互联网上总是会有揭人隐私的人。当他们开始习惯了在网络揭短,并且真的这么做了,他们便觉得自己是成功者。正因为网络上

---

① 马兰:《青少年网络欺凌问题原因分析及管理对策研究》,《才智》2019 年第 22 期。

的人都有一个虚拟的社会背景，在亦真亦幻的感受中，使自己对自己的秘密都建立不了信任，更何况对他人的隐私。

（二）大学生网络行为与猎奇心理

所谓猎奇心理，是指对未知事物怀有强烈的了解欲望，以达到寻求刺激目的的心态。[①] 随着互联网的广泛应用，围绕互联网的信息犯罪也日益严峻。网络信息犯罪大多为未成年人，而发生这些状况并不是很偶然的，这是由于他们自身约束力逐渐减弱后，产生猎奇心理所造成的必然结果。大学生由于年龄、知识水平、教育程度等方面的限制，大多数没有养成社会规范意识，更谈不上运用社会规范来约束自己的言语行为。在现实生活中，老师、家长、领导的提醒和帮助会对上述情况加以弥补，使大学生并不会因为自我约束力不足而导致严重的社会后果。而在网络世界中，大学生自我约束力的不足便暴露得一览无余了。在这个世界里，“网虫”的所有言行都是通过敲击计算机键盘，向网络输送代码来实现的，他们所有的言行可以不留任何痕迹。正是因为如此，大学生在网络上可以充分地暴露压抑在心理深层的需要和欲望，完全按照自己的意愿做自己想做的事情。我们不能否认大多数大学生进入网络的初衷是为了享受现代科技发展所带来的成果，不断完善和发展自己，但是随着网上生活时间的增加，他们当中的一些人逐渐被网络所异化，把猎奇和寻求刺激作为网上生活的重要内容，部分大学生“追网”的目的就是为了满足自身猎奇的心理。

（三）大学生网络行为与侵犯心理

网上的攻击突如其来，而且往往使人感到无所适从。因为来自网上的攻击就像是站在人群广场上当着众人的面宣布某人的隐私一样，让人无法控制。心理学上的侵犯是典型的反社会行为。现代社会中的侵犯行为从表面上看与野蛮人相比，似乎已经改恶从善了。实际上，侵犯心理与侵犯冲动依然存在，只是改变了形式，尤其是在高智商人群中也大量存在。在网络的使用中，人们的侵犯攻击行为几乎无所不在。在竞争不利的情况下，会把竞

---

① 班晨雪：《探析“盲盒经济”背后的年轻消费心理》，《大众心理学》2021 年第 9 期。

争对手的计算机网络或经营秘密作为发泄不满情绪的对象而进行破坏和窃密活动。计算机网络破坏的巨额损失使其成为报复者的对象。在两性关系逐渐开放,而性观念却不够成熟的今天,网络很容易成为色情复仇的工具。之所以产生攻击报复等行为,一方面是因为网络中的人与人之间的交流是处于一种背向的、暗箱式的,所以缺乏他人的监督,而道德行为既有随意行为又有不随意行为。当不随意行为在群体直接控制下的时候,更多地在一个人身上出现道德行为,而网上的行为,几乎不可能依靠群体规范个人的不随意行为,这种时候,非道德的行为就会突出出来。另一方面,网络攻击报复行为是一种情景性行为,与当时的心态有关,是相互之间在网上交流,不同的观点产生冲突的结果。

(四)大学生网络行为与炫耀心理

人类对于自然的进步,应该在巨大的成功感冲动中获得更多的自信,但有时恰恰相反。因为人类心理具有一种特殊的自我反思功能,当人类通过对自然规律的认识,获得种种成功的时候,心理会产生这样的效应:技术的进步带来的生活方式的改变,导致心理适应能力的降低,尤其是在剧烈的变革时期,心理上的自我调整功能失衡,所谓的炫耀心理就是自我调整功能失衡所致。[①]

(五)大学生网络行为与反权威心理

作为网络主体的大学生,他们最少保守思想,积极进取,敢于打破旧框框,勇于创新。随着网络技术的普及,网络已经由技术变成了生活,而网络的交互性和平等性等特征,又导致了大学生对教育者权威提出挑战。当网络成为第四媒体的时候,它就有着与以前的大众传媒的不同特征,即平等性与交互性。在报纸和电视上,你是否能及时发表你对某一重大事件的看法?你是否能和某一明星在不同的地方进行交谈?这些以前传播媒体无法做到的事情,互联网能轻而易举地做到。可以说互联网不仅改变了传播者获取

① 王语嫣:《信用贷移动消费应用在大学生群体中的使用意向研究》,《中国市场》2021 年第 35 期。

信息的方式，也改变了传递和发布信息的方式，它强调大众的参与和人与人之间的互动，改变了受众的要领和关于受众的理论，使人们与传播媒体的对话成为可能。这样，许多大学生不再轻易接受教育者传统的教育，而要求进行对话，对大学工作者的权威提出挑战。

（六）大学生网络行为与寻求认同心理

寻求认同心理是人精神上的需要，对大学生来说尤为重要。马克思说："人们习惯于从自己的思想而不是从自己的需要出发解释自己的行为……这样一来，久而久之便发生了唯心主义的世界观。"所以，在进行网络不道德行为与犯罪行为的心理分析时，研究一下人特别是大学生需要的特点，即引起人特别是大学生情感反应的中介特点，对我们理解人特别是大学生情绪发展的特点是有帮助的。寻求认同心理是大学生被人理解的需要。大学生出现了心理上的闭锁性，似乎是不愿与他人更多交流思想，而是围绕自己进行沉思内省。但事实上他们更强烈地寻求认同，希望他人的理解。大学生更多的时间是生活在与大学生接触的文化环境中。互联网的快速发展和广泛应用使人们的生活方式，当然也包括大学生的生活方式，发生了深刻变化，这在一定程度上也影响了大学生对自身现实生活中角色定位的准确程度。

（七）大学生网络行为与叛逆心理

美国心理学家哈维格斯特认为，大学生心理的发展，主要是随着文化的不同而不同的。在虚拟社会，信息传播打破了国家、地域界限，但是信息的内容仍带有地域特征，它反映的是一定国家的文化传统、社会价值观和社会制度。这样，在人们交换信息的过程中，不同国家间的文化与道德冲突也就达到前所未有的程度。这种文化与道德冲突使大学生在成长方面产生混乱从而引起他们不完全社会化。大学生一方面在传统文化与道德的教育熏陶下成长，另一方面通过网络或其他传播媒介受到了外来文化与道德的影响，这种文化道德冲突，使部分正在成长中的大学生，产生了一种叛逆心理。他们对优秀传统文化与道德也产生了怀疑。在这种情况下，个人无论愿意与否，都要同时从属于不同的文化与道德氛围之中，其结果就是相互重叠的各种不同的行为规范和行为方式降临到他们的头上，并且，在其行动标准的范围里惹起分裂和混乱，从而使人很容易陷入超常规的行为之中。他们摆脱了传统社会管理和控制，往往有一种“特别自由”“解放了”的感觉和想为所欲为的冲动，这很容易使他们忘掉自己的社会角色、社会地位和社会责任，做一些平时不可能做的明显不道德的甚至是违法的事情。由此引起的道德失范问题越来越多、越来越严重。这种情况是非常危险的，它会破坏网络秩序，威胁到社会的正常运转。

五、大学生网络行为引导与教育路径

首先，学生个体道德自律的决定作用。无论我们对于大学生网络道德失范问题采取怎样的教育引导方式，不可否认的是，学生个体道德自律的决定作用是最关键的。习近平总书记强调的“修德自律”的意义在于：“一个人只有明大德、守公德、严私德，其才方能用得其所。修德，既要立意高远，又要立足平实。踏踏实实修好公德、私德，学会劳动、学会勤俭，学会感恩、学会助人，学会谦让、学会宽容，学会自省、学会自律。”[①]其次，学校教育起到关键作用。学校作为大学生生活和学习的重要场所，对于大学生网络行为引导具有关键性作用。高校要充分利用互联网在进行大学生网络道德失范行为教育引导中的作用，通过开设网络道德规范知识的课程、比赛等方式加强大学生对于网络道德知识的认知，并通过老师课上的网络道德案例分析、情景互动等方式加强学生们的参与感和体验感，真正地让大学生将网络道德内化于心，外化于行，发挥学校在大学生网络道德失范行为教育引导过程中的关键作用。再次，家庭教育具有重要的引导作用。家庭教育的理念无论在国内还是国外都由来已久，尤其是在中国特色社会主义进入新时代的历史时期，家庭教育受到了前所未有的重视。2018 年 9 月 10 日召开的全国教育大会上，习近平总书记指出：“家庭是人生的第一所学校，家长是孩子的第

---

① 《习近平在北京大学师生座谈会上的讲话》，2014 年 5 月 5 日，中华人民共和国中央人民政府网：http://www.gov.cn/xinwen/2014-05/05/content_2671258.htm.

一任老师，要给孩子讲好‘人生第一课’，帮助扣好人生第一粒扣子。”[①]最后，社会教育具有显著的影响作用。对于家庭教育的引导作用和学校教育的关键作用我们给予充分肯定，但是不可否认的是无论家庭还是学校都处于社会之中，社会环境作为影响大学生网络道德意识、道德行为的重要变量，必须引起高度重视。

（一）发挥自我教育的主体作用，增强大学生网络行为自律意识

所谓行为自律，就是道德主体借助于对自然和社会规律的认识，借助于对现实生活条件的认识，自愿地认同社会道德规范，并结合个人的实际情况践行道德规范，从而把被动的服从变为主动的律己，把外部的道德要求变为自己内在良心的自主行动。[②] 行为自律对于缺乏强有力他律的网络社会来说，其意义尤显突出。

第一，大学生网络行为自律的底线便是法律制度。实际上网络生活空间中存在大量道德自律的人，大学生作为受过良好教育的个体在参与网络生活时也具备一定的道德自律水平，但是我们必须正视当今的社会现象，网络道德的约束力量似乎只对道德自律的人起作用，并且网络道德只能起到谴责和约束作用，缺乏强制力量保证实施。因此我们需要为网络道德设立一个底线，如果一个人不能做到网络道德自律，一旦越过底线将会受到法律的制裁，以这种负强化的手段，以法律的威慑力、权威性和强制性来促进个人，尤其是刚具有完全民事责任的大学生的网络道德自律意识的强化。有人会说把道德上升到法律的程度是否太过严苛，其实不然，道德与法律有着相同的来源，早在中国古代虽然还不存在法律的概念，但是一些宗教信仰和约定俗成的道德准则就已经具有法的约束作用。礼法同源最为明显的应该就是西周的礼乐制度，礼的存在蕴含着中国约定俗成的道德，但是又体现着统治阶级意志的强制性，不仅具有道德的属性而且带有法律的萌芽，不仅具有内在之法，也有外在之法，这就是人为自己立法的典范同时也体现了人的

---

① 《习近平出席全国教育大会并发表重要讲话》，2018 年 9 月 10 日，中华人民共和国中央人民政府网：http://www.gov.cn/xinwen/2018 – 09/10/content_5320835.htm.

② 曾黎：《“自律”是大学生网络道德教育的着力点》，《教育探索》2007 年第 5 期。

道德自律意识的产生。由此可见，道德和法律的关系由来已久。同时，道德和法律具有共同的价值目标，众所周知，法律是公平正义的化身，是维护社会稳定的重要手段，但是道德又何尝不是我们在这个纷繁复杂的社会追求的一种相对的公平呢？我们在遵守道德的同时又何尝不是在保护他人享有平等的公共服务的权利呢？在道德指导下我们人与人之间的和谐关系又何尝不是整个社会和谐稳定的基础呢？由此可见，道德和法律的目标具有一致性。综上可知，道德和法律的联系不仅由来已久，而且具有共同的价值目标，因此我们将法律制度设为网络道德自律的底线是有其理论依据的。我们进行的一系列网络道德建设就是为了让公民，尤其是大学生在参与网络生活的时候，能够自觉形成道德自律意识，道德自律意识并不是每个人天生就具有的，而是一个后天养成的过程。在这个养成过程中，我们将社会规范和要求转化为个人的规范和要求。但是每个人内化和外化的能力水平都不尽相同，在这个转化过程中难免会有偏差和错误，而且在道德自律意识的形成过程中每个人所接触的东西都不尽相同，每个人的网络道德自律水平也是参差不齐。因此，我们将法律制度设为网络道德自律的底线，不仅能通过法律的明示和预防作用对缺乏网络道德自律的人产生提示和警示作用，还能通过法律的矫正作用和强制执行力，对缺乏网络道德自律意识的人进行改造的同时加强全社会对网络道德的重视，从而促进网络道德内化和网络道德自律行为的养成。

第二，大学生网络行为自律的基础境界便是直面网络道德失范。现实社会道德是网络社会道德的基础，而网络道德自律则是现实社会道德自律的一部分，随着互联网的快速普及，网络约束缺位，使得网络乱象频发，网络道德自律也逐渐成为当今社会的热门话题和急需解决的问题。互联网的虚拟性、开放性和实时互动性，弱化了网络参与者身份、地位的限制，从而导致网络过度自由，这就要求网络参与者要有高度的网络自律意识。随着互联网的发展，个人信息网络化，导致网络纠纷和争端频发。而大学生作为受过良好教育的知识分子，在参与网络生活时，不仅要加强自身的网络道德自律意识，而且要坚持直面网络道德失范行为，正面发声维护网络道德自律，在面对违反网络道德的人员或者侵犯了我们自身权利的人员时，不能采取同样的违法方式反击，而是要用正直的方式直率地指出其错误，从而使其认识到自身对网络规则的破坏行为及在网络生活中存在的问题,避免下次再犯。我们提倡的直面网络道德失范行为,是一种既不失公正又能尊重对方的理性解决问题的方式,我们更希望通过促进大学生“以直报怨”的方式感染更多网络参与者,在网络社会中形成一种网络道德自律氛围,引导更多网络生活参与人员形成网络道德意识,在网络独处,无人监管的情况下,能够坚持按照网络道德准则去参与网络生活。与此同时,引导大学生“以直报怨”,不仅对于其他网络参与者网络道德自律意识的形成具有推动作用,而且有利于促进大学生自身道德自律意识的提升,“以直报怨”不仅在于正直地指出他人错误,更重要的是律己以直,我们希望大学生自觉养成正直品行,在参与网络生活的过程中能够严格要求自己,加强网络道德自律意识。

第三,大学生网络行为自律的最高境界便是主动担当维护网络道德的责任。当今世界互联网不断发展的过程中,由于网络社会的虚拟性和开放性,不可否认会存在一些缺乏互联网道德水准的网络参与者。他们可能会缺乏一定的网络安全和网络隐私意识,可能会对我们的网络生活产生一些负面的影响,有时可能会在某种程度上侵犯我们自身的利益,但是在其不违反法律规定和重大原则的前提下,我们需要引导其他网络参与者,尤其是作为网络生活主体的大学生,自觉承担维护网络道德的责任和使命。在私人领域的非原则问题上,如果有时别人在不违反法律的前提下做出了一些侵犯个人利益的事,我们也要在给予对方一定的尊重的基础上,对网络道德失范行为进行教育引导和纠正,从而促进良好的网络关系的形成和网络环境的建设。我们要认识到网络道德自律不仅是一种美德,是一种高尚的道德情怀,更应该是所有网络参与者尤其是作为网络主体的大学生追求的一种精神境界。

(二)发挥学校教育的关键作用,提高大学生网络道德教育水平

学校作为大学生生活和学习的主要场所,对于大学生的网络道德意识和行为的培育具有关键性作用。越来越多的大学生牺牲睡觉时间、利用上课时间、挤出吃饭时间来进行网络聊天、看视频、玩游戏,不负责任的网络评论、虚拟网络交友骗局层出不穷,这些现象都让对大学生的网络道德意识和行为的培育显得越发重要。网络道德教育与以往传统的学校道德教育有明

显的区别,如何进行大学生网络道德意识和行为的培育已经成为高等教育亟待解决的重大课题。

第一,以理想信念引领网络道德行为。思想是行动的先导,理想信念已经成了一个独特的精神现象,对于一个人的生命追求和对人生道路的抉择产生了巨大的影响,对个人的思想境界、品德情操和道德行为准则等也产生了巨大的影响。理想信念是一个人的世界观、人生观、价值观的根本反应,对于个人的道德品德的养成意义重大。大学生正处在生命的“拔节育穗”时期,世界观、人生观、价值观都尚未彻底建立,因此非常容易遭受各类错误思想的影响。所以在高校应以思想政治课程教学的方法,以显性教学与隐性德育有机地结合的手段强化对大学生自身的理想信念教育,帮助大学生自身形成正确的理想信念,以理想信念教育引导大学生自身网络道德意识和网络道德行为,是十分必要的。

第二,以纪律约束网络道德行为。学校是一个教育场所,大学教学的顺利进行离不开纪律保障,面对大学教学的“低头率”不断提高,学生越来越沉迷于网络,我们不能否认网络给我们的生活所带来的便利,但是我们也必须承认学生对于网络的过分沉迷,极易引发网络道德问题。因此要解决大学课堂上的沉迷于网络的现象,高校必须要加强纪律建设,尤其是课堂纪律建设,我们可以通过课上交手机,课下领回或者教学楼上课时网络屏蔽等方法,减少学生课上上网时间,维护课堂纪律。校园里不负责任的网络评论、虚拟网络交友骗局等缺乏网络道德的行为也不是少数现象。因此,要减少这些问题,高校必须要制定关于网络道德行为的规章制度,以纪律和制度来避免大学生沉迷网络,促进大学生网络道德意识和行为的产生和发展。

第三,以互动促进网络道德行为养成。大多数学生在步入大学之前所接触的都是传统的老师教、学生学,老师讲、学生听的模式,但是随着互联网的快速发展,网络教育方式已经进入大学生活,融入大学课堂,网络教育以鲜活性、生动性等特点更容易激发大学生的兴趣,从而更易于接受。因此我们将大学生网络道德的养成寄希望于网络课堂,通过双向互动激发大学生的兴趣,并使大学生的兴趣着眼于网络道德意识的养成过程,让他们通过兴趣了解网络道德意识,在不断提升网络道德行为的过程中不断提高学习兴趣,如此形成良性循环,最终促进大学生网络道德行为的养成。

第四,以问题导向提升网络道德水准。无论是纪律保障大学生网络道德意识和行为形成,还是互动促进大学生网络道德行为养成,我们都不可否认大学生网络道德行为培育过程并不会一帆风顺,一定会存在一系列理想和现实的矛盾问题。也正是因为这些问题的存在,才能更好地推动大学生网络道德意识的提高和行为的改善。因此,高校进行大学生网络道德教育必须认识到不能只教理想型的道德状态,也要让大学生们了解到在网络道德行为培育过程中存在的反向和消极因素,以及现实网络道德形成过程中可能存在的问题,以问题警醒教育学生,教会他们如何处理现实网络道德培育过程中存在的问题,只有这样才能真正地在大学生网络道德培养过程中提升大学生网络道德水准。

(三)发挥社会教育的影响作用,推动良好的网络行为环境形成

教育离不开社会的大环境。对于家庭教育的引导作用和学校教育的关键作用应给予充分肯定,但是不可否认的是无论家庭还是学校都处于社会之中,社会环境作为影响大学生网络道德行为的重要变量,必须引起高度重视。当今世界随着大学生将网络作为自己获取信息的主要途径,网络文化对传统的价值观一定会形成冲击从而引发一系列道德问题,因此如何发挥社会教育对大学生网络道德意识和行为培育的积极作用,已经成为社会的热点问题。

第一,宣传网络道德模范,传播网络道德文化。互联网的广泛发展为道德教育提供了新的载体,但是也为社会道德教育增加了新的挑战。榜样的力量是无穷的,随着现代科学技术的发展,榜样模范的推广也要与时俱进,不仅要运用网络传播榜样模范,也要传播网络道德模范。我们可以通过建立网络道德模范专题网站,系统性地传播网络道德模范的事迹,引导大学生学习他们严于律己、为人民服务的精神和高尚的道德情操,同时我们还可以通过微信公众平台、朋友圈等传播途径,来充分利用大学生的碎片化时间,宣传网络道德模范的事迹和精神,让大学生了解网络道德模范,扩大网络道德模范的影响力。还可以在网站上开启我们身边的网络道德模范的评选和推举活动,让大学生关注到自己身边的网络道德模范,也可以看到别人身边的网络道德模范,形成一种我的身边有网络道德模范,我要努力学网络道德

模范的社会氛围。抖音、快手等新兴的传播媒介以其丰富性和有趣性吸引了众多大学生，我们也可以在抖音、快手上面建立网络道德模范账号，从而紧跟潮流，让大学生多方位地了解网络道德模范，使“网络道德模范”一词成为大学生口中的常见词和微博中的热搜词，使网络道德模范成为一种道德文化符号，在整个网络社会进行传播。坚定地传播网络道德模范所传递的价值观和真善美的道德情操，有利于使大学生更好地了解网络道德模范身上的精神，提高自身网络道德意识和行为，自觉向模范学习。

第二，引导社会网络道德意识，规范网络道德行为。无论是在全社会和网上进行道德教育，还是推广网络道德模范，都是为了让大家形成基本的道德认知，自觉形成网络道德意识，并在遇到网络道德问题时能够做出符合主流价值观的行为，自觉将自己的网络道德认知转化为网络道德行为。很多人会说社会环境是复杂多变的，我们也不一定会遇上和别人一样的情景，因此我们可以利用现代科学技术进行网络情景模拟，通过 VR 或 AR 技术进行各类道德情景的模拟，虽然不能包括所有可能遇到的情景，但是我们可以尽可能地提供更多不同类型的情景，让大学生在各类道德情景中做出道德选择。情景模拟可以让大学生更好地了解现实道德问题，提升道德认知水平，并将他们的网络道德认知转化为网络道德行为，做好舆论引导，更好地在全社会促进网络道德行为的培育和践行。

第三，强化网络舆论引导，加强网络法规约束。道德是一种约定俗成的内在修养，由于每个人的家庭环境、认知水平的差别，不可能每人都能做到在网上充分道德自律，因此我们要想促进网络社会的清风正气，促进大学生道德水平的提高，必须要强化网络舆论的作用。随着网络技术的发展，网络舆论的社会影响和作用也越来越大，通过网络舆论引导可以提高网络参与者尤其是大学生的网络道德意识。网络舆论还可以以一种反强化的方式，促进网络参与者自觉遵守网络道德，但是归根结底，网络舆论是一种社会影响，并不具有强制性作用。因此，加强网络社会道德环境建设不可避免地要通过运用网络监管，完善互联网法律法规等方式来实现。通过运用网络技术对互联网信息进行监管，及时剔除不良信息或封锁发布不良信息的账号，不断完善网络法规，加强网络身份认证，促进网络社会健康有序发展，从而加强对大学生网络行为的规范，促进大学生良好的网络道德行为产生。

综上，要想更好地发挥网络思想政治教育对当代大学生行为的引领作用，使网络真正成为满足大学生成长成才的必备资源，就要充分重视当代大学生在进行各类网络行为背后产生的种种心理机制。高校的思想政治教育工作者要以理想信念引领为抓手，以纪律制度为制约，以有针对性的良性互动为手段，切实引领学生提升网络思想道德素养，发挥高校作为大学生生活学习主要场所的关键性作用。

附录:新时期高校网络思想政治教育工作案例

案例1:高校网络思想政治教育工作案例

黑龙江大学以互联网思维为引领,提高网络思想政治教育实效

【案例背景】

随着互联网时代的到来,网络思想政治教育经历了从"思想政治工作 + 互联网"到"互联网 + 思想政治工作"的发展变革。网络思想政治工作已经成为思想政治工作的重要组成部分,成为开展思想政治工作的重要抓手。黑龙江大学紧跟时代潮流,加强对网络思想政治工作的研究,不断提高对构建网络思想政治工作重要性的认识,积极建立全员参与网络思想政治建设的工作机制,努力提高构建网络思想政治工作的能力。

【做法及效果】

一、紧跟时代步伐,树立互联网理念,为网络思想政治工作深入开展提供指引

高校作为传承和创新文化的重要阵地,构建网络思想政治工作新格局不仅是实现学校自身发展的需要,更是培养社会主义合格建设者和可靠接班人的需要。现在的青年教师和学生几乎是无人不网、无日不网、无处不网。因此,必须坚持以人为本,推动思想政治工作传统优势同信息技术深度融合,努力实现学校的各系统、各应用协调运转,实现学校、学术、学风、学生

协调发展，努力建设符合信息时代特点和思想政治工作规律的全员全过程全方位育人的智慧校园；必须全面提高网络思想政治工作规律的认识，尊重师生的主体地位，树立应用驱动、开放共赢的互联网思维，运用师生喜欢的表达方式开展思想政治教育，吸引学生主动靠近、自动连接，打造现代文化校园；必须坚持依法治校，不断完善网络思想政治工作方略，努力构建网络思想政治工作新格局的长效机制，建立全员全过程全方位网络育人格局。

二、坚持以人为本，强化应用驱动，全方位打造“互联网＋思想政治工作”新格局

黑龙江大学以立德树人为根本任务，坚持思想政治工作与互联网融为一体，线上线下一体建设，全力打造“互联网＋思想政治工作”平台，每辆运行在黑龙江大学校园的车辆都融入思想政治工作的元素，贴上红色大学的标签，从而全方位提高育人质量。

1. 打造互联网＋教学体系，不断提高网络教学质量

一是把“以优质教育资源为基础，通过信息化技术，以先进、实用的教学手段，为学生提供多种多样的学习方式，调动学生自主学习意愿，使教学内容更具有实践性”作为重要的建设任务，纳入智慧校园建设规划，逐步构建基于“互联网＋”背景下的学习环境，并将其落实在人才培养方案中。

二是学校重点建设“数字化教学管理平台”“教师教学协作平台”“学生自主学习平台”“黑龙江大学在线考试平台”，提供优质数字教育资源和教学平台，教师教学由单一课堂教学向利用信息技术开展启发式、探究式、讨论式、参与式教学转变，学生学习由被动式向利用信息手段主动学习、自主学习、合作学习转变。

三是学校深入推进思想政治理论课的“互联网＋”教学改革，全面提升课堂教学质量。2017年，马克思主义学院袁敏教授以“思想道德修养与法律基础”为核心制作完成“修养与生活”慕课，并作为我省唯一一门思想道德修养类课程在“优课联盟”上线运行，该课程被深圳大学、中山大学、贵州大学认定为学分课程。学校获批“国家级精品资源共享课”5门，荣获“全国地方高校优课联盟突出贡献单位”称号。

2. 打造互联网+宣传体系，提高统筹思想政治工作质量

一是拓展学校网络思想政治工作的宣传途径。于2015年4月成立黑龙江大学新媒体联盟，有效聚合校内各单位宣传资源，及时、准确、充分反映学校思想政治方面的工作，营造良好的校园文化舆论导向，共同维护健康有序的校园网络传播秩序。截至2021年9月，联盟成员单位近200个，APP客户端3个，微信平台95个。每一个平台都有专门的运营团队负责维护，及时用活泼、生动的语言发布消息，拉近了与粉丝的距离，开辟“迎新季”“毕业季”“学风建设”推送专栏，尝试直播、设立微博墙等方式，加大互动环节。依托“部校共建”高清数字演播中心，利用微影音，推出原创网络文化作品，为学生原创微电影、微音乐、微课堂等微产品提供服务和文化分享平台，增强新媒体文化吸引力，有效黏合了学生群体。

二是鼓励职能部门建立网络圈。学校鼓励教师尤其是青年教师积极投身网络阵地，鼓励党政工作干部、专家名师开通微博、微信，建立了全省首个辅导员网络思想政治工作室，辅导员在微信中正面回应学生困惑、倾听学生心声、解决学生问题、关注学生成长，打造了集思想教育、教务教学、知识学习、文化娱乐为一体的综合性校园网络互动社区，工作案例被《光明日报》报道。

3. 打造互联网+学工体系，稳步提升育人质量。

教育是不是成功，关键看学校的育人质量。育人是不是有效，关键看学生是否满意。

一是组建了“学工微信圈”，打造学生工作聚合平台。学校整合30个学院学生工作微信资源，打造微信圈，开通学院微信二级管理权限，支持学院微信自媒体建设。同时，精心挖掘内容资源，推出了“学风建设专栏”“榜样力量专栏”“毕业季专栏”等，以学生喜闻乐见、接地气的语言和学生互动，进一步拉近了师生距离，产生了情感共鸣，很好地将学生风貌展现给老师、学生及家长。

二是全力打造校园文化品牌。充分利用黑龙江大学源于延安、根于抗大的优势，挖掘红色大学基因，大力开展校情校史教育，组织了系列回延安和延安精神进校园活动，组织开展网络文化节、网络文化作品征集大赛等，推选微信原创作品、微视频作品、视觉设计作品等参加由团中央学校部主办

的"指尖正能量"全国高校移动网络作品征集活动，并获得一等奖。近三年，学校有数十件作品在全国优秀网络教育作品推选活动中获奖。

三是打造微信公众号品牌。打造了"黑大学工""黑大青年"，关注用户共计13万2千余人，在公众号中进行有针对性的内容推送，年均发布图文推送4 000余条，年累计阅读量1 000多万人次。"黑大青年"多次登上各大媒体发布的全国高校微信公众号排行榜，成为高校共青团微信百强成员之一，获得了"最具正能量高校自媒体称号"。

四是建立了家校育人互动平台，畅通家校沟通渠道。学校将学生在校期间的学业成绩、奖惩情况、日常表现等形成个人成长电子档案，并利用系统对学生进行学业预警，动态跟踪和反馈学生的学业进度，并有针对性地开展特色帮扶，最大限度地解决学习困难和学生的学业问题，老师、家长和学生还可同步查看记录情况，更好发挥家校育人合力。

五是实行"一站式"数字化服务。2014年开始依托PC端，全面开通"数字迎新""数字学工""数字离校"三大系统，集成了安全、学工、教学、通信网络、后勤物业、医疗、财务、研究生工作等专项服务功能。2015年，PC端与手机端i黑大对接，进一步优化移动功能，2018年我们对i黑大进行升级，推出"易班+今日校园"，数字化便捷服务贯穿学生大学始终，全面实现一键报到、一键选座、一键打印、一键生成奖（助）学金、一键离校等一键式操作功能，既提高了工作效率，又大大方便了学生，受到广大师生的欢迎。

三、落实31号文件精神，全面加强易班建设，网络思想政治工作进入新阶段

一是稳步推进易班建设。黑龙江大学于2017年成为黑龙江省首批易班共建试点高校，2018年被省教育厅确认为黑龙江省易班发展中心，并在2018年初获批省网络思想政治中心。学校易班平台注册认证用户近4万人，开通机构群41个。实现了易班网客户端与校园网、黑大学工等校园媒体平台信息的同步发布。完成易班手机平台与学校信息平台的统一身份对接和校本化平台功能对接，招募学生团队成员140余人，25个本科学院建立了学生易班工作站。易班建设以来，我们重点在黏合度和吸引力上下功夫，重点围绕易班优课开展新生入学教育，围绕易班抢票开展校园文化活动，围绕易班签

到开展日常活动考勤,并融合学校其他功能模块。2018 年下半年,我校优课课群活跃度增量在全国 514 所高校中排名 24,平台活跃度增量在全国 536 所高校中排名 16,综合指数居全省高校首位。

二是聚力开发校本化应用。学校将易班平台建设与完善学生综合素质评价体系相结合,依托易班校本化平台,全面推行本科生德育学分(第二课堂)制,进一步提高思想政治工作的实效性、针对性,增强工作吸引力和黏合力。这也是两年来,学校加强易班建设和网络思想政治工作的重要举措。德育学分制可以用“1、2、3”来概括。

围绕“以学生为本”1 个中心,科学构建德育学分指标体系。

本科生德育学分制将德育的内容和环节学分化,将德育的过程和成果成绩化,将考评的路径和载体信息化,通过易班平台以学分形式规范并记录学生的行为表现,从而实现对学生最为有效的德育评价。

学校把德育学分制纳入大学生成长成才培养的全过程,注重提升学生的整体获得感。通过反复调研,学校在易班平台上建立了符合黑大学生特点的德育学分三维指标体系,指标涵盖思想政治、人文素养、专业学习、身心健康、实践能力、创新创业能力等多个一级指标,20 多个二级指标,300 多个具体指标,学生一键登录易班平台,三维指标一目了然。300 多项具体指标既是引领学生四年成长的“定制菜单”,也是学生四年的“闯关任务”,对照指标,完成一项,生成一项,记录一项,让学生一入学就知道未来四年都要做什么,随时了解当下应该做什么,毕业时清晰地看到四年做过了什么,为学生成长成才进行科学的引导,帮助学生合理规划学习和生活目标。

激活普通同学和班级干部 2 个群体,有效加强线上线下班级组织建设。

德育学分制注重发挥普通同学的自我教育和自我管理作用,正面激励和引导学生全面发展,激发学生内在动力,变“要我参与”为“我要参与”。学生每参与一项活动,登录易班在线提交,兑换相应分值,累计分值进行排名,学期、学年、学涯公布德育学分成绩,并生成德育学分成绩单,记入学生档案,营造“比、学、赶、帮、超”的德育氛围,真正发挥学生自身的积极性和主动性。

学校将德育学分考评工作的主体定为班委会,学生班(团)组织是德育学分实施和考核的具体单位,班委会具体负责学生德育表现加减分材料的搜集、汇总、统计、分析、计算等，充分发挥了班级的组织作用和学生的自我管理作用。学校将线下行政班级与易班机构群同步建设，组织结构一一匹配，每个班级通过易班手机端设置审核管理员，由班级的8名班委按照8个一级指标分工负责，审核录入学生成绩，同时学校为全校的班级干部统一配发《黑龙江大学班级干部工作手册》，供其线上线下记录工作开展情况，学院、学工部定期检查手册记录情况。此外，学校举办"修身成才班级干部培训班""班级干部素质能力大赛"，在赋予班级干部一定权力的同时，也进一步帮助班级干部明确职责、使命和担当，充分加强学分制背景下的班级组织建设。

坚持"兴趣、致用、高效"3个导向，激励学生广泛参与各类活动，促进能力素质均衡发展。

德育学分制坚持兴趣导向，从而延展易班育人功能，坚持致用导向，提高学生重视程度，坚持高效导向，不给辅导员老师增加工作负担，全面反映思想性、展示专业性、坚持成长性、富于趣味性、体现时代性。

学校一方面把易班作为德育学分工作平台，另一方面也充分发挥易班的育人功能，通过开展丰富多彩的教育活动，帮学生搭建获取德育学分的重要载体。学校将实施多年的"新生起航计划""在校生立德修身计划""毕业生远航计划"进行线上移植，依托易班优课开展新生入学教育、入党启蒙教育、预备党员培训，依托易投票举办"毕业寄语征集""黑大人的一天"等主题活动，利用易抢票组织学生参加《那年，那信》敬一丹新书签售会、中国乒乓球超级联赛揭幕战、"乐咏龙江"哈尔滨音乐学院民族交响音乐会、电影《李保国》首映会等文体活动，全面激活易班平台，传播主流文化和正能量，调动学生参与活动积极性。

学校将德育学分制应用于学生四年大学学习生活全过程，明确德育学分应用导向，学生在毕业前获得的德育学分为3者，获得毕业资格，学校将德育学分综合考评结果直接作为学校及用人单位考查学生思想政治表现的指标和依据，学期内德育学分考评不合格者，不得作为各类省级、国家级评奖评优、研究生推免人选。学生毕业将同时取得学习成绩单和德育成绩单，两份成绩单同时装入学生档案。

学校在充分调研的基础上，以不增加辅导员工作负担、提升工作效率为出发点，从建立制度入手，制定了科学的德育学分考评程序，明确各学院是学生德育学分综合考评的直接责任单位，在学院学生工作领导小组领导下，由学生本人随时进行线上申报、线下材料递交，由班委会定期进行线上审核、线下登记，由辅导员以每学期为单位审核考评结果，一键导出成绩单，最大程度上提高辅导员工作效率。此外，学校将德育学分工作纳入学生工作考核和辅导员工作考核，对于工作失误并造成不良影响的辅导员和学院在考核中实行一票否决制。

德育学分实施以来最显著的成果体现在三个方面。

第一，基于易班平台的德育学分制促进了学生课外素质和校园文化建设。调查显示，90%以上的学生因为德育学分提升了自主学习和参加活动的积极性，学生走出宿舍、走向操场、走下网络，锻炼了能力，磨炼了性格，丰富了生活，提升了综合素质。学期内，仅2018级学生登录易班平台申报德育学分活动项目累计7万余人次，学生自主申请参加活动项目3万余人次。

第二，基于易班平台的德育学分制提升了思想政治教育工作实效。对于黑龙江大学的学生而言，德育变得看得见、摸得着，有了具体的努力方向和目标，提高了学生自我管理能力。对于思想政治教育工作者而言，德育工作有了实实在在的抓手，学生工作也一天天见到成效。一年多来，学校学风、班风建设取得明显成效，学生红色学业预警比率下降2.87%，2018年，学校获批全省第三批学雷锋示范点，2个项目获全国青年志愿服务项目大赛银奖，3个项目获全省志愿服务项目大赛金奖，荣获"全省高校公寓文化成果"一等奖、"全国学生资助工作典型单位"、"全国大学生心理健康教育工作先进集体"等称号。学生获得大学生自强之星、大学生年度人物、道德模范等省级以上荣誉1 100多人次。

第三，基于易班平台的德育学分制激活了易班平台内在活跃度。德育学分的线上申报、审核功能保证了易班平台随时都有访问量、随时都有活跃度，作为活动开展平台和获取德育学分的载体，保证了学生愿意登录、必须登录。相关工作案例《教育管理服务三位一体的"互联网+"德育研究与实践》获得黑龙江大学教学成果一等奖，入选黑龙江省委宣传部网络思想政治工作典型案例。学校作为省级易班平台发展中心接待省内外参观调研高校10余所，工作经验在全省得到推广。

【案例启示】

一是要继续进行功能研发，夯实网络基础，提供更好的信息化服务。推进与第三方公司合作，开发思想政治工作应用平台，进一步增强平台资源建设，推进"易班＋今日校园"融合共建，实现数字学工和网络思政一体两翼，确保育人成效。

二是要进一步优化数字学工功能，推出"辅导猫"辅导员信息化工具，围绕辅导员的日常工作，从学生基本信息的采集、维护，到学生日常表现的个性化管理，以及日常的学生请（销）假工作和通知工作，实现相关工作全部在线完成，以教师和学生为中心，加强用户体验，增强黏合力、吸引力。

三是要加大信息化培训力度，着力打造一支能够符合时代潮流和需要的信息化队伍。培植舆论领军人物，及时发声，做好舆论引领。大力培育具有代表性的个人微博、微信，打造网络红人，加强网络志愿者队伍建设，引领广大师生争做好网民，弘扬正能量。

案例2:数字学工系统建设案例

“三个着力”把“盐”融入学工信息系统

【案例背景】

大数据时代高校网络思想政治教育在宏观上传承社会责任担当、中观上推动高校和谐发展、微观上助力学生成长成才,其数据来源多元性、数据传播迅捷性、数据体量无限性、数据价值分散性,对高校网络思想政治教育技术性、实效性提出新挑战。近年来,黑龙江大学树立数据思维,以学生思想实际和学习生活需求为出发点,发挥学工信息系统的黏性优势,将网络思想政治教育与学工信息化建设结合起来,把“盐”融入学工信息系统,有效提升了网络思想政治教育的效果。

【做法及效果】

黑龙江大学坚持以人为本的理念,结合学生思想实际的学习生活需求,以信息技术为支撑,建设集教育、管理、服务“三位一体”的学工信息化系统,探索网络育人新路子。

黑龙江大学学工信息系统,包括学籍管理、入校管理、基本信息管理、奖学金管理、党员管理、困难生管理、学业预警管理、咨询预约管理、讲座选听管理、就业动态管理等。黑龙江大学从三个方面把思想政治教育的“盐”融入其中,起到“潜移默化、润物无声”的教育效果。

第一,着力建设规范科学的管理平台,以管理助力学生成才。黑龙江大学梳理学生管理工作制度和工作流程,通过信息技术手段,建立具有动态跟踪功能的管理平台,既确保管理工作规范有序、科学高效,规避人为操作失误和风险,又实现了寓教育于管理之中的目的。以红色学业预警学生为例:

黑龙江大学2012年率先在全省高校中实行学业预警制度,启动学业预警系统建设。根据学生学分、挂科、出勤、违纪等数据,通过数据自动跟踪学生的学业进度,自动生成预警重点关注学生名单,然后将名单反馈给学生本人、辅导员、任课教师和学生家长。学院针对学生情况召开专门会议,制定专门帮扶计划；辅导员进行谈心谈话、组织学业论坛、举办学习经验交流会，教育引导学生；任课教师课下单独辅导；心理健康教育中心进行心理帮扶。通过线上信息反馈，线下综合施策，学生外语过级率、考研率、毕业率、挂科率、违纪率、及格率等同比向好。近三年来，学工信息系统红色综合预警比率逐年降低，学业预警成为推动学校学风建设的有力抓手。

第二，着力建设便捷高效的服务平台，以服务推动校园和谐。黑龙江大学对各类学生服务业务和流程进行全面整合，开通各类应用功能80余个，更好地为师生提供便捷高效服务。建成数字迎新、数字离校、数字学工三大系统及手机“i黑大”APP客户端和微信移动校园支持平台，实现电脑系统与手机的互动对接。开通集移动学工、学籍管理、奖惩管理、资助管理、学业预警、党员管理、公寓管理、辅导员考核管理、在线缴费等综合服务功能，学生通过传统的PC网页端、移动客户端及微信服务号，可以实现查看通知、申请奖（助）学金、办理各种手续、学籍证明自助打印等。开通了微信缴纳寝室电费、寝室在线报修等功能，学工信息系统及时把学生需求反馈给学校相关的服务部门，提升了学校综合服务水平。学工信息系统成为学校和谐的“稳压器”。

以迎新工作为例，迎新系统整合了财务、一卡通等相关部门的学生基础数据，新生报到前就可在家登录学校的迎新平台，获知自己的住宿信息、缴费、班级等情况。系统自动统计学生到站时间和车次，实时呈现报到情况，为迎新工作整体安排提供参考依据。迎新系统启用以来，新生报到工作由原来的3天缩短至1天。

学校利用“学工助手”微信公众平台，在全省高校首开新生“微信咨询”和“新生留言板”功能，开发自动问答系统，对普遍性问题进行自动回复，迎新期间通过在线答疑实时动态解答学生问题3 000余条。通过将线上互动关口前移，重心下移，切实解决学生关注的热点难点问题，提升家长对学校工作的满意度。本科生档案查询使用量1.85万人次，《新生入学考场查询》推文当天阅读量突破6 000人次。

第三，着力建设立体交叉的教育平台，以教育传承责任担当。黑龙江大学联合“微微校”等第三方高校微信公众平台，整合30个基层学院学生工作微信资源，于2016年底建成“学工微信圈”，形成“一院一号一品牌”的格局。

建设“黑大学工”“黑大心航”等微平台，开展网络思想政治教育品牌活动，为学生提供文化分享平台。“榜样力量”“育人”等专栏关注用户 3 万余人，年均发布图文推送近 1 000 条，年累计阅读量 190 多万人次。以学习十九大精神为例，黑龙江大学成立全省首个习近平新时代中国特色社会主义思想青年学生宣讲团，宣讲团成员走进社区、走进乡村进行宣讲，线上同步直播，提升了学习互动性和实效性。连续多年举办校歌合唱大赛，参与全国最美校歌评选活动，通过线下合唱、线上投票点赞、线下竞演录制、线上播出宣传等方式强化网络思想引领，黑龙江大学校歌《岁月如歌》等作品荣获“网络最具人气校歌”，入选“十佳校歌”，进一步激发了学生爱校荣校情怀。

【案例启示】

创新网络思想政治工作，推进学工信息系统与网络思想政治教育融合，必须把握以下三点：

一是专业队伍是基础。随着信息化建设的不断深入，信息系统和思想政治工作平台的建设、管理和维护都需要充足而专业的人员，必须配齐强健队伍，加大培训力度，提升师生工作队伍的专业化、职业化、信息化水平。

二是网络育人是重点。强化学工信息系统的教育功能至关重要，学工信息系统在网络思想政治教育中具有黏性强、制度规范性强、交互性强等特点和优势，把“盐”融入其中，强化思想政治引领，是“三全”育人的本质要求。黑龙江大学开发德育学分系统，推进易班建设，这些是进一步强化网络育人的具体举措。

三是持续投入是保障。学工信息系统和网络思想政治教育平台的深入开发与持续维护，成本很高，需要充足的经费作保障。没有持续稳定的投入，系统的建设、维护与升级就是空谈。

案例3:高校辅导员自媒体平台建设案例

“74号文字铺”的“网事”

【案例背景】

在信息化高度发达的自媒体时代,辅导员如何运用学生喜欢的方式开展思想政治教育,这一问题令人深思。“74号文字铺”,这个以黑龙江大学地址——学府路74号命名的个人微信公众号,是黑龙江大学辅导员寇玉达于2015年开通的网络思想政治教育平台,发布“寇掌柜”署名文章。“寇掌柜”心系学子,用浅显易懂的故事讲解深奥的哲理,用诙谐幽默的语言打开心灵的羁绊,“74号文字铺”成为越来越多学子的精神栖息地。现在,黑龙江大学70%的辅导员开通了个人微信公众号,拓展了网络思想政治教育工作的新途径。

【做法及成效】

“74号文字铺”是基于互联网自媒体实施思想政治教育的一次实践探索。平台以教育学生、管理学生、服务学生为出发点,以“教学相长、助人自助”为主线,以价值引导、身心培育、学风促进为核心功能,通过易于学生接受、接地气的话语体系对学生进行潜移默化的教育引导,切实增强大学生日常思想政治教育的针对性和实效性。

它设置“74号原创”“掌柜荐读”“黑大学工”三大版块,直面学生思想问题、社会焦点、现实困难等,实施及时、主动、分众的教育引导。它围绕辅导员和学生成长面临的问题与困惑总结反思,反哺实际工作。它基于精准推广的传播方式,覆盖微信、QQ等多种载体,实现日常思想政治教育工作联网上线、“虚功”实效。具体做法是:

一是把新闻做成趣闻。抓住学生眼球,才能实现信息有效传递。“74号文字铺”注重将时事以学生喜闻乐见的方式呈现。它以学生党员教育培养为目标,开辟了党员微讲坛。“寇掌柜”自筹经费、自组团队录制了《明确党员标准,争做时代先锋》《献礼十九大:辅导员细说学生工作新变化》系列微视频，利用图解、动漫等方式，深入浅出地阐释党员标准，用讲故事的方式讲学工变化。微党课视频得到广泛关注，腾讯视频、教育部易班优课平台相继展播，并作为入党启蒙教育微课样本在全校推广。以优良学风和班风建设为重点，推出文字专栏。发布《小学院、大梦想》《读书》《我们为啥不学习》等文章，从不同角度为学生明确目标、定制规划，引导学生学会学习、学会读书。利用每周末晚上在线为学生答疑解惑，累计时长600多小时，解决学生问题200余件次。

二是用原创滋养灵魂。走进学生心里，才能相伴一路长情。“寇掌柜”结合学生关注的热点问题，开辟“辅导员之声”专栏，推出《暑假你好》《家门心门》《老同学》《旅行》等音频内容，用声音讲故事，引导学生学会感恩，珍惜情谊，养成善良真诚、宽容友爱的品格。

2017年6月，当注意到曹同学两个寒暑假都留校不回家时，“寇掌柜”主动和其父母通电话了解原因，为解除学生和家长的心理隔阂，利用暑假实地家访，行程500多公里，专门为学生录制了《暑假陪陪爸妈》的音频，打开了学生和家长的心结。当发现朋友圈中学生在工地实习产生厌倦情绪，原创了《你在工地还好吗》，为学生明确实习的重要性，给实习学生送去问候。当得知家庭经济困难学生为学业忧虑时，发布了《家访的坚守与温情》，为困难学子详细介绍了学校资助政策，鼓励学生奋发有为，做到扶贫扶志。

三是把心中正气化作网上强音。把脉热点难点，才能更好汇聚正气，壮大网上强音。2017年3月，黑龙江大学化学化工与材料学院新疆维吾尔族学生罹患肺栓塞，生命垂危。“74号文字铺”发布文章《传递爱，我们有力量》，作为第一个也是唯一一个自媒体，面向全校师生发起募捐倡议，师生开展大讨论和爱心接力，为受助学生募集了资金，更激发了学生团结一心、爱校如家的感恩情怀。2017年8月，一名大四学生在后台留言，表达了即将走向社会的迷茫和困惑。“寇掌柜”捕捉信息后，第一时间设计调查问卷，了解学生们状况，根据调查结果撰写文章《别慌，我在》，从就业、考研、出国等几个方向，为毕业生群体解决思想和实际问题，并同步召开年级大会和一对一心理专题辅导，线上线下相结合，帮学生摆脱了“毕业困惑”。

2018年毕业季，“寇掌柜”总结四年育人成果，挖掘学生榜样的育人作用，推出《“拿走22万”的黑大A9栋225》一文，介绍了一个寝室8位同学有

5名保研、3名签约世界500强,8人光荣入党,四年累计获得22万奖(助)学金的故事,一经推出在全国刮起了"最牛寝室"的旋风,包括中央电视台在内的30多家主流媒体采访报道。这一寝室创建的"共享学习模式",被校长付宏刚教授带进了央视校长讲堂。"74号文字铺"取得了深层次引领学生成长和服务学生成才的效果。

"74号文字铺"运营三年时间,发布的文章累计7万多字,录制音视频30余条,吸引学生关注用户3 100余人,浏览点赞、转载留言7万余次,单篇阅读量最高1.1万次,月平均浏览次数6 000余次。"74号文字铺"的《家访的坚守与温情》等3篇文章被教育部中国大学生在线、高校辅导员联盟官微转载。

"寇掌柜"总结"74号文字铺"的建设经验,申报《教育管理服务"三位一体'互联网+德育'"研究与实践》成果,获得黑龙江大学教学成果一等奖;"74号文字铺"工作情况入选教育部高校辅导员培训和研修基地《青春时光塔　全国优秀辅导员工作经验分享文集》。《光明日报》、共青团中央官微先后报道"74号文字铺"。工作案例获得教育部思政司举办的第三届全国优秀网络作品推选二等奖。

"寇掌柜"先后获得全国高校辅导员年度人物提名、黑龙江省高校辅导员年度人物、黑龙江省高校辅导员职业能力大赛一等奖、黑龙江大学辅导员职业能力大赛一等奖、全国高校思想政治工作优秀论文评选二等奖,获得黑龙江大学优秀专职团干部、优秀辅导员、"晨曦下的园丁"等荣誉称号。2016年,黑龙江大学成立了辅导员网络思政工作室,担任工作室主持人,2020年工作室入选黑龙江省首批省级辅导员名师工作室。

【案例启示】

辅导员运用自媒体创新网络思想政治工作,要处理好三个关系:

一是处理好"辅导员想说的"和"学生想听的"关系。在网络思想政治工作中,学生你说我听、路人心态很普遍,降低了网络思想政治工作的实效性。自媒体平台要在内容上切合学生关注,用网络语言和图片、文字、影音等现代表达方式,实现我们想说的和学生想听的精准对接,建立一个平等互通的话语体系。

二是处理好"面对面"和"键对键"的关系。要在线下和学生做知心朋友，以一切为了学生、为了一切学生的原则，深入细致地做好线下的思想政治工作，以“面对面”的交心支撑“键对键”的交流。

三是处理好“唱主角”和“当配角”的关系。运用自媒体做好网络思想政治工作，既要敢于在大是大非面前大胆发声，做主导正面舆论的“大哥大”，又要善于在学生困惑时耐心倾听，做个“好听众”，乐于在学生充满创意地创作网络产品时虚心求教，做个“小学生”。网络思想政治教育工作要发挥学生的主动性、创造性，形成网络育人的合力。

案例4:“互联网+”心理育人工作案例

结“心网”解“心结”

【案例背景】

高校心理健康教育和思想政治教育有关联性和互补性,心理健康教育是高校思想政治教育的一个资源、一个伙伴、一面镜子。移动互联网时代,心理健康教育和思想政治教育资源整合、资源共享是高校思想政治工作的必然选择。黑龙江大学站在学生视角,发挥互联网的互动优势,结心理教育之网,解学生心理困惑之结,打通立德树人“心”通道。

【做法及效果】

黑龙江大学以培养学生健全人格为目标,以心理健康教育标准化建设为导向,构建教育与指导、预防与干预于一体的网络育人工作体系,促进学生心理健康教育和思想政治工作融合并进。

一是将学生心理健康服务做到网络上,让学生便于参与。针对学生心理困扰增加和学生沟通的方式,特别是学生通过微信、微博沟通占86%以上的实际情况,黑龙江大学大力推进心理健康教育网络平台建设,让学生对心理健康教育资源触手可及。学校以黑龙江大学心理健康教育中心专题网站为主体,搭建了心理健康教育网络宣传平台。2012年对黑龙江大学心理健康教育中心网站进行全面改版,增加了互动板块,普及心理健康知识,发布教育活动信息,实行网上心理咨询预约服务,学校心理健康教育中心网站访问量20余万次。支持学院二级心理辅导站的心理健康教育移动宣传平台建设,组建学工微信圈心理健康教育集合平台,对学院心理健康教育工作微信资源进行整合,形成了25个二级学院心理辅导站“一院一号一品牌”的格局。支持学生心理社团自主创建微信公众号,设计“心闻资讯”“我要预约”“新生专题”“心理测试”等板块,平台采取互助和他助的办法开展心理健康教育,目前平台累计关注量1 800余条,成为学生自主创建的校园品牌公众号之一。

二是探索心理课网络互动新模式，让学生喜欢参与。黑龙江大学对大学生心理健康教育课程进行全面改革，构建心理健康教育课程的模块体系，以大学生心理健康教育为骨干课程，开设人际关系团体训练、朋辈心理辅导、情绪管理训练、性教育与性文化、生命教育等系列课程。通过严格选拔培训教师、组织教师集体备课提高教学质量，通过循环听课、教学评教对教学质量进行评估。在此基础上，适应互联网发展要求，将理论讲授为主的教学模式转变为"理论授课 + 团体辅导 + 网络互动 + 媒体推送"四位一体的教学模式，创新大学生心理健康教育形式。2011 年，黑龙江大学开发了大学生心理健康教育网络教学平台，在全国多媒体课件大赛中获得二等奖。近三年，共开设心理健康教育系列课程 54 门，其中网络课程普及人数约 7 200 人。线上线下相结合的教学模式，增强了学生的体验性、参与性和互动性，让网络成为心理健康教育课程教学的有力帮手，也提升了学生网上心理健康教育的参与率。

三是运用大数据加强学生心理危机预警，让学生有效参与。针对学生心理问题日益增多、心理危机事件的上升趋势，加大心理危机的预防力度。黑龙江大学利用大数据分析，动态掌握学生的心理变化，分析不同年级、不同学院、不同专业、不同家庭、不同性别、不同生源地学生的心理特点，为心理危机预防工作提供第一手材料。2010 年，黑龙江大学在原有的线下心理测试的基础上面向学生开展新生网上心理测试，从 2015 年开始，心理测试形式从电脑集中测试到手机自主测试，目前每年新生测试人数 8 000 余人，新生心理测试实现全覆盖。为保证对学生心理状况的动态管理，黑龙江大学还为每名学生建立电子心理档案和学生心理危机预警库，每学期初对学生的心理状况进行全面排查，及时更新完善数据库。快速高效的心理信息沟通、反馈、监控体系，为学生的心理健康保驾护航。目前，每年学校重点关注学生 300 余人，预防心理危机事件 40 余起。黑龙江大学先后获得"全国大学生心理健康教育工作先进集体""全国大学生心理健康教育工作优秀机构"等荣誉称号。

【案例启示】

一是"互联网 +"工作模式是对传统育人模式的重要补充。网络心理健康教育和传统心理健康教育彼此不能相互替代，而要优势互补、相互融合。

互联网的互动性、参与性和大数据统计等优势，可以有效提升高校心理健康教育工作的针对性和实效性。借助网络打造“互联网＋宣传教育”平台、“互联网＋教学”平台、“互联网＋信息”平台，有利于完善“自助—互助—他助”心理健康教育工作体系，发挥综合育人的功能。

二是提供精细化服务是“互联网＋心理健康教育”的方向。学生的心理状况具有个性化特点，普及性的心理健康教育不能满足每个学生心理需求，而大数据环境下的心理健康教育信息化建设，为精细化的心理健康服务提供了可能性。目前正在探索的高校易班建设就是心理健康教育精细化服务的操作平台。在易班心理健康教育立体平台上，通过建立“班级＋群组”的管理模式，刊发文章，创办电子期刊，开通网上团体心理辅导，提供网络心理测试、线上线下个体咨询服务，创建个人心理博客等，实现心理健康教育资源共享和精细化服务。

三是突出学生的主体地位是网络课堂的重点。传统授课、网络课堂、慕课，无论什么教学模式，都要围绕学生、关爱学生、服务学生。网络课堂要运用学生熟知的、喜爱的、欢迎的新技术和新媒体，吸引学生，在提高学生参与度中提升心理健康知识的普及率。要通过网络慕课的建设，开设翻转课堂，将心理健康教育的音视频、在线测试、心理剧表演、优质课程链接、在线讨论答疑等形式融为一体，让学生最大限度地接受优质课程和资源，促进自身心理素质的提升。

案例5:辅导员网络思政工作室建设案例

黑龙江大学“E+”辅导员网络思政工作室

——“四个到位”打造辅导员共同体,提升育人实效

【案例背景】

黑龙江大学“E+”辅导员网络思政工作室创建于2016年3月,前身是黑龙江大学“第一辅导员”网络思想政治工作室,是黑龙江大学首批重点挂牌建设的六个校级辅导员工作室之一,也是黑龙江省内高校中成立最早的专门开展网络思想政治教育研究与实践的高校辅导员工作室。工作室以“增强育人实效、提升辅导员职业能力、助力学生成长成才”为目标,坚持“一二三四五”工作主线,即围绕一个核心——强化对学生的思想价值引领,依托两个载体——线上网络矩阵、线下活动集群,深挖三个功能——教育学生、管理学生、服务学生,培育四有风格——有趣、有情、有理、有力,推进五项任务——理论学习,科学研究,工作交流,育人实践,业务培训常态化、规范化、系统化,真正提升网络思政工作的吸引力、黏合力,提升辅导员工作的感召力、胜任力,提升学生的成长驱动力、核心竞争力。

【做法及成效】

工作室形成了“四个到位”的建设理念。

一是顶层设计到位。学校党委高度重视省级辅导员名师工作室建设。将工作室建设作为加强辅导员队伍建设的重要载体,纳入年度学生工作要点,在全校学生工作会议上进行专题布置;学校党委副书记亲自参与指导工作室建设,每季度深入工作室召开会议,推进建设任务;学校党委学工部、宣传部、团委等职能部门参与工作室建设,强化顶层设计,搭建工作平台,形成工作合力。

二是队伍建设到位。工作室按教育厅要求,高标准、高规格调整充实团队成员。目前,工作室有主持人1名(曾获得全国高校辅导员年度人物提

名、“黑龙江省高校辅导员年度人物”称号、黑龙江省辅导员素质能力大赛一等奖），成员 15 名，其中校内辅导员 12 名（全部为获得省级以上奖励的一线专职辅导员），校外辅导员 1 名（广东技术师范大学辅导员陈小花），校内专家 1 名（黑龙江大学党委副书记），校外专家 1 名（教育部易班发展中心副主任），同时聘请学校新闻传播学院院长、信息与网络中心主任担任工作室顾问。

三是场地支持到位。学校为工作室配备了专门的办公场所 1 间（大学生活动中心辅导员工作室），活动场所 1 间，工作室场地面积达 160 余平方米，配备了专门的电脑、电话、网络端口等办公必需品。此外，学校超星教室、数字化演播室、多功能录播室等全部对工作室无条件开放使用，在首批省级辅导员名师工作室中，硬件条件位居前列。

四是经费匹配到位。工作室获得教育厅专项建设经费 5 万元，经费划拨学校后，单独列支，单独使用。学校按照文件要求，匹配建设经费，实报实销。在此基础上，学校以学生工作课题立项的形式，为工作室及工作室课题立项成员每年划拨专项研究经费，确保工作室建设经费可用、够用。

在建设过程中，形成了五点特色做法。

第一，整章建制，确保工作室运行规范有序。一是以“1 + X”的形式，制定了《黑龙江大学辅导员网络思政工作室建设管理办法》，配套出台《工作室成员动态管理制度》《工作室考核奖励办法》《工作室网络平台管理条例》《工作室经费管理使用办法》《工作室活动报备审批流程》，确保工作室建设规范化、制度化。二是细化专业分工，按照工作室成员年级特点、专业背景、擅长领域，构建形成“各专一题、整体协同”的整体专业化发展体系，签工作室建设任务书，逐一明确工作室成员职责，确保“一人一岗”责任落实到位。

第二，一体化建设，最大程度形成工作合力。一是以省级辅导员名师工作室为牵引，统筹推进现有的 6 个校级辅导员工作室协同建设，将网络思想政治与学生党建、心理健康教育、就业指导等深度融合，充分发挥省级辅导员名师工作室的示范带头作用。工作室坚持每学期一次论坛，每月一次沙龙，每周一次例会，定期与其他 5 个校级辅导员工作室开展交流，协助其他工作室创作网络作品。二是将省网络思想政治工作中心、省易班发展中心、校易班工作站和辅导员网络思想政治工作室“四位一体”同步建设，作为全省唯一省级网络思想政治中心、省级易班发展中心，实现资源共享，同频共振。工作室成员全部参与指导12个二级易班新媒体工作站开展网络思想政治工作，延展工作手臂，协同联动。

第三，创新载体，提升工作室知名度和影响力。一是以网络阵地建设为基础，开通了微信公众号、今日校园号、视频号，工作室成员全部设立个人微信公众平台，推出了“辅导员说”“辅导员荐读”“辅导员话题”多个栏目，工作室成员累计发文400余篇。二是以日常思想教育为主线，创作优质网络文化作品，推出《青春岁月》《记得我爱你》等毕业季主题原创歌曲和MV，参与制作《招生季・光明大直播》《迎新季・线上环游黑大》微视频，打造新生易班优课学习课群，提升了工作室的校园关注度和影响力。三是以重大事件、重要节点为契机，深挖教育主题。2020年新冠肺炎疫情发生后，工作室以抗击疫情为重点，成立志愿服务队，原创推出《黑龙江大学学生返校指南》和《疫情防护指南》微视频，“图文+动漫”的形式助力学校科学防控，开展了“20场云宣讲”“100堂云党课”活动，得到中国青年网、全国高校思想政治工作网关注报道，策划开展“战疫下的成长”感悟分享活动，带领学生写下10万余字的战疫感悟并编辑成册，引起热烈反响。四是以党史学习教育为契机，开设“一起学党史”专栏，策划组织“永远跟党走”党员讲党史大赛和党史知识竞赛，成立辅导员宣讲团，带领全校青年学生学党史、强信念、跟党走。

第四，加强网络思政科学研究，提升工作室建设能力。工作室依托黑龙江大学人文社会科学专项任务项目（学生工作专项），组建科研团队，以项目组带课题组的形式，积极申报、参与思想政治工作课题研究。获批省级辅导员名师工作室以来，工作室成员承担省部级科研项目6项，校级项目10项，在报纸和期刊发表文章21篇，编写书目3部，撰写调研报告2份，工作室有2名成员分别获得全国高校思想政治工作优秀论文评选二等奖、黑龙江省高校辅导员工作优秀论文评选三等奖。

第五，多层次进行对外展示，促进工作经验交流分享。工作室坚持“走出去和引进来相结合”，先后受邀在黑龙江中医药大学、东北石油大学、东北林业大学等高校开展经验交流，接待哈尔滨工程大学、哈尔滨医科大学等近30所高校来访调研网络思政工作。工作室先后邀请黑龙江省委宣传部、省教育厅思政处、共青团黑龙江省委宣传部、哈尔滨师范大学等单位的专家到校交流指导网络思政与工作室建设。此外，工作室成员受邀在校内辅导员沙龙、培训会上分享工作经验，充分展示工作室建设成果和成员风采。

创建以来，工作室成员先后荣获全国高校辅导员年度人物，全国高校辅导员年度人物提名，全国高校辅导员素质能力大赛三等奖，全国高校思想政治工作优秀论文二等奖，教育部、中央网信办全国优秀网络教育作品二等奖，全国易班共建高校优秀辅导员，黑龙江省高等教育教学成果二等奖等国家级、省级奖励近40项；指导学生荣获全国大学生年度人物、中国大学生自强之星、黑龙江省道德模范群体、金犊奖金奖、最佳金犊奖、教育部易班发展中心首届数字化工作典型案例等奖项70余项；创作学生工作纪录片、疫情防控宣传片、大学生微党课、毕业季主题MV等影音作品30余部，网络文章400余篇，发表学术论文40余篇，开展宣讲百余场，培养大学生网评员和学生干部近千人；先后与哈尔滨工程大学、哈尔滨医科大学、东北林业大学、东北石油大学、内蒙古医科大学等30余所高校开展网络思想政治工作交流。工作室开展网络思想政治工作情况得到《光明日报》、中央电视台、黑龙江电视台等20多家媒体关注报道，工作案例入选黑龙江省委宣传部《全省高校网络思政工作典型案例集》。2020年5月，工作室入选黑龙江省首批省级辅导员名师工作室。

【案例启示】

一是要紧扣工作室研究方向，培育精品项目。如开展“辅导员云党课”“辅导员微宣讲”等品牌活动，建设融思想性、知识性、服务性于一体的网络文化；依托工作室，组建一支由辅导员、班主任、学生干部为主的专业化队伍，协助学校开展网络舆情监测，培养舆论领袖，当好“评论员”，强化正面引导，主动占领网络阵地，筑牢学生思想防线。

二是处理好建设成果导向问题。在工作室建设中，研究成果通常以理论成果为导向，尤其是一些实操性不强的工作室，往往容易忽视建设过程和行动导向，工作室某种意义上等同于项目组或课题组，导致育人效果不够突出。

三是要发挥省级名师工作室的示范引领作用。如及时总结和分享建设经验，为校内各工作室建设提供指导，发挥示范引领作用，为全省高校思想政治工作,尤其是网络思想政治教育工作提供意见、建议和方案,助力提升全省高校网络思想政治教育工作实效。

参考文献

著作

[1]黄超.高校网络思想政治教育研究[M].广州:世界图书出版广东有限公司,2012.
[2]方文,黄荣华.网络环境下高校思想政治教育研究[M].北京:中国水利水电出版社,2013.
[3]谭仁杰.网络时代的高校思想政治教育[M].武汉:武汉大学出版社,2014.
[4]张瑜,等.高校网络思想政治教育发展与创新研究[M].北京:人民出版社,2014.
[5]陈少平.高校网络思想政治教育研究[M].北京:中国书籍出版社,2015.
[6]洪涛.新媒体时代议程设置嵌入高校网络思想政治教育研究[M].北京:光明日报出版社,2016.
[7]蒋广学,等.网络新青年培育与创新人才培养——北京大学网络思想政治教育的探索实践[M].北京:北京大学出版社,2018.
[8]潘强,许钟元,刘旭.高校网络思想政治教育生态系统构建研究[M].北京:中央编译出版社,2019.
[9]郑凯文.高校思想政治教育网络话语权建构研究[M].徐州:中国矿业大学出版社,2019.
[10]左殿升,等.大学生网络思想政治教育研究[M].北京:人民出版社,2019.
[11]朱琳.新时代高校思想政治教育网络平台建设的理论与实践[M].北京:知识产权出版社,2020.

[12]张瑜. 思想政治教育视域下校园社交网络传播圈研究[M]. 北京:清华大学出版社,2020.

[13]洪涛. 高校网络思想政治教育议程设置实践与创新[M]. 北京:中国社会科学出版社,2021.

[14]刘小春. 高校网络思想政治教育引论[M]. 重庆:重庆大学出版社,2021.

[15]易宇峰. 网络思想政治教育平台研究——以易班为例[M]. 成都:西南财经大学出版社,2021.

[16]韩冰,李轩航. 高校网络思想政治教育研究[M]. 哈尔滨:哈尔滨工程大学出版社,2021.

[17]曾静平,项仲平,詹成大,等. 网络文化概论[M]. 西安:陕西师范大学出版总社有限公司,2013.

[18]张再兴,等. 网络思想政治教育研究[M]. 北京:经济科学出版社,2009.

[19]黄少华. 网络空间的社会行为——青少年网络行为研究[M]. 北京:人民出版社,2008.

[20]屠忠俊,吴廷俊. 网络新闻传播导论[M]. 武汉:华中科技大学出版社,2002.

[21]王贤卿. 道德是否可以虚拟——大学生网络行为的道德研究[M]. 上海:复旦大学出版社,2011.

[22]俞吾金. 意识形态论[M]. 上海:上海人民出版社,2014.

[23]中国共产党第十九次全国代表大会文件汇编[M]. 北京. 人民出版社,2017.

期刊

[1]庄晨忠. 高校辅导员网络思想政治教育能力的提升[J]. 教育评论,2017(1):82-85.

[2]何祥林,陈梦妮. 以人为本视阈下的高校网络思想政治教育创新研究[J]. 学校党建与思想教育,2017(4):7-9.

[3]方向. 高校思想政治教育的网络舆情引导[J]. 黑龙江高教研究,2017(2):127-129.

[4]洪涛,张苗苗,马冰玉. 新媒体背景下高校网络思想政治教育新思路——基于议程设置理论的解析[J]. 思想政治教育研究,2017,33(3):156-160.

[5]项久雨,谭泽春. 基于实证的高校网络思想政治教育效果研究[J]. 学校党建与思想教育,2017(10):14-17.

[6]吕璐. 大学生网络思想政治教育接受的影响因素及优化路径[J]. 学校党建与思想教育,2017(12):36-38.

[7]王莹,于钦明. 高校网络思想政治教育工作创新研究[J]. 思想理论教育导刊,2017(4):155-157.

[8]王海稳,汪佳佳. 大数据时代高校网络思想政治教育创新研究[J]. 思想政治教育研究,2017,33(4):143-146.

[9]王学俭,冯东东. 大学生网络思想政治教育:价值·挑战·保障[J]. 思想教育研究,2017(5):90-93.

[10]许成坤. 论高校网络思想政治教育的路径选择[J]. 思想政治教育研究,2017,33(5):140-143.

[11]林立涛. 新形势下提升大学生网络思想政治教育针对性的思考[J]. 思想教育研究,2017(6):88-90.

[12]魏荣,戚玉兰. 高校思想政治教育网络话语权研究[J]. 学校党建与思想教育,2017(17):45-48.

[13]赵黎黎. 大学生网络思想政治教育工作的创新路径与实践[J]. 继续教育研究,2017(9):96-98.

[14]刘润. "微时代"高校网络思想政治教育体系构建策略研究[J]. 中国高等教育,2017(13):13-15.

[15]高平发,龚文涛,刘笑. 研究生网络思想政治教育体系的构建与优化[J]. 学校党建与思想教育,2018(2):37-38.

[16]欧阳意. 高校网络思想政治教育的现状与发展趋势探究——评《网络思想政治教育研究》[J]. 中国教育学刊,2018(2):128.

[17]李厚锐,朱健. 媒介融合环境下高校网络思想政治教育创新[J]. 思想理论教育,2018(2):71-75.

[18]宋广军. "大数据"时代构建高校思想政治教育网络平台的可行性分析

[J]. 思想政治教育研究,2018,34(2):155－157.
[19]杜鹏举. 媒体融合环境下高校网络思想政治教育生态圈构建研究[J]. 学校党建与思想教育,2018(4):50－51.
[20]熊钰. 从"以体系为驱动"到"以平台为驱动"——高校网络思想政治教育管理理念的时代延展[J]. 学校党建与思想教育,2018(7):49－51.
[21]熊钰. 高校网络思想政治教育理念的发展和完善[J]. 思想理论教育,2018(7):80－83.
[22]陈赛金. 论高校网络思想政治教育的未来转向[J]. 中国青年社会科学,2018,37(3):80－87.
[23]杨洋,胡近. 高校网络思想政治教育话语创新探析[J]. 中国电化教育,2018(9):87－93.
[24]袁国,徐颖. 新媒体环境下高校网络隐性思想政治教育策略研究[J]. 学校党建与思想教育,2018(14):59－60.
[25]周艺璇,王长恒. 信息碎片化传播对高校网络思想政治教育的挑战及对策[J]. 学校党建与思想教育,2018(17):69－71.
[26]陈于华. 论高校思想政治教育网络引导力的提升策略[J]. 学校党建与思想教育,2018(20):53－54.
[27]陈丽荣. 高校网络思想政治教育工作新探[J]. 学校党建与思想教育,2018(24):63－64.
[28]陈志勇. 网络空间治理背景下的高校网络思想政治教育应对[J]. 思想教育研究,2018(12):110－114.
[29]苏如娟. 高校思想政治教育网络传播力提升策略探讨[J]. 学校党建与思想教育,2019(2):63－65.
[30]徐金德. 大学生网络思想政治教育创新途径研究——评《大学生网络思想政治工作研究与实践》[J]. 新闻爱好者,2019(2):110.
[31]赵洁. 大学生网络思想政治教育方法研究述评——评《大学生网络思想政治教育过程导论》[J]. 高教探索,2019(3):129.
[32]刘薇薇. 高校大学生网络思想政治教育创新研究——评《高校网络思想政治教育研究》[J]. 高教探索,2019(4):131.
[33]杨英. 大学生网络思想政治教育过程的理论定位与发展历程研究——

评《大学生网络思想政治教育过程导论》[J]. 中国青年研究,2019(4):121.

[34]钱云光,张凤寒. 推进高校网络思想政治教育的三重向度[J]. 思想政治教育研究,2019,35(2):152-155.

[35]徐世甫. 网络育人:新时代高校思想政治教育新范式[J]. 中国高等教育,2019(9):50-52.

[36]李珏,袁勋. 高校网络思想政治教育话语体系考量[J]. 学校党建与思想教育,2019(18):60-62.

[37]周典典,孙迎光. 解构与重塑:信息碎片化视域下高校网络思想政治教育路径探赜[J]. 黑龙江高教研究,2019(11):100-105.

[38]徐璐,朱炳元. 高校网络思想政治教育话语构建研究[J]. 学校党建与思想教育,2019(22):57-60.

[39]李亚青,王静. 高校思想政治教育网络育人探究[J]. 学校党建与思想教育,2020(6):60-62.

[40]刘家祥. 新时代高校网络思想政治教育的意识定位[J]. 江苏高教,2020(4):100-104.

[41]曹杰. 新时代大学生网络思想政治教育议程设置创新研究[J]. 思想理论教育导刊,2020(6):151-154.

[42]白云利,徐江虹. 基于7S模型的高校大学生网络思想政治教育育人体系研究[J]. 学校党建与思想教育,2020(16):80-82.

[43]熊钰. 基于大学生成长需要的高校网络思想政治教育作品开发[J]. 思想教育研究,2020(8):138-142.

[44]方伟. 对新时代高校网络思想政治教育的思考[J]. 学校党建与思想教育,2020(18):73-75.

[45]杨航,蔡建国. 大数据时代高校网络思想政治教育效力评估研究[J]. 黑龙江高教研究,2020(9):132-136.

[46]邬海峰,高艳丽,乔芳琦. "双主体"视域下大学生网络思想政治教育研究[J]. 学校党建与思想教育,2020(21):73-74.

[47]胡逢源. 新媒体背景下的高校网络思想政治教育工作:价值、挑战与应对[J]. 国家教育行政学院学报,2020(11):73-79.

[48]张策,张耀元. 大数据助力高校网络思想政治教育:价值、困境及其破解[J]. 教育理论与实践,2020(33):28 - 32.

[49]杨琴. 高校思想政治教育网络多维互动模式研究[J]. 中学政治教学参考,2020(38):102.

[50]梁钦,蒲清平,肖国芳. 大学生网络思想政治教育的范式演进与经验启示[J]. 思想政治教育研究,2020,36(6):147 - 151.

[51]刘基,李积伟. 基于网络空间的高校思想政治教育治理研究[J]. 电化教育研究,2021,42(5):108 - 113.

[52]田川,熊明巧,万泱. 全媒体时代高校网络思想政治教育的新路径[J]. 教育学术月刊,2021(5):66 - 71.

[53]颜笑. 论新时代大学生网络思想政治教育[J]. 中学政治教学参考,2021(19):101.

[54]仲昭慧. 高校思想政治教育网络空间话语权掌控研究[J]. 学校党建与思想教育,2021(10):64 - 66.

[55]张振军,高睿. 网络文化育人视角下高校思想政治教育研究[J]. 传媒,2021(11):89 - 91.

[56]徐璐,杨湘弘. 基于交往实践观的高校网络思想政治教育图式构建[J]. 学校党建与思想教育,2021(12):62 - 64.

[57]蒋春燕,孙祺. 新时代高校网络思想政治教育的现实困境及发展路径[J]. 学校党建与思想教育,2021(12):59 - 61.

[58]高歌. 加强新时代高校网络思想政治教育探究[J]. 学校党建与思想教育,2021(12):65 - 67.

[59]王伟. 高校网络思想政治教育分层次方法探论[J]. 中学政治教学参考,2021(24):100.

[60]张杨,高德毅. 算法推荐时代高校网络思想政治教育面临的挑战与应对[J]. 思想理论教育,2021(7):91 - 96.

[61]李旭,唐甜甜. 高校网络思想政治教育方法研究[J]. 中学政治教学参考,2021(25):100.

[62]司慧积. 新时代大学生网络思想政治教育探论[J]. 中学政治教学参考,2021(29):91.

[63]李玲.论大数据时代高校网络思想政治教育创新[J].学校党建与思想教育,2021(19):1933－1935.

[64]闫兴昌,曹银忠.高校网络思想政治教育共享理念的出场逻辑[J].学校党建与思想教育,2021(20):2068－2071.

[65]毕亮,周建超,董芝杰.网络直播时代大学生思想政治教育的三维省思[J].江苏高教,2021(11):95－98.

[66]李贤军. 高校辅导员创新学生思想政治管理工作的途径探讨[J]. 中文信息, 2019(9):164.

[67]王萧涵. 突发公共事件下高校辅导员如何运用新媒体工具做好网络思想政治教育工作——高校辅导员工作案例分析[J]. 科教导刊(电子版), 2020(10):79.

[68]李小梅. 网络背景下高校辅导员如何做好思想政治教育工作探究[J]. 新教育时代电子杂志(学生版), 2019(44):226,228.

[69]罗薇. 互联网时代辅导员如何做好大学生思想教育工作的思考——以惠州学院政法学院为例[J]. 北方文学, 2019(20):90.

[70]谭珊琦. 高校辅导员理论素养现状与提升途径研究——以湖南省辅导员素质能力大赛理论考试为例[J].教育研究,2020,3(12):36－38.

[71]肖江, 解小翠, 谢昀宵,等.互联网＋时代高校辅导员如何让学生“忙起来”路径探析[J].青年与社会,2020(2):252－253.

[72]强彩虹. 高职院校辅导员做网络思想教育工作的途径——以天津滨海职业学院16网络等六个班为例[J].现代交际,2019(6):152－153.

[73]靳学峰, 徐晓霞. 高校辅导员在资助育人工作中的角色定位及效果提升途径探讨[J]. 课程教育研究, 2019(3):196.

[74]王佳楠, 刘徕. 高校辅导员开展“三雅”教育的实现途径探析[J].新西部,2020(8):69.

[75]杨微微, 王翠翠, 姜晶,等. 有效提升高校辅导员心理健康教育能力的途径与策略研究[J].科学中国人,2016(36):342.

[76]杜凡, 王亚军, 袁吉发. 人文素质教育背景下的高校辅导员人文素养提升途径研究——以成都文理学院为例[J].赤峰学院学报(汉文哲学社会科学版),2015,36(4):236－238.

[77]乔冬. 辅导员谈心制度的建立与实施——以辽宁师范大学为例[J]. 学周刊,2019(31):7-8.

[78]何姗姗,丁伟,欧阳萍,等. 辅导员提升高职院校“00后”大学生在校幸福感的策略研究[J]. 广东职业技术教育与研究,2020(4):130-132.

[79]龚舰. 新媒体时代高校辅导员开展网络思想政治教育的路径探索[J]. 记者观察(上),2019(32):110.

[80]陈丽荣,程抗. 新时代高校网络思想政治教育方法创新——以湖南师范大学辅导员网络直播工作为例[J]. 高校辅导员学刊,2019,11(1):60-62.

[81]王英,李奇龙,刘黎明,等. 新时代高校辅导员工作室在网络思想政治教育中的实践与探索——以江西理工大学发哥辅导员工作室为例[J]. 绿色科技,2021,23(9):216-218.

[82]李军,周天璐. 高校辅导员运用网络新媒体开展大学生思想引领工作的探讨——以微信公众平台的运用为例[J]. 中国林业教育,2019,37(4):26-28.

[83]贾昌路,郭亚萍,刘璐萍,等. 浅谈新时期下“90后”辅导员如何做好“95后”大学生思想政治教育工作[J]. 高教学刊,2020(4):156-158.

[84]王倩. “自我同一性”理论视阈下高校校园网络文化建设路径探究[J]. 江苏高教. 2020(5):86-90.

[85]宋仕平,武坦. 地方高校校园网络文化建设: 现状分析与路径选择——以周口师范学院为例[J]. 三峡大学学报(人文社会科学版),2016,38(3):58-62.

[86]冯刚,张芳. 新时代高校文化育人的理论与实践探析[J]. 湖北社会科学. 2019(5):176-183.

[87]杜哲,刘轶. 新形势下推动高校网络文化建设的思考[J]. 文化创新比较研究. 2020,4(27):112-114.

[88]李虎成,王雪梅. 自媒体视阙下高校校园网络文化建设路径研究[J]. 长春师范大学学报. 2021,40(5):197-200.

[89]商应美,魏宇静. 高校网络文化建设的现实考察与策略选择——基于教育部试点高校的分析[J]. 中国青年社会科学. 2019,38(5):53-60.

[90]李红梅.网络虚拟性对人的全面发展的阻抗[J].兰州学刊,2009(11):62-64.

[91]石娟.大学生网络行为的多元理论分析[J].科教导刊,2016(31):160-161.

[92]王珩.高校网络文化建设现状及对策[J].当代青年研究,2011(7):61-63,59.

[93]杨梅,周正柱.新媒体背景下大学生网络行为特点及其引导策略[J].黑龙江高教研究,2018(12):114-117.

[94]XIAO G J, ZHOU M H. Analysis of electric vehicle purchase behavior based on FPGA system and neural network [J]. Microprocessors and Microsystems, 2020: 103361.

[95]郑丹娘."网络流行语"与青少年"自说自话"[J].中国青年研究,2001(4):21-23.

[96]李一.网络行为:一个网络社会学概念的简要分析[J].兰州大学学报(社会科学版),2006,34(5):48-54.

[97]宋小尊.新媒体时代下思想政治教育对大学生网络行为的引领路径研究[J].科教文汇,2020(22):47-48.

[98]游颖异,周正柱,杨梅.大学生网络失范行为现状、原因与对策建议[J].高教学刊,2021(2):31-34.

[99]刘斌志,周海镁.21世纪我国青少年网络社交研究的回顾与前瞻[J].重庆第二师范学院学报,2019,32(2):107-111,117.

[100]李富强.大学生网络购物行为研究[J].纳税,2020(4):206.

[101]崔丽娟,张高产.积极心理学研究综述——心理学研究的一个新思潮[J].心理科学杂志,2005,28(2):402-405.

[102]付伟男,郝加虎.青少年网络成瘾与精神障碍研究现状[J].中国学校卫生,2019,40(4):634-637.

[103]马兰.青少年网络欺凌问题原因分析及管理对策研究[J].才智,2019(22):182.

[104]班晨雪.探析"盲盒经济"背后的年轻消费心理[J].大众心理学,2021(9):42-43.

[105]王语嫣. 信用贷移动消费应用在大学生群体中的使用意向研究[J]. 中国市场,2021(35):122－123.

[106]孙戬,王丰华,姚微娜. 大学生道德自律意识面面观[J]. 才智,2017(2):164.

[107]曾黎."自律"是大学生网络道德教育的着力点[J]. 教育探索,2007(5):95－97.

[108]彭丽. 自媒体舆论引导与意识形态话语权的建构[J]. 学习论坛,2020(10):14－20.

学位论文

[1]李淑娜. 大学生网络思想政治教育接受机制研究[D]. 北京:中国地质大学,2017.

[2]翟中杰. 高校网络思想政治教育过程研究[D]. 西安:西北工业大学,2017.

[3]张力. 基于"易班"的高校网络思想政治教育模式构建研究[D]. 南京:东南大学,2017.

[4]谢继华. 大数据视阈下高校网络思想政治教育创新研究[D]. 成都:电子科技大学,2018.

[5]王丽君. 大学生网络思想政治教育研究[D]. 西安:陕西师范大学,2018.

[6]易宇峰. 高校网络思想政治教育平台研究——以易班建设为例[D]. 成都:电子科技大学,2018.

[7]樊凯. 高校网络思想政治教育平台系统研究[D]. 北京:中国矿业大学,2019.

[8]李宝研. 大数据时代大学生网络思想政治教育创新研究[D]. 哈尔滨:哈尔滨师范大学,2020.

[9]范丽君. 大学生网络思想政治教育创新研究——以接受理论为借鉴[D]. 济南:山东大学,2020.

[10]周林. 大学生网络行为偏好研究[D]. 上海:上海师范大学,2005.

[11]唐登蕓. 网络思想政治教育内化问题研究[D]. 成都:电子科技大学,2018.

报纸与其他

[1]习近平.坚持中国特色社会主义教育发展道路　培养德智体美劳全面发展的社会主义建设者和接班人[N].人民日报,2018－09－11(1).

[2]寇玉达.“键对键”“屏对屏”[N].光明日报,2020－10－10(11).

[3]《中共中央关于党的百年奋斗重大成就和历史经验的决议》[Z].中国共产党第十九届中央委员会议第六次全体会议,北京,2021.

后　　记

《网络思想政治教育前沿问题研究》是黑龙江省首批省级辅导员名师工作室建设成果，也是广大辅导员开展网络思想政治教育的实践体会。本书的出版离不开黑龙江省教育厅对省级辅导员名师工作室建设的资助支持，从列入工作室建设计划到最终成稿，前后历时一年有余，抚卷回首，本人感慨万千。

2015 年，我发起成立了学校第一个辅导员工作室，开通了首个辅导员自媒体平台，专注于网络思想政治教育理论和实践研究；2017 年，我开始担任学校易班工作站指导教师，参与学校易班发展中心建设，运营的公众号入选全国高校辅导员微信公众号影响力十强；2018 年，创作推出了首部《学生党员讲党课》网络作品，上线教育部易班优课平台，学习访问量突破 10 万人次；2019 年，网络思想政治工作案例荣获全国高校优秀网络教育作品推选二等奖，我被聘为黑龙江省青年讲师团讲师；2020 年，我被聘为省教育厅网评员，主持的工作室入选首批省级辅导员名师工作室……回首几年网络思想政治工作的探索与实践，从一个人孤军奋战到带领团队集体作战，身边的辅导员同人越来越多，学校给予的支持力度越来越大，网络思想政治教育成果逐渐丰富，这让我充满了职业认同感、归属感和幸福感，也更坚定了形成此书的信心和决心。

本书从动议、构思、论证、统稿到出版，工作室团队成员付出了极大的热情和心血。具体分工情况是：全书总体设计策划、分工协调、统稿定稿：寇玉达；绪论：李洪杨（黑龙江大学）；专题一：姜兆欣（黑龙江生物科技职业学院）；专题二：徐微微（黑龙江大学）；专题三：李轶琦（哈尔滨学院）；专题四、五：寇玉达、姜志懿（黑龙江大学）；专题六：魏娜（哈尔滨师范大学）；专题七：张昊然、寇玉达（黑龙江大学）；专题八：李传英（黑龙江大学）。此外，孟健男

（黑龙江中医药大学）和李梓畅、秦迪、何佳泓（黑龙江大学）老师参与了问卷调查和数据整理工作，姜志懿、李梓畅两位老师负责全书排版和校对工作。与此同时，本书得到了黑龙江大学党委副书记丁宏教授的关心支持，教育部高校辅导员研修基地（哈尔滨师范大学）提供了意见指导，黑龙江大学党委学生工作部部长刘凤影提供了撰写的思路建议，在此致以谢意。

本书的撰写过程中，我们参考了大量国内外专家学者的相关著述，包括冯刚教授的《改革开放以来高校思想政治教育发展史》、张再兴等的《网络思想政治教育研究》、宋元林等的《网络文化与大学生思想政治教育》、左殿升等的《大学生网络思想政治教育研究》等文献，他们的研究成果给予我们很大的启发和帮助，在此，对各位专家、学者、同人一并致以崇高的敬意！诚然，由于时间、能力有限，面对这样一部著作，我们心里还有些许遗憾，如规定字数限制了部分专题章节的论述翔实程度、个别专题撰写前后经历了较长的时间跨度导致时效性不强等，在这里，也恳请专家学者们多多包涵。

实践探索与理论创新永无止境。希望这本书的编辑出版能够促进更多的高校思想政治教育理论和实践工作者关注网络思想政治教育的理论研究和实际工作互动，在总结新探索和新尝试、交流好经验和好做法的过程中，发扬优良传统，扎实开展研究，勇于实践探索，奉献出更多的研究成果，不断提升高校思想政治教育的实践水平和发展质量，让广大思想政治教育工作者更好地把握思想政治教育创新发展规律，提升思想政治教育工作水平，在政策措施的落实中实现思想政治教育工作的创新发展。

寇玉达

2022 年 3 月于哈尔滨